الصحيح المختار
من علوم العترة الأطهار
الجزء الرابع

بِسْمِ اللهِ الرَّحْمٰنِ الرَّحِيمِ

الصحيح المختار
من علوم العترة الأطهار

جمعه السيد العلامة المحدث

محمد بن الحسن بن محمد بن يحيى العجري المؤيدي

(تـ1430هـ/2009م)

تحقيق

إبراهيم يحيى عبد الله الدرسي

الجزء الرابع

مؤسسة الإمام زيد بن علي الثقافية

دار النضيري للدراسات والنشر

Dar Al-Nadhiri for Studies & Publications

الصحيح المختار من علوم العترة الأطهار ج4

محمد العجري (مؤلف)

إبراهيم الدرسي (محقق)

257 صفحة، (تحقيقات تراثية 5)

17× 24.4

ISBN: 978-1-7398252-1-8

الطبعة الأولى: 1444هـ-2023م

دار النضيري للدراسات والنشر

Dar Al-Nadhiri for Studies & Publications

المالك والمدير العام

أسامة بن أبو بكر النضيري

الموقع الإلكتروني:

https://www.daralnadhiri.com

البريد الإلكتروني:

daralnadhiri@gmail.com

هاتف: 7961 911682 44+

لندن- المملكة المتحدة

مؤسسة الإمام زيد بن علي الثقافية

المحتويات

كتاب المناقب

بسم الله الرحمن الرحيم

وبه نستعين

وصلى الله على محمد وآله الطاهرين 5

لا بأس بإيراد نبذة يسيرة من فضائل أهل البيت عليهم السلام وإلا فالاستقصاء يحتاج إلى موسوعات كبرى.

كتاب المناقب

اعلم أن هذا الباب يشتمل على بابين، وخاتمة:

الباب الأول: يشتمل على بعض مناقب أمير المؤمنين علي بن أبي طالب – عليه السلام– وفضائله.

الباب الثاني: في ذكر بعض مناقب أهل البيت –عليهم السلام– وفضائلهم.

والخاتمة: في ذكر المهدي المنتظر –عليه السلام–.

5

الباب الأول: في ذكر بعض مناقب الإمام علي بن أبي طالب عليه السلام وفضائله

[2754 – 1] الهادي -عليه السلام- في الأحكام [2/ 418]: قال يحيى بن الحسين -صلوات الله عليه- قال رسول الله -صلى الله عليه وعلى آله وسلم-:

((يا علي: من أحب ولدك فقد أحبك، ومن أحبك فقد أحبني، ومن أحبني فقد أحب الله، ومن أحب الله أدخله الجنة، ومن أبغضهم فقد أبغضك، ومن أبغضك فقد أبغضني، ومن أبغضني فقد أبغض الله، ومن أبغض الله كان حقيقاً على الله أن يدخله النار)). انتهى.

[2755 – 2] محمد بن سليمان الكوفي -رحمه الله- في المناقب [1/ 133]:

حدثنا أحمد بن حازم الغفاري، ومحمد بن منصور المرادي، وخضر بن أبان، قالوا: حدثنا يحيى بن عبد الحميد الحماني، عن قيس، عن أبي هارون العبدي، عن أبي سعيد الخدري، [قال]: إن رسول الله -صلى الله عليه وآله وسلم- لما دعا الناس إلى علي في غدير خم، أمر بما كان تحت الشجرة من الشوك فَقُمَّ، وذلك يوم الخميس، ثم دعا الناس إلى علي فأخذ بضبعه حتى نظر الناس إلى بياض إبطي رسول الله -صلى الله عليه وآله وسلم-، ثم لم يتفرقوا حتى نزلت هذه الآية: ﴿ٱلۡيَوۡمَ أَكۡمَلۡتُ لَكُمۡ دِينَكُمۡ وَأَتۡمَمۡتُ عَلَيۡكُمۡ نِعۡمَتِي وَرَضِيتُ لَكُمُ ٱلۡإِسۡلَٰمَ دِينٗاۚ﴾ [المائدة:4].

فقال رسول الله -صلى الله عليه وآله وسلم-: ((الله أكبر على إكمال الدين، وإتمام النعمة، ورضى الرب برسالتي، وبالولاية لعلي من بعدي)).

ثم قال: ((من كنت مولاه، فعلي مولاه، اللهم وال من والاه، وعاد من عاداه، وانصر من نصره، واخذل من خذله)).

فقال حسان بن ثابت الانصاري: يا رسول الله أتأذن لي أن أقول في علي أبيات شعر، قال: قل على بركة الله.

فقام حسان فقال: يا معشر مشيخة قريش اسمعوا قولي بشهادة من رسول

الله -صلى الله عليه وآله وسلم- فقال:

يناديهم يوم الغدير نبيهم ... بخم وأسمع بالنبي مناديا
يقول: فمن مولاكم ووليكم ... فقالوا ولم يبدوا هناك التعاميا
إلهك مولانا وأنت نبينا ... ولا تجدن منا لك اليوم عاصيا
فقال له قم يا علي فإنني ... رضيتك من بعدي إماما وهاديا

انتهى.

الرجال:

أحمد بن حازم الغفاري، وخضر بن أبان الهاشمي، من ثقات محدثي الشيعة، وقد تقدم الكلام عليهما.

وأما يحيى بن عبد الحميد(1):

فقال الجداول: يحيى بن عبدالحميد بن عبدالرحمن بن ميمون الحماني، أبو زكريا الكوفي.

عن أبيه، وقيس بن الربيع، وشريك، وحسين الأشقر، وغيرهم.

وعنه: البغوي، وإبراهيم بن منيع، وطائفة إلى أن قال:

وقال الذهبي: شيعي بغيض(2).

توفي سنة ثمان وعشرين ومائتين.

---

(1) قد تقدمة ترجمته في الجزء الأول في باب القول التلوم في آخر الوقت واستبقاء الماء مخافة الضرر تمت مؤلف.

(2) قال علامة العصر عبد الله بن الإمام الهادي الحسن القاسمي، في كرامات الأولياء:
وأما يحيى: فوثقه ابن معين وغيره، وخرج له الجماعة كلهم، لكن شيعة القاسطين من خالفهم في سلفهم فهو ساقط الحرمة، ولو في يده آية أو روى له ألف بخاري ومسلم، وإن وافقهم وروى له الشيخان فهو الثبت ولو كان أكذب أهل الدنيا فاعلم هذا وليكن ببالك فإنك محتاج إليه. انتهى.

وعداده في ثقات محدثي الشيعة. انتهى.

وأما قيس بن الربيع[3]**، وأبو هارون العبدي**[4]**، وأبو سعيد الخدري، فقد تقدم الكلام عليهم، وهم من ثقات محدثي الشيعة، رضي الله عنهم.**

[2756 - 3] أبو طالب -عليه السلام- في الأمالي [121]: أخبرنا أبو العباس أحمد بن إبراهيم الحسني -رحمه الله-، قال: حدثنا محمد بن بلال، قال: حدثنا أحمد بن محمد بن سلام، قال: حدثنا عباد بن يعقوب، قال: حدثنا علي بن هاشم، عن محمد بن عبيد الله، بن أبي رافع، عن أبيه، عن جده أبي رافع، قال: كان عليٌّ -عليه السلام- يجهز لرسول اللّه -صلى الله عليه وآله وسلم- حين كان في الغار يأتيه بالطعام والشراب، واستأجر ثلاث رواحل للنبي -صلى الله عليه وآله وسلم-، ولأبي بكر، ولدليلهما، وخلفه النبي -صلى الله عليه وآله وسلم- ليخرج إليه أهله، فأخرجهم إليه، وأمره أن يؤدي عنه أماناته، ووصايا من كان يوصي إليه، وما كان يؤتمن عليه، فأدى عنه أمانته كلها، وأمره أن

---

(3) قال علامة العصر عبد الله بن الإمام الهادي الحسن القاسمي، في كرامات الأولياء (صـ 338): وأما قيس بن الربيع: فهو الأسدي، أبو محمد الكوفي، الزيدي الثبت، قال يعقوب: هو عند جميع أصحابنا صدوق، وهو رديء الحفظ ضعيف، وقال شعبة: ألا ترى إلى يحيى بن سعيد القطان يتكلم في قيس بن الربيع ووالله ما له في ذلك سبيل، وقال أبو داود الطيالسي: ثقة حسن الحديث.

وقد أُعلّت روايته بتشيعه ولمخالفته لهم في الرواية كما أفاده كلام أحمد، والرجل كان من أوعية العلم، أثنى عليه قوم وتعصب عليه آخرون، خرج له: الأربعة إلا النسائي، ومن أئمتنا -عليهم السلام- الخمسة وغيرهم. انتهى.

(4) قال علامة العصر عبد الله بن الإمام الهادي الحسن القاسمي، في كرامات الأولياء (صـ 416): وأما أبو هارون العبدي: فهو عمارة بن جوين الشيعي الثبت، كذبه كثير من المحدثين، ووثقه أئمتنا، وخرج له الترمذي وابن ماجه والبخاري في أفعال العباد، ومن أئمتنا الناصر الأطروش، والمرشد بالله وغيرهما.

وهارون هذا من خيار التابعين، ومن جرحه لم يأت بشيء إلا الطعن عليه لمخالفة المذهب في الرواية وما قد رأينا له رواية منكرة.

وأما قول الدارقطني: إنه يتلون خارجي وشيعي.

فاعلم أن الذي عليه خلص الشيعة أن جهاد الظلمة واجب على كل مسلم بشروط دَوَّنها العلماء في علوم الكلام والفروع. انتهى.

يضطجع على فراشه ليلة خرج، وقال: ((إن قريشاً لن يفقدوني ما داموا يرونك))، فاضطجع علي على فراش النبي -صلى الله عليه وآله وسلم-، وجعلت قريش تطلع عليه، فإذا رأوه، قالوا: هو ذا نائم، فلما أصبحوا ورأوا علياً -عليه السلام-، قالوا: لو خرج محمد لخرج بعلي.

فلما بلغ النبي -صلى الله عليه وآله وسلم- خبر قدومه، قال: ((ادعوا لي علياً، قالوا: يا نبي اللّه، لا يقدر أن يمشي على قدميه، فأتاه النبي -صلى الله عليه وآله وسلم-، فلما رآه اعتنقه وبكى رحمة له، لما رأى ما بقدميه من الورم، وأنهما يقطران دماً، وتفل رسول اللّه -صلى الله عليه وآله وسلم- في يده فمسحهما به، ودعا له بالعافية، فما اشتكاهما حتى استشهد -عليه السلام-. انتهى.

رجال هذا الإسناد من ثقات محدثي الشيعة وقد تقدم الكلام عليهم جميعاً.

[2757 - 4] **محمد بن سليمان الكوفي -رحمه الله- في المناقب** [1/201]: محمد بن سليمان، قال: حدثنا محمد بن منصور، عن عباد، عن علي بن هاشم، عن أبي الجارود، عن أبي جعفر قال: لما أمر رسول الله -صلى الله عليه وآله وسلم-، [بما أمر به]، قال [رسول الله -صلى الله عليه وآله وسلم-]: قومي حديث عهد بالجاهلية، إذ أتاه جبريل فقال: ﴿ **يَٰٓأَيُّهَا ٱلرَّسُولُ بَلِّغۡ مَآ أُنزِلَ إِلَيۡكَ مِن رَّبِّكَۖ** ﴾ [المائدة:67]، فأخذ [رسول الله] بيد علي فقال: ((من كنت مولاه، فعلي مولاه، اللهم وال من والاه، وعاد من عاداه)). انتهى.

رجال هذا الإسناد من ثقات محدثي الشيعة وقد تقدم الكلام عليهم.

[2758 - 5] **الناصر للحق -عليه السلام- في البساط** [113]: وأخبرني محمد بن علي بن خلف، قال: حدثني الحسين الأشقر، قال: حدثنا جعفر الأحمر، عن أبي هارون العبدي، عن أبي سعيد الخدري، قال: ما كنا نعرف المنافقين إلا ببغضهم علي بن أبي طالب -عليه السلام-، فإذا ولد فينا المولود، ولم يحب علياً عرفنا أنه منافق. انتهى.

رجال هذا الإسناد قد تقدم الكلام عليهم جميعاً، إلا جعفر الأحمر، فإليك ترجمته:

[ترجمة جعفر الأحمر]

قال في الجداول: جعفر بن زياد الكوفي الأحمر، عن بيان بن بشر، والأعمش، وغيرهما.

وعنه ابن مهدي، ويحيى بن بشر، وغيرهما.

وثقه أبو داوود، وقال: شيعي.

وقال في الكاشف: صدوق شيعي.

وقال ابن عدي: صالح شيعي.

وقال أبو زرعة: صدوق.

وقال النسائي: لا بأس به.

وقال حفيده حسين بن علي: كان جدي من رؤساء الشيعة بخراسان، فكتب فيه أبو جعفر فأشخص إليه في جماعة من الشيعة، فحبسهم في المطبق دهراً، توفي سنة سبع وستين ومائة[5]. انتهى.

عداده في ثقات محدثي الشيعة الخلص.

[قصة أمير المؤمنين والمقداد]

[6 - 2759] **محمد بن سليمان الكوفي -رحمه الله- في المناقب [1/ 227]:** حدثنا خضر بن أبان، ومحمد بن منصور، وأحمد بن حازم، قالوا: حدثنا يحيى بن عبد الحميد الحماني، عن قيس بن الربيع، عن أبي هارون العبدي، عن أبي سعيد

(5) الذي في تهذيب الكمال (5/ 40) ترجمة رقم (941): أنه توفي سنة خمس وسبعين ومائة (175)هـ، وعمره سبع وستون سنة.

الخدري قال: أصبح علي يوم ذات يوم فقال: يا فاطمة هل عندك شيء تغذينيه، فقالت: والذي أكرم أبي بالنبوة، وأكرمك بالوصية، ما أصبح عندي شيء أغذيكه، ولا كان ما أطعمناكه منذ يومين، إلا شيء كنت أوثرك به على نفسي وعلى ابني –تعني حسناً وحسيناً– فقال: علي يا فاطمة ألا كنت أعلمتيني لأبيعكم شيئاً، فقالت: يا أبا الحسن إني كنت أستحيي من إلهي أن تكلف نفسك ما لا تقدر عليه.

فخرج علي من عند فاطمة واثقاً بالله، حَسَنَ الظن بالله، فاستقرض ديناراً فأُقْرِضَه، فبينا الدينار في يد علي، أراد أن يبتاع لعياله ما يصلحهم، فعرض له المقداد، في يوم شديد الحر، قد لوحته الشمس من فوقه، وآذته من تحته، فلما رآه علي أنكر شأنه، فقال: يا مقداد ما أزعجك في هذه الساعة من رحلك، فقال: يا أبا الحسن خل سبيلي، ولا تسألني عما ورائي، فقال: له يا أخي لا يسعني أن تجاوزني حتى أعلم علمك، فقال: يا أبا الحسن رغبة إلى الله وإليك أن تخلي سبيلي، ولا تكشفني عن حالي، فقال: يا أخي يسرك أن تكتمني حالك، فقال له: يا أبا الحسن أما إذا أبيت فالذي أكرم محمداً بالنبوة، وأكرمك بالوصية، ما أزعجني من رحلي إلا الجُهد، ولقد تركت عيالي يتضاغون جوعاً، فلما سمعت العيال لم تحملني الأرض، فخرجت مهموماً راكباً رأسي، فهذه حالي فهملت عينا علي باكياً، حتى بلت دموعه لحيته، فقال: أحلف بالذي حلفتَ به ما أزعجني من رحلي غير الذي أزعجك من رحلك، ولقد اقترضت ديناراً فهاكه، فقد آثرتك به على نفسي، فدفع إليه الدينار، ثم رجع حتى دخل مسجد رسول الله –صلى الله عليه وآله وسلم–، وصلى فيه الظهر والعصر والمغرب، فلما قضى رسول الله –صلى الله عليه وآله وسلم– صلاة المغرب، مر بعلي في الصف الأول فغمزه برجله، فقام علي متبعاً حتى لحقه على باب من أبواب المسجد، فسلم فرد رسول الله –صلى الله عليه وآله وسلم– السلام، فقال: يا أبا الحسن هل عندك شيء تعشينا به فنميل معك، فمكث مطرقاً لا يحيل جواباً حياء من رسول الله –صلى الله عليه وآله وسلم–، وهو يعلم ما كان من أمر الدينار، ومن أين أخذه وأين وجهه، –صلى الله عليه

وآله وسلم–، وقد كان أوحى الله إلى نبيه أن يتعشى تلك الليلة عند علي، فلما نظر رسول الله –صلى الله عليه وآله وسلم– إلى سكوته قال له: يا أبا الحسن مالك لا تقول لا، فأنصرف عنك، أو تقول نعم، فأمضي معك، قال: حباً وتكرماً، بلى يا رسول الله اذهب بنا، فأخذ رسول الله –صلى الله عليه وآله وسلم– بيد علي،

5 فانطلقا حتى دخلا على فاطمة في مصلاها، قد قضت صلاتها وخلفها جفنة يفور دخانها، فلما سمعت كلام النبي –صلى الله عليه وآله وسلم– في رحلها خرجت من مصلاها، فسلمت عليه –وكانت من أعز الناس عليه–، فرد السلام، ومس بيده على رأسها، وقال: ((يا بنية كيف أمسيت رحمك الله؟ عشينا غفر الله لك، وقد فعل))، فأخذت الجفنة فوضعتها بين يدي رسول الله –صلى الله عليه وآله وسلم–

10 وبين يدي علي بن أبي طالب –رضي الله عنه–، فلما نظر إلى لون الطعام، وشم ريحه، رمى فاطمة ببصره رمياً شحيحاً.

فقالت فاطمة: سبحان الله، يا أبا الحسن ما أشح نظرك وأشده، هل أذنبت فيما بيني وبينك ذنباً، أستوجب السخطة؟!.

فقال: وأي ذنب أعظم من ذنب أصبتيه، أليس عهدي بك في اليوم الماضي

15 تحلفين بالله مجتهدة ما طعمت طعاماً منذ يومين.

قال: فنظرت فاطمة إلى السماء، فقالت: إلهي يعلم ما في سمائه ويعلم ما في أرضه إني لم أقل إلا حقاً.

فقال: يا فاطمة أنى لك هذه الطعمة التي لم أنظر إلى مثل لونه قط، ولم أشم مثل ريحه، ولم آكل مثله قط؟!.

20 قال: فوضع رسول الله –صلى الله عليه وآله وسلم– كفه الطيبة المباركة بين كتفي علي فغمزها، ثم قال: يا علي هذا بدل دينارك، هذا جزاء بدينارك، هذا من عند الله، إن الله يرزق من يشاء بغير حساب.

ثم استعبر النبي –صلى الله عليه وآله وسلم– باكياً، ثم قال: ((الحمد الله

الذي أبى لكما أن يخرجكما من الدنيا حتى يجريك يا علي في المثال الذي جرى فيه زكريا، ويجريك يا فاطمة في مثل الذي جرت فيه مريم ابنة عمران كلما دخل عليها زكريا المحراب وجد عندها رزقاً)). انتهى.

رجال هذا الإسناد من ثقات محدثي الشيعة، وقد تقدم الكلام عليهم.

5   [2760 - 7] وفي المناقب أيضاً [1/ 242]: محمد بن سليمان قال: حدثنا محمد بن منصور المرادي، وخضر بن أبان، وأحمد بن حازم، قالوا: حدثنا يحيى بن عبد الحميد الحماني، عن قيس بن الربيع، عن الأعمش، عن عباية بن ربعي، عن أبي أيوب الأنصاري قال: مرض رسول الله -صلى الله عليه وآله وسلم-، مرضة فأتته فاطمة تعوده وهو ناقِه، فلما رأت ما برسول الله -صلى الله عليه وآله

10   وسلم- خنقتها العبرة، حتى جرت دموعها على خدها، فقال لها رسول الله -صلى الله عليه وآله وسلم-: ((يا فاطمة، أما علمت أن الله اختار من أهل الأرض أباك فبعثه نبيئاً، ثم اختار زوجك فأوحى إلي فأنكحتكه)). انتهى.

الرجال:

أما محمد بن منصور، وخضر بن أبان، وأحمد بن حازم، ويحيى بن عبدالحميد

15   الحماني، وقيس بن الربيع، فقد تقدم الكلام عليهم، وهم من ثقات محدثي الشيعة رضي الله عنهم.

[ترجمة الأعمش]

وأما الأعمش:

فقال في الجداول: سليمان بن مهران الأعمش الكاهلي الأسدي، مولى بني كاهل.

20   عن أنس، وزبيد اليامي، وابن جبير، وعطية العوفي، وأمم.

وعنه السبيعي، والثوري، وشعبة، ووكيع، وشريك بن قيس، وخلائق.

وثقه جماعة.

قلت: هو أحد أعلام الزيدية، وعداده في ثقات محدثي الشيعة، وقصته مع المنصور مشهورة، رواها ابن المغازلي، وفي الشافي، وأنوار اليقين، توفي سنة ثمان وأربعين ومائة، احتج به الجماعة. انتهى.

[ترجمة عباية بن ربعي]

5   وأما عباية بن ربعي:

فقال في الجداول: عباية بن ربعي الأسدي.

عن علي، وأبي أيوب، وابن عباس.

وعنه سعيد، ومحمد بن طريف، روى قول علي –عليه السلام–: (أنا قسيم النار)، فأغاظ النواصب وأنكروه، عداده في ثقات محدثي الشيعة. انتهى.

[ترجمة أبي أيوب الأنصاري]

10   وأما أبو أيوب الأنصاري:

فقال في الجداول أيضاً: أبو أيوب الأنصاري، صاحب المناقب شهد بدراً والعقبة وما بعدها، ولما قدم النبي –صلى الله عليه وآله وسلم– نزل عليه، وأقام عنده شهراً، حتى بناء مسجده ومساكنه، وشهد مع أمير المؤمنين حروبه كلها، وولاه المدينة، 15 روى عنه عطاء بن يزيد، وأبو سلمة بن عبد الرحمن، وغيرهما. انتهى.

[2761 – 8] وفي المناقب أيضاً [1/ 221]: محمد بن سليمان قال: حدثنا محمد بن منصور، قال: حدثنا محمد بن راشد، عن عيسى بن عبد الله، عن أبيه، قال: كنت عند جعفر بن محمد فسمع صوت الرعد يوماً فقال: سبحان من سبحت له ثم قال: يا أبا محمد حدثني أبي عن أبيه، عن جده، عن علي، عن 20 رسول الله –صلى الله عليه وآله وسلم–، أنه قال: ((أوصي من آمن بي، وصدقني بولاية علي من بعدي، فإن ولاءه ولائي، وولائي ولاء الله، أمراً أمرني به ربي، وعهداً عهده إلي فأمرني أن أبلغكموه، وإن منكم من يسفهه حقه، ويركب

عنقه))، فقالوا: يا رسول الله أفلا تعرفناهم؟.

فقال -صلى الله عليه وآله وسلم-: ((أما إني قد عرفتهم، ولكني قد أمرت بالإعراض عنهم لأمر هو كائن، وكفى بالمرء منكم ما في قلبه لعلي)).

قال: وكان رسول الله -صلى الله عليه وآله وسلم- يقول: ((سلمان منا أهل
٥ البيت)).

وكان سلمان يقول: ينبغي لكل مؤمن أن يتعاهد ما في قلبه لعلي. انتهى.

رجال هذا الإسناد قد تقدم الكلام عليهم، وهم من ثقات محدثي الشيعة.

[خطبة أبي بن كعب في خلافة أبي بكر]

[٢٧٦٢ - ٩] وفي المناقب(٦) أيضاً [١/ ٢٥٤]: محمد بن سليمان، قال:
١٠ حدثنا حمدان بن عبيد النوائي، قال: حدثنا مخول بن إبراهيم النهدي، قال: حدثنا
محمد بن عبد الله بن الحسن، ويحيى بن عبد الله، عن أبيهما، عن جدهما، عن علي
بن أبي طالب قال: لما خطب أبو بكر قام أبي بن كعب يوم الجمعة، وكان أول يوم
من شهر رمضان، فقال: يا معشر المهاجرين الذين هاجروا إلى الجنان، واتبعوا
مرضاة الرحمن، وأثنى عليهم الله في القرآن، ويا معشر الأنصار الذين تبوؤا الدار
١٥ والإيمان، ويا من أثنى الله عليهم في القرآن، تناسيتم أم نسيتم، أم بدلتم أم
خذلتم، أم غيرتم أو عجزتم؟ ألستم تعلمون أن رسول الله -صلى الله عليه وآله
وسلم- قال: ((يا علي أنت مني بمنزلة هارون من موسى، طاعتك واجبة على
من بعدي، كطاعتي في حياتي، غير أنه لا نبي بعدي)).

أو لستم تعلمون أن رسول الله -صلى الله عليه وعلى آله وسلم- قال:
٢٠ ((أوصيكم بأهل بيتي خيراً، فقدموهم ولا تقدموهم، وأمِّروهم ولا تتأمروا
عليهم)).

─────────────────────

(٦) روى هذه الخطبة الطبرسي في الإحتجاج عن محمد بن عبدالله الحسن ويحيى بن عبدالله بن
الحسن عليهما السلام تمت مؤلف.

أو لستم تعلمون أن رسول الله -صلى الله عليه وآله وسلم- قال: ((أهل بيتي منار الهدى، والدالون على الله)).

أو لستم تعلمون أن رسول الله -صلى الله عليه وعلى آله وسلم- قال لعلي: ((يا علي أنت الهادي لمن ضل)).

5   أو لستم تعلمون أن رسول الله -صلى الله عليه وآله وسلم- قال: ((علي المحيي لسنتي، ومعلم أمتي، والقائم بحجتي، وخير من أخلف بعدي، وسيد أهل بيتي، وأحب الناس إليّ، طاعته من بعدي كطاعتي على أمتي)).

أو لستم تعلمون أن رسول الله -صلى الله عليه وآله وسلم- لم يول على علي أحداً منكم، وولاه في كل غيبته عليكم؟.

10   أو لستم تعلمون أن منزلهما واحد، ورحلهما واحد، ومتاعهما واحد، وأمرهما واحد؟.

أو لستم تعلمون أنه قال: ((إذا غبت عنكم فخلفت فيكم علياً، فقد خلفت فيكم رجلاً كنفسي)).

أو لستم تعلمون أن رسول الله -صلى الله عليه وآله وسلم- قبل موته جمعنا

15   في بيت فاطمة ابنته فقال: ((إن الله [قد] أوحى إلى موسى: أن اتَّخِذْ من أهلك أخاً، فاجعله نبياً، واجعل أهله لك ولداً، وأطهرهم من الآفات وأخلعهم من الذنوب، فاتخذ موسى هارون وولده فكانوا أئمة بني إسرائيل من بعده، والذي يحل لهم في مساجدهم ما يحل لموسى.

ألا وإن الله أوحى إليّ: أن اتخذ علياً أخاً كموسى اتخذ هارون أخاً، واتخذ

20   ولده ولداً، فقد طهرتهم كما طهرت ولد هارون، ألا إني ختمت بك النبيين، فلا نبي بعدي))، فهم الأئمة الهادية أفما تفقهون؟ أفما تبصرون؟ أما تسمعون؟ ضربت عليكم الشبهات، فكأن مثلكم مثل رجل في سفر أصابه عطش شديد

حتى خشي أن يهلك، فلقي رجلاً هادياً بالطريق فسأله عن الماء فقال: أمامك عينان إحداهما مالحة، والأخرى عذبة، فإن أصبت المالحة ضللت وهلكت، وإن أصبت العذبة هديت ورويت، فهذا مثلك أيتها الأمة المهملة كما زعمت وأيم الله ما أهملك، لقد نصب لكم علماً يحل لكم الحلال، ويحرم عليكم الحرام، فلو أطعتموه ما اختلفتم، ولا تدابرتم ولا تقابلتم، ولا تبرأ بعضكم من بعض، فوالله إنكم بعده لمختلفون في أحكامكم، وإنكم بعده لناقضون عهد رسول الله -صلى الله عليه وآله وسلم- سلم، وإنكم على عترته لمختلفون متباغضون، إن سئل هذا عن غير ما يعلم أفتى برأيه، وإن سئل هذا عن غير ما يعلم أفتى برأيه، ولقد هديتم فتحاربتم، وزعمتم أن الاختلاف رحمة، هيهات أبى ذلك كتاب الله عليكم، يقول الله تبارك وتعالى: ﴿وَلَا تَكُونُوا كَالَّذِينَ تَفَرَّقُوا وَاخْتَلَفُوا مِنْ بَعْدِ مَا جَاءَهُمُ الْبَيِّنَاتُ وَأُولَئِكَ لَهُمْ عَذَابٌ عَظِيمٌ ﴿١٠٥﴾﴾[آل عمران: 105]، أخبرنا باختلافهم فقال: ﴿وَلَا يَزَالُونَ مُخْتَلِفِينَ ﴿١١٨﴾ إِلَّا مَنْ رَحِمَ رَبُّكَ وَلِذَلِكَ خَلَقَهُمْ﴾ [هود:119]، للرحمة، وهم آل محمد وشيعته، سمعت رسول الله -صلى الله عليه وآله وسلم- يقول: ((يا علي أنت وشيعتك على الفطرة، وسائر الناس منهم براء)).

وهلا قبلتم من نبيكم، كيف وهو يخبركم بانتكاصكم؟ وينهاكم عن صدكم عن خلاف وصيه، أمينه ووزيره، وأخيه ووليه، أطهركم قلباً، وأعلمكم علماً، وأقدمكم إسلاماً، وأعظمكم عناء عن رسول الله -صلى الله عليه وآله وسلم-، أعطاه تراثه، وأوصاه بعدته، واستخلفه على أمته، ووضع سره عنده، فهو وليه دونكم، وأحق به منكم أكتعين، شهيد الصديقين، وأفضل المتقين، وأطوع الأمة لرب العالمين، سلَّموا عليه بخلافة المؤمنين، في حياة سيد المسلمين، وخاتم المرسلين، قد أعذر من أنذر، وأدى النصيحة من وَعَظَ، وبَصَّرَ من عَمِي وتعامى وردي، فقد سمعتم كما سمعنا، ورويتم كما روينا، وشهدتم كما شهدنا.

فقام عبد الرحمن بن عوف، وأبو عبيدة بن الجراح، ومعاذ بن جبل فقالوا: اقعد يا أُبَيّ، أصابك ألم أو أصابك جنة.

فقال: بل الخبل فيكم، كنت عند رسول الله –صلى الله عليه وآله وسلم–، فألفى بكلام رجل أسمع كلامه ولا أرى وجهه، فقال فيما يخاطبه: (يا محمد ما
5 أنصحه لك ولأمتك، وأعلمه بسنتك، فقال: رسول الله –صلى الله عليه وآله وسلم–: ((أفترى أمتي تنقاد له بعد وفاتي)).

فقال: يا محمد، يتبعه من أمتك أبرارها، ويخالف عليه من أمتك فجارها، وكذلك أوصياء النبيين من قبل.

يا محمد، إن موسى بن عمران أوصى إلى يوشع بن نون، فكان أعلم بني
10 إسرائيل وأخوفهم لله، وأطوعهم له، فأمر الله أن يتخذه وصياً كما اتخذت علياً وصياً، وكما أمرت بذلك فحسده بنو إسرائيل سبط موسى خاصة فغلبوه وعنفوه، وشتموه ووضعوا أمره، فإن أخذت أمتك بسنن بني إسرائيل كذبوا وصيك، وجحدوا أمره، وابتزوا خلافته، وغالطوه في علمه.

فقلت: يا رسول الله مَن هذا؟، قال: ((هذا ملك من ملائكة ربي، ينبؤني أن
15 أمتي تختلف على أخي ووصيي علي بن أبي طالب، وإني أوصيك يا أُبَيُّ بوصية، إن أنت حفظتها لم تزل يا أبي بخير:

يا أبي، عليك بعلي فإنه الهادي المهتدي، الناصح لأمتي، المخبر بسنتي، وهو إمامكم بعدي، فمن رضي بذلك، لقيني على ما فارقته عليه.

يا أبي، ومن غَيَّر وبَدَّل لقيني ناكثاً لبيعتي، عاصياً لأمري، جاحداً لنبوتي، ولا
20 أشفع له عند ربي، ولا أسقيه من حوضي)).

فقامت إليه رجال الأنصار فقالوا: اقعد رحمك الله يا أبي، فقد أديت ما سمعت ووفيت بعهدك. انتهى.

الرجال:

[ترجمة حميدان بن عبيد]

أما حمدان بن عبيد: فهو الكوفي، فهو من ثقات محدثي الشيعة، ومن الراوين في فضائل الوصي وأولاده.

وأما مخول بن إبراهيم: فقد تقدم وهو من ثقات محدثي الشيعة.

وأما النفس الزكية، وأخوه، وأبوه، وجده: ففضلهم وجلالتهم وعظم منزلتهم، أشهر من نار على علم.

وأما أبي بن كعب: فهو من أتباع الوصي، أحد الصحابة الفضلاء الأتقياء، الذين لا تأخذهم في الله لومة لائم، توفي في خلافة عمر سنة تسع عشرة، خرج له أبو طالب ومحمد بن منصور.

[2763 - 10] وفي المناقب أيضاً [1/ 254]: محمد بن سليمان قال: حدثنا خضر بن أبان الهاشمي، وأحمد بن حازم الغفاري، ومحمد بن منصور المرادي قالوا: حدثنا يحيى بن عبد الحميد الحماني، عن قيس بن الربيع، عن الأعمش عن عباية بن ربعي، عن أبي أيوب الأنصاري قال: مرض النبي –صلى الله عليه وآله وسلم– مرضة، فأتته فاطمة تعوده، وهو ناقِه فلما رأت ما برسول الله –صلى الله عليه وآله وسلم– خنقتها العبرة حتى جرت دموعها على خدها، قال: يا فاطمة أما علمت أن الله اختار من أهل الأرض أباك فبعثه نبياً، ثم اختار منهم بعلك فأوحى إلي فأنكحتكه، أما علمت يا فاطمة أني بكرامة الله إياك زوجتك أعظمهم حلماً، وأقدمهم سلماً، وأكثرهم علماً))، فَسُرَّت بذلك فاطمة واستبشرت بما قال لها رسول الله –صلى الله عليه وآله وسلم–، فأراد رسول الله –صلى الله عليه وآله وسلم–، أن يزيدها من مزيد الخير كله الذي قسم الله لمحمد وآل محمد فقال لها: ((يا فاطمة، ولعلي ثمانية أضراس ثواقب: إيمان بالله ورسوله، وعلمه، وحكمته،

وزوجته فاطمة، وسبطاه الحسن والحسين، وأمره بالمعروف ونهيه عن المنكر، وقضاؤه بكتاب الله.

يا فاطمة، إنا أهل بيت أعطينا سبع خصال، لم يعطها أحد من الأولين قبلنا، ولا يدركها أحد من الآخرين غيرنا: نبينا خير الأنبياء وهو أبوك، ووصينا خير الأوصياء وهو بعلك، وشهيدنا خير الشهداء وهو عمك، ومنا من له جناحان خضيبان يطير بهما في الجنة حيث يشاء وهو ابن عمك، ومنا سبطا الأمة وهما ابناك الحسن والحسين، ومنا والذي نفس محمد بيده مهدي هذه الأمة). انتهى.

رجال هذا الإسناد قد تقدم الكلام عليهم، وهم من ثقات محدثي الشيعة.

[2764 - 11] وفي المناقب أيضاً [1/ 340]: محمد بن سليمان، عن محمد بن منصور، عن الحكم بن سليمان، وعباد بن يعقوب، عن علي بن هاشم، عن محمد بن عبيدالله بن أبي رافع، عن أبيه عن جده أبي رافع، عن أبي ذر أنه سمع رسول الله -صلى الله عليه وآله وسلم- يقول لعلي: ((أنت أول من آمن بي، وأول من يصافحني يوم القيامة)).

وزاد عباد بن يعقوب: ((وأنت الصديق الأكبر، وأنت الفاروق تفرق بين الحق والباطل، وأنت يعسوب المؤمنين والمال يعسوب الكفار)). انتهى.

رجال هذا الإسناد قد مر الكلام عليهم.

وأبو ذر: هو أبو ذر الغفاري، جندب بن جنادة أسلم قديماً، وتأخرت هجرته لبعد بدر ولازم النبي -صلى الله عليه وآله وسلم-، حياته كان قوالً بالحق آمراً بالمعروف ناهياً عن المنكر، نفاه عثمان لذلك قال فيه النبي -صلى الله عليه وآله وسلم-: ((ما أضلت الخضراء، ولا أقلت الغبراء أصدق لهجة من أبي ذر))، وقال علي -عليه السلام-: (وعاء ملئ علماً)، توفي منفياً، سنة اثنتين وثلاثين، روى عنه ابن أبي ليلى، وغيره أفاد هذا في الجداول.

[2765 – 12] **وفي المناقب أيضاً** [1/ 368]: محمد بن سليمان قال: حدثنا محمد بن منصور، عن محمد بن راشد، عن عيسى بن عبد الله [بن محمد]، عن أبيه عن جده عن عمر بن علي، عن علي –عليه السلام– قال: جاء رسول الله – صلى الله عليه وآله وسلم– ذات ليلة يطلبني فقال: يا أم أيمن أين أخي قال:

5 فقالت له: من أخوك قال: علي.

قالت: أخوك وتزوجه ابنتك؟! قال: ((نعم، أما والله لقد زوجتها كفواً، وجيهاً(7) في الدنيا والآخرة، ومن المقربين)). انتهى.

رجال هذا الإسناد قد تقدم الكلام عليهم.

[2766 – 13] **وفي المناقب أيضاً** [1/ 393]: محمد بن منصور، عن عباد، عن علي بن هاشم، [عن أبيه](8)، عن الحسين بن علي، عن أبيه، قال: لما كان يوم النبي –صلى الله عليه وآله وسلم– الذي قبض فيه كشف عن رأسه عند النسوة، فقال: ((ادعوا لي أخي)).

فأرسلت عائشة إلى أبي بكر، فجاء، فلما سمع النبي –صلى الله عليه وآله وسلم– الخشف كشف عن رأسه، فلما رأى أبا بكر أعاد الكساء على نفسه، قال

15 [أبو بكر]: كأن رسول الله –صلى الله عليه وآله وسلم– لم يدعني. وانصرف.

فكشف رسول الله –صلى الله عليه وآله وسلم– الكساء فقال: ((ادعوا لي أخي)).

فأرسلت حفصة إلى عمر، فلما سمع النبي –صلى الله عليه وآله وسلم– الخشف كشف رسول الله –صلى الله عليه وآله وسلم– عن رأسه فلما رأى عمر أعاد الكساء

20 فقال عمر: كأن رسول الله –صلى الله عليه وآله وسلم– لم يدعني وانصرف.

فكشف رسول الله الله –صلى الله عليه وآله وسلم– الكساء عن رأسه فقال:

---

(7) في المناقب: كفواً شريفاً في الدنيا والآخرة.

(8) في المناقب: زاد المحقق [عن أبيه].

((ادعوا لي أخي)).

فأرسلت فاطمة إلى علي، فلما سمع النبي -صلى الله عليه وآله وسلم- الخشف كشف عن رأسه، فلما رأى علياً أدناه إليه، قال علي: فأعاد رسول الله -صلى الله عليه وآله وسلم- الكساء علينا، ثم اتكأ على يده، ثم التقم أذني فما زال يناجيني ويوصيني حتى وجدت برد شفتيه حتى قبض.

وكان مما أوصى إلي: ((أن لا يغسلني أحد غيرك، فإنه إن رآني أحد غيرك عمي بصره)).

فقلت: يا رسول الله كيف أقوى عليك؟ قال: ((بلى، إنك ستعان علي)).

قال: فقال علي: ما أردت أن أقلب من رسول الله -صلى الله عليه وآله وسلم- عضواً إلا قلب لي، قال: فأردت أن أنزع قميصه، فنوديت أن دع القميص.

فلما خرج علي، قال له عمر: -ووجده على الباب -: أنشدك بالذي ولاك منه ما لم يول أحداً، هل استخلفك رسول الله -صلى الله عليه وآله وسلم-؟، قال: نعم. انتهى.

رجال هذا الإسناد قد تقدم الكلام عليهم.

والحسين بن علي: هو الفخي، صلوات الله عليه وعلى آبائه.

[2767 - 14] **وفيها أيضاً** [1/ 446]: محمد بن منصور، عن الحكم بن سليمان، عن نصر بن مزاحم، عن أبي خالد الواسطي، عن زيد بن علي، عن أبيه، عن جده، عن علي عليهم السلام، قال: قال رسول الله -صلى الله عليه وآله وسلم-: ((يا علي أنت وصيي)). انتهى.

رجال هذا الإسناد من ثقات محدثي الشيعة، وقد تقدم الكلام عليهم.

[2768 - 15] **وفيها أيضاً** [1/ 448]: محمد بن منصور، عن عباد، عن علي

بن هاشم، عن أبي الجارود، عن الأصبغ بن نباتة، قال سمعت علياً على منبر الكوفة يقول: (لأقولن اليوم قولاً لم يقله أحد قبلي، ولا يقوله أحد بعدي إلا كذاب، ورثت نبي الرحمة، وزوجتي خير نساء الأمة، وأنا خير الوصيين). انتهى.

رجال هذا الإسناد قد تقدم الكلام عليهم، وهم من ثقات محدثي الشيعة.

[2769 - 16] **وفيها أيضاً** [1/ 449]: محمد بن منصور، عن عباد، عن علي بن هاشم، عن محمد بن عبيدالله بن أبي رافع (9)، عن أبيه، عن جده، قال: لما كان اليوم الذي توفي فيه رسول الله -صلى الله عليه وآله وسلم- أغمي على النبي -صلى الله عليه وآله وسلم-، فأخذت بقدميه أقبلهما وأبكي، قال: فأفاق النبي -صلى الله عليه وآله وسلم- وأنا أقول: من لي ولولدي بعدك يا رسول الله.

فرفع رأسه إلي فقال: ((لكم الله بعدي، ووصيي، وصالح المؤمنين)).

[2769 - 17] [**وفيها أيضاً**: [1/ 449]]: محمد بن منصور، عن الحكم بن سليمان، عن نصر بن مزاحم، عن أبي خالد الواسطي، عن زيد بن علي، عن أبيه عن جده: عن علي -عليه السلام- قال: قال رسول الله -صلى الله عليه وآله وسلم-: ((يا علي أنت الخليفة في الأهل والمال والمسلمين في كل غيبة -يعني بذلك حياة رسول الله -صلى الله عليه وآله وسلم-)).

رجال هذا الإسناد والذي قبله من ثقات محدثي الشيعة، وقد مر الكلام عليهم.

[2770 - 18] **وفيها أيضاً** [1/ 460]: محمد بن سليمان قال: حدثنا خضر بن أبان، قال: حدثنا يحيى بن عبد الحميد الحماني، قال: حدثنا قيس بن الربيع، قال: حدثنا سعد الخفاف، عن الأصبغ بن نباتة، عن أبي أيوب الأنصاري: أن رسول الله -صلى الله عليه وآله وسلم- سئل عن الحوض، فقال: ((أما إن سألتموني عنه فسأخبركم، إن الله بالحوض أكرمني، وفضلني على من كان قبلي

(9) قال في المناقب: عن محمد بن عبيد الله بن أبي رافع، عن عون بن عبيدالله، عن أبيه، عن جده، فينظر في سند الحديث.

من الأنبياء، وهو ما بين أيلة وصنعاء، فيه من الآنية عدد نجوم السماء، يسيل فيه خليجان من الماء، ماؤه أشد بياضاً من الثلج، وأحلى من العسل، حصباؤه الياقوت والزبرجد، بطحاؤه المسك الأذفر، شرط مشروط من ربي: أنه لا يرده من أمتي إلا النقية قلوبهم، والصحيحة أيديهم، المسلِّمون للوصي من بعدي، الذين يعطون ما عليهم في اليسر، ولا يأخذ ما لهم في العسر، يذود عنه يوم القيامة وصيي من ليس من أمتي، كما يذود الرجلُ البعيرَ الأجربَ عن إبله، مَن شَرِبَ منه لم يظمأ أبداً)). انتهى.

رجال هذا الإسناد من ثقات محدثي الشيعة، وقد تقدم الكلام عليهم.

وسعد الخفاف: هو سعد بن طريف، قد تقدم أيضاً.

[2771 - 19] **وفي المناقب أيضاً** [1/ 146]: محمد بن سليمان، حدثنا خضر بن أبان قال: حدثني يحيى بن عبد الحميد الحماني، قال: أخبرنا قيس بن الربيع، عن الأعمش، عن عباية بن ربعي، عن ابن عباس، قال: قال رسول الله -صلى الله عليه وآله وسلم-: ((إن الله قسم الخلق [قسمين] فجعلني في خيرهما قسماً، وذلك قوله: ﴿وَأَصۡحَٰبُ ٱلۡيَمِينِ﴾، ﴿وَأَصۡحَٰبُ ٱلشِّمَالِ﴾، فأنا من أصحاب اليمين، فأنا خير أصحاب اليمين، ثم جعل قسمي أثلاثاً، فجعلني في خيرها ثلثاً، وذلك قوله: ﴿فَأَصۡحَٰبُ ٱلۡمَيۡمَنَةِ مَآ أَصۡحَٰبُ ٱلۡمَيۡمَنَةِ ﴿٨﴾ وَأَصۡحَٰبُ ٱلۡمَشۡـَٔمَةِ مَآ أَصۡحَٰبُ ٱلۡمَشۡـَٔمَةِ ﴿٩﴾ وَٱلسَّٰبِقُونَ ٱلسَّٰبِقُونَ ﴿١٠﴾ أُوْلَٰٓئِكَ ٱلۡمُقَرَّبُونَ ﴿١١﴾﴾ [الواقعة:8-11]، فأنا من السابقين وأنا خير السابقين.

ثم جعل الأثلاث قبائل، فجعلني في خيرها قبيلة وذلك قوله: ﴿وَجَعَلۡنَٰكُمۡ شُعُوبٗا وَقَبَآئِلَ﴾ [الحجرات:13] الآية: فأنا أتقى ولد آدم وأكرمهم على الله ولا فخر، ثم جعل القبائل بيوتا فجعلني في خيرها بيتا وذلك قوله: ﴿إِنَّمَا يُرِيدُ ٱللَّهُ لِيُذۡهِبَ عَنكُمُ ٱلرِّجۡسَ أَهۡلَ ٱلۡبَيۡتِ وَيُطَهِّرَكُمۡ تَطۡهِيرٗا ﴿٣٣﴾﴾ [الأحزاب:33]، فأنا وأهل بيتي مطهرون من الذنوب.

ألا وإن إلهي اختارني في ثلاثة من أهل بيتي على جميع أمتي، أنا سيد الثلاثة، وسيد ولد آدم يوم القيامة ولا فخر.

فقال أهل السدة[10]: يا رسول الله قد ضمنت لنا أن نبلغ، فسم لنا الثلاثة؟ فسمى[11] رسول الله –صلى الله عليه وآله وسلم– كفه المباركة الطيبة، ثم حلق

5   بيده فقال: ((اختارني أنا، وعلي بن أبي طالب، وحمزة بن عبد المطلب، وجعفر بن أبي طالب.

كنا رقوداً في الأبطح ليس فينا إلا مسجى بثوبه، علي عن يميني، وجعفر عن يساري، وحمزة عند رجلي، فما أنبهني من رقدتي غير خفيق جبريل في ثلاثة أملاك [من الملائكة]، فقال له بعض الأملاك [الثلاثة]: يا جبريل إلى أي هؤلاء الأربعة

10   أرسلت، فضربني برجله فقال: إلى هذا وهو سيد ولد آدم.

قال: ومن هذا يا جبريل، قال: هذا محمد بن عبد الله سيد الناس، وهذا علي بن أبي طالب خير الوصيين، وهذا حمزة سيد الشهداء، وهذا جعفر له جناحان خضيبان يطير بهما في الجنة حيث يشاء)). انتهى.

رجال هذا الإسناد من ثقات محدثي الشيعة، وقد تقدم الكلام عليهم.

15   [2772 - 20] وفيها أيضاً [1/435]: محمد بن منصور، عن عباد الرواجني، عن عبد الله بن عبد القدوس، عن الأعمش، عن المنهال، عن عباد بن عبد الله الأسدي، عن علي –عليه السلام– قال: لما نزلت ﴿وَأَنذِرْ عَشِيرَتَكَ الْأَقْرَبِينَ﴾، قال: قال رسول الله –صلى الله عليه وآله وسلم–: ((يا علي اصنع رجل شاة، وصاعاً من طعام، وأعد قعباً من لبن، قال: وكان القعب كقدر ذي

20   الرجل، قال: ففعلت.

_____

(10) في رواية المرشد بالله –عليه السلام– أهل الصفة تمت مؤلف.

(11) أي رفع يده تمت مؤلف.

فقال لي رسول الله -صلى الله عليه وآله وسلم-: ((يا علي، اجمع لي بني هاشم))، وإنهم يومئذ لأربعون رجلاً [-أو أربعون غير رجل-]، قال: فدعا رسول الله -صلى الله عليه وآله وسلم- بالطعام، فوضعه بينهم، فأكلوا حتى شبعوا، - وإن منهم لمن يأكل الجذعة بأديمها - ثم تناولوا القدح فشربوا حتى رووا، وبقي منه عامته.

5

فقال بعضهم: ما رأينا كاليوم في السحر - يروون أنه أبو لهب - [ولم يتكلم النبي بشئ في ذلك اليوم لما صدر من الكلام من أبي لهب، فتفرق القوم قبل أن يسمعوا من النبي شيئاً].

ثم قال [-صلى الله عليه وآله وسلم- في المرة الثانية]: ((يا علي اصنع لي رجل شاة، بصاع من طعام، وأعد قعباً من لبن))، قال: ففعلت فجمعتهم، فأكلوا مثل

10

ما أكلوا في المرة الأولى، وفَضُل منه مثل ما فضل في المرة الأولى، وشرابهم مثل شرابهم في المرة الأولى، فقال بعضهم: ما رأينا كاليوم في السحر.

فقال في الثالثة: ((يا علي اصنع لي رجل شاة، بصاع من طعام، وأعد قعباً من لبن)). ففعلت.

فقال: ((يا علي، اجمع بني هاشم، فجمعتهم))، فأكلوا وشربوا، فبدرهم

15

رسول الله -صلى الله عليه وآله وسلم- بالكلام فقال: ((أيكم يقضي عني ديني، ويكون خليفتي ووصيي من بعدي))، فسكت القوم تعظيماً للعباس، فسكت العباس مخافة أن يحيط ذلك بماله، فأعاد رسول الله -صلى الله عليه وآله وسلم- المنطق، [فسكت القوم، وسكت العباس مخافة أن يحيط ذلك بماله، فأعاد رسول

20

الله -صلى الله عليه وآله وسلم-] الكلام الثالثة، وإني يومئذ لأسوؤهم، وإني لأحمش الساقين، وأعمش العينين، ضخم البطن فقلت: أنا يا رسول الله. فقال: ((أنت أنت يا علي، أنت أنت يا علي)). انتهى.

الرجال: أما عباد الرواجني: فهو عباد بن يعقوب، من ثقات محدثي الشيعة،

قد تقدم الكلام عليه.

[ترجمة عبد الله بن عبد القدوس]

وأما عبدالله بن عبد القدوس:

فقال في الجداول: عبد الله بن عبد القدوس التيمي الرازي، عن عبد الملك بن

5 عمير، والأعمش، وليث بن أبي سليم.

وعنه عباد بن يعقوب، وعبد الله بن داهر، وإسحاق بن إبراهيم.

قال ابن معين والذهبي: رافضي.

وقال محمد بن عيسى وابن حبان: ثقة.

وقال البخاري: صدوق.

10 عداده في ثقات محدثي الشيعة، احتج به الترمذي. انتهى.

وأما الأعمش: فقد تقدم.

[ترجمة المنهال بن عمرو]

وأما المنهال: فهو ابن عمرو:

قال في الجداول: منهال بن عمرو الأسدي، مولاهم الكوفي.

15 عن ابن الحنفية، وزر بن حبيش، وابن أبي ليلى، وابن جبير وغيرهم.

وعنه هدبة، والقاسم بن الوليد، وميسرة، وحفص بن غياث، ومحمد بن أبي ليلى، والأعمش، وشعبة.

وثقه يحيى، وقال أحمد: ثقة. ووثقه النسائي والعجلي.

وقال الدارقطني: صدوق.

عداده في ثقات محدثي الشيعة، وقد نال منه الجوزجاني، احتج به البخاري والأربعة[12]. انتهى.

[ترجمة عباد الأسدي]

وأما عباد بن عبدالله الأسدي:

فقال في الجداول: عباد بن عبدالله الأسدي الكوفي، عن علي -عليه السلام-.

وعنه المنهال بن عمر.

ووثقه ابن حبان، وعداده في ثقات محدثي الشيعة، احتج به الترمذي في الخصائص[13]. انتهى

[2773 - 21] وفي المناقب لمحمد بن سليمان الكوفي -رحمه الله- أيضاً [527/1]: محمد بن منصور، عن حسين بن نصر، عن خالد بن عيسى، عن حصين، عن الأجلح الكندي، عن أبي إسحاق، عن جابر: أن رسول الله -صلى الله عليه وآله وسلم- قال: ((يا أهل الطائف، لَتُقيمُنّ الصلاة، ولَتُؤْتُنّ الزكاة، أو لأبعثنّ إليكم رجلاً كنفسي، يعضاكم[14] بسيفه، قم يا علي)). قالوا: يا رسول

---

(12) قال في كرامة الأولياء، لعلامة العصر الأخير عبد الله بن الإمام (صـ 288): وأما المنهال: فهو ابن عمرو الأسدي ولاء، الكوفي، الشيعي الثبت، وثقه أحمد ويحيى والنسائي والعجلي، وقال الدارقطني: صدوق، خرج له: البخاري والأربعة، ومن أئمتنا أبو طالب والمرشد ومحمد -عليهم السلام-.

(13) قال في كرامة الأولياء، لعلامة العصر الأخير عبد الله بن الإمام (صـ 94) في سياق كلام: قال ابن المديني: عباد ضعيف.

وقال البخاري: سمع منه المنهال، وفيه نظر.

قلت: كلام الذهبي هذا مجازفة وكم حاول إطفاء نور الله لوصي نبيه -صلى الله عليه وآله وسلم- والله متمه على رغم أنف الذهبي وقبيله.

وأما كلام البخاري وابن المديني فهما متأخران وعباد من خيار التابعين وثقات شيعة الوصي والمتشبث بحب أهل السفينة، وقد وثقه أيضاً ابن حبان، وصحح الحاكم حديثه. انتهى.

(14) يعضاكم: أي يفرقكم أو يقطعكم، من التعضية: وهي التفريق. وفي المناقب المطبوع: يقاصكم.

الله، نقيم الصلاة، ونؤتي الزكاة. انتهى.

رجال هذا الإسناد قد تقدم الكلام عليهم، وهم من ثقات محدثي الشيعة.

وحسين بن نصر بن مزاحم المنقري، وخالد بن عيسى هو العلكي، وحصين هو ابن المخارق السلولي أبو جنادة، وجابر هو ابن عبدالله الأنصاري.

[2774 – 22] **وفيها أيضاً** [1/ 530]: محمد بن منصور، عن يحيى بن عبد الحميد، عن شريك، عن أبي إسحاق، عن حبشي بن جنادة، قال: قال النبي –صلى الله عليه وآله وسلم– ((علي مني وأنا منه لا يؤدي عني إلا أنا أو علي)). انتهى.

رجال هذا الإسناد قد مر الكلام عليهم وهم من ثقات محدثي الشيعة، إلا حبشي بن جنادة، فإليك ترجمته:

[ترجمة حبشي بن جنادة]

قال في الجداول: حبشي (15) بن جنادة السلولي (16)، صحابي نزل الكوفة، وروى عنه الشعبي، وأبو إسحاق، وابنه، شهد مع الوصي مشاهده كلها. انتهى.

[2774 – 23] وفيها أيضاً [1/ 531]: محمد بن منصور، عن إسماعيل بن موسى، عن شريك، عن أبي إسحاق، عن حبشي بن جنادة، قال: قال رسول الله –صلى الله عليه وآله وسلم–: ((علي مني وأنا من علي، لا يؤدي عني إلا أنا أو علي)). انتهى.

رجال هذا الإسناد قد مر الكلام عليهم وهم من ثقات محدثي الشيعة.

---

(15) قال ابن سعد في الطبقات الكبرى في الجزء السادس صفحة (24): أخبرنا مالك بن إسماعيل، عن إسرائيل، عن قرة بن عبدالله السلولي، قال: عاد حبشي بن جنادة رجل، فقال ما أتخوف عليك إلا سيرك مع علي، قال: ما من عملي شيء أرجى عندي منه. انتهى. تمت مؤلف.

(16) حُبْشِي (بضم المهملة، وإسكان الموحدة، وكسر الشين معجمة) بن جُنَادَة السَّلُولي – السَّلُولي –بفتح المهملة، وتخفيف اللام المضمومة– نسبة إلى سَلُول، وهي أُمُّ بني مُرَّةَ بن صَعْصَعة.

[2775 - 23] **وفيها أيضاً** [1/531]: محمد بن منصور، عن عباد بن يعقوب، عن علي بن هاشم، عن ابن أبي رافع، عن أبيه، عن جده أبي رافع قال: لما نزلت براءة بعث بها رسول الله صلى الله علي وآله مع أبي بكر يقرؤها على الناس في الموسم، فأتى جبريل النبي -عليه السلام- فقال: إنه لا يؤدي عنك إلا رجل منك.

فبعث علياً في أثر أبي بكر، حتى لحقه بين مكة والمدينة، فأخذها، فقرأها على الناس في الموسم. انتهى.

رجال هذا الإسناد قد تقدم الكلام عليهم.

[2776 - 24] **وفيها أيضاً**: [1/581]: محمد بن منصور، عن عباد بن يعقوب، عن محمد بن فضيل، عن فضيل بن مرزوق، عن عطية العوفي، عن أبي سعيد الخدري، قال: غزى رسول الله -صلى الله عليه وآله وسلم- غزوة تبوك فخلف علياً في أهله، فقال بعض القوم: ما منعه أن يخرج معه إلا أنه كره صحبته.

قال: فبلغ ذلك علياً، فذكره لرسول الله -صلى الله عليه وآله وسلم-، فقال: ((يا ابن أبي طالب، أما ترضى أن تكون مني بمنزلة هارون من موسى)). انتهى.

الرجال:

أما محمد بن منصور، وعباد بن يعقوب، ومحمد بن فضيل: فقد تقدموا.

[ترجمة فضيل بن مرزوق وعطية العوفي]

وأما فضيل بن مرزوق، فإليك ترجمته:

قال في الجداول: فضيل بن مرزوق الكوفي، عن أبي حازم، وعدي بن ثابت، والنفس الرضية، والسري بن إسماعيل، وعطية.

وعنه: ابنه محمد، ووكيع، ويحيى بن آدم، وأبو نعيم، وأبو غسان مالك بن إسماعيل.

وثقه السفيانان، وغير واحد، وقال ابن معين: شديد التشيع.

عداده في ثقات محدثي الشيعة، وقد نال منه بعضهم، احتج به مسلم
5   والأربعة. انتهى.

وأما عطية العوفي:

فقال في الجداول: عطية بن سعيد بن جنادة العوفي الجدلي، أبو الحسن الكوفي.

عن أبي سعيد، وجابر، وابن عباس، وابن عمر، وزيد بن أرقم، وأنس، وغيرهم.

10   وعنه الأعمش، وحجاج، وسفيان، وابن أبي ليلى، ومالك بن مغول، وخلق.

قال ابن معين: صالح، وحَسَّن له الترمذي أحاديث، عداده في ثقات محدثي الشيعة، احتج به البخاري في الأدب، والأربعة إلاَّ النسائي، توفي سنة إحدى عشرة ومائتين. انتهى.

وأما أبو سعيد الخدري -رضي الله عنه-: فقد تقدم(17).

---

(17) قال في كرامات الأولياء [137]: عند تراجم رجال هذا الحديث:
فضيل بن مرزوق الكوفي: ضعفه النسائي، وقال أبو حاتم: صدوق يَهِم كثيراً، يكتب حديثه ولا يحتج به.
قال ابن معين: شديد التشيع صالح الحديث.
ووثقه السفيانان وغير واحد، وهو أرفع ممن تكلم فيه وأعدل، من ثقات الشيعة والرواة عن العترة.
خرج له: مسلم والأربعة، ومن أئمتنا: أبو طالب والمرشد ومحمد.
وأما عطية العوفي: فهو ابن سعد بن جنادة الجدلي الكوفي، ضعفه الثوري وهشيم وابن عدي وغيرهم.
وقال ابن معين: صالح، وحسن له الترمذي أحاديث.
=

[2777 - 25] **وفيها أيضاً** [2/ 206]: محمد بن سليمان، قال: حدثنا محمد بن منصور المرادي، قال: حدثنا يحيى بن عبد الحميد الحماني، عن قيس بن الربيع، عن أبي هارون العبدي، عن أبي سعيد الخدري، قال: قال رسول الله -صلى الله عليه وآله وسلم-: ((من كنت مولاه، فعلي مولاه، اللهم وال من ولاه، وعاد من عاداه، وانصر من نصره، واخذل من خذله)). انتهى.

رجال هذا الإسناد قد تقدم الكلام عليهم.

[2778 - 26] **وفيها أيضاً** [2/ 216]: محمد بن منصور، عن عباد بن يعقوب، عن محمد بن فضيل، وعلي بن هاشم، عن فطر بن خليفة، عن أبي الطفيل قال: أنشد علي الناس في الرحبة من سمع رسول الله -صلى الله عليه وآله وسلم- يقول: ((من كنت مولاه، فعلي مولاه، [اللهم وال من والاه، وعاد من عاداه].

قال فقام بضعة عشر رجلاً، فشهدوا أنهم سمعوا رسول الله -صلى الله عليه وآله وسلم-، يقول يوم غدير خم: ((من كنت مولاه فعلي مولاه)).

[قال أبو الطفيل]: فخرجت فلقيت زيد بن أرقم، فقلت: ما رأيت مثل ما سمعت من أمير المؤمنين، قال: وما ذاك؟ قال: أنشد الله من سمع رسول الله -

---

وقال سالم المرادي: كان يتشيع.

قلت: الرجل كان من المكثرين في رواية الفضائل للآل، وقد عضوه ونسبوه إلى الرفض غيظاً وحنقاً، وإلا فإن الرافضة لم يكونوا إلا عند ظهور الإمام زيد بن علي -عليه السلام- كما صرح به النووي.

والعجب من الإمام المهدي حيث عده من الخوارج اغتراراً منه بقول عمر بن علي إنه كان شيعياً خارجياً، وإنما مقصد عمر بن علي أنه يرى الخروج على الظلمة كمذهب سلفه، والرجل من ثقات الشيعة خرج له الأربعة إلا النسائي، ومن أئمتنا الناصر الأطروش، وأبو طالب، والموفق وولده المرشد ومحمد.

وأما أبو سعيد: فهو سعد بن مالك بن سنان الخدري، أول مشاهده الخندق، وغزا مع رسول الله -صلى الله عليه وآله وسلم- اثنتا عشرة غزوة، وكان ممن روى عن رسول الله -صلى الله عليه وآله وسلم- سنناً كثيرة، وكان من نجباء الأنصار وعلمائهم وفضلائهم، وحضر مع الوصي حروب الخوارج، وروى فيهم حديثاً سمعه من النبي -صلى الله عليه وآله وسلم-.

خرج له: الجماعة كلهم ومن أئمتنا: الناصر والخمسة.

صلى الله عليه وآله وسلم- يقول: ((من كنت مولاه فعلي مولاه)) فقام بضعة عشر رجلاً.

فقال زيد: ونحن سمعناه. انتهى.

الرجال:

أما محمد بن منصور، وعباد بن يعقوب ومحمد بن فضيل وعلي بن هاشم بن البريد: فقد تقدم الكلام عليهم.

[ترجمة فطر بن خليفة وأبي الطفيل]

وأما فطر بن خليفة(18):

فقال في الجداول: فطر بن خليفة القرشي المخزومي، مولاهم أبو بكر بن الخياط، عن أبي الطفيل، وعطاء، ومجاهد، والشعبي، والحكم بن عتيبة، وأبي إسحاق.

وعنه السفيانان، وأبو نعيم، وأبو الجارود، وغيرهم.

---

(18) قال ابن حجر العسقلاني في هدي الساري مقدمة شرح البخاري (صـ 608): فِطْرُ بن خليفة المخزومي، مولاهم، كوفي، من صغار التابعين، وثَّقَهُ أحمدُ، والقَطَّان، والدارقطني، وابنُ معين، والعجلي، والنسائي، وآخرون. وقال ابن سعد: كان ثقةً إن شاء الله، ومن الناس من قد يستضعفه. وقال الساجي: كان ثقةً وليس بمتقن، فهذا قول الأئمة فيه، وأمَّا الجوزجاني فقال: كان غيرَ ثقة، وقال ابن أبي خيثمة عن قطبة بن العلاء: تركت حديثَهُ؛ لأنَّه روى أحاديث فيها إزراء على عثمان. انتهى. فهذا هو ذنبه عند الجوزجاني، وقد قال العجلي أنّه كان فيه تشيع قليل، وقال أبو بكر ابن عياش: تركتُ الرواية عنه لسوء مذهبه، وقال أحمد بن يونس: كنا نمر به وهو مطروح لا نكتب عنه، روى له البخاريُّ، وأصحابُ السنن». انتهى.

وقال في حاشية كرامات الأولياء (صـ154):أبو بكر الحافظ الكوفي الشيعي الثقة، وثقه أحمد وابن معين والعجلي وابن سعد.

وهو القائل عند وفاته: ما يسرني أن مكان كل شعرة من جسدي ملك يسبح الله لحبي أهل البيت.

وقد نال منه بعضهم جرياً على العادة، ولكن خرج له منهم البخاري والأربعة، ومن أئمتنا الأربعة -عليهم السلام- وهذا السند صحيح على شرط البخاري وشاهد لحديث ابن أبي ليلى. انتهى.

وثقه أحمد، وابن معين، والعجلي، وابن سعد، وقال في الكاشف: شيعي جلد صدوق.

عداده في ثقات محدثي الشيعة، وقد نال منه بعض النواصب، توفي سنة ثلاث وخمسين ومائة، احتج به البخاري والأربعة.

[وكان من أصحاب إبراهيم بن عبد اللّه -عليه السلام- والخارجين معه]. انتهى.

وأما أبو الطفيل:

فقال في الجداول أيضاً: عامر بن واثلة الليثي، أبو الطفيل، وجد عام أحد، وأدرك ثمان سنين من حياة النبي -صلى الله عليه وآله وسلم-، روى عنه أربعة أحاديث، وصحب علياً، وكان من وجوه شيعته ومحبيه، وشهد معه المشاهد كلها، ثم خرج طالباً بدم الحسين، ثم أخرج محمد بن الحنفية من السجن، وقد نالت منه النواصب(19).

(19) قال ابن حجر في هدي الساري مقدمة الفتح (صـ 644): عامر بن واثلة: أبوالطفيل، صحابي، أخطأ مَنْ تَكَلَّمَ فيه.

وقال في تهذيب التهذيب (12/ 133) في ترجمة أبي عبد الله الجَدَلي -رحمه الله تعالى-: «كان ابن الزبير قد دعا محمدَ بنَ الحنفيَّة إلى بيعته، فأَبى، فحصرَهُ في الشِّعْبِ، وأخافه هو ومن معه مدة، فبلغ ذلك المختارُ بن أبي عبيد، وهو على الكوفة، فأَرسل إليه جيشاً مع أبي عبدالله الجدلي إلى مكة، فأَخرجوا محمدَ بن الحنفية من محبسه، وكفَّهم محمدٌ عن القتال في الحرم، فمن هنا أَخذوا على أبي عبد الله الجدلي، وعلى أبي الطفيل أيضًا؛ لأنَّه كان في ذلك الجيش.

قال المحقق في حاشية لوامع الأنوار: وممن نال من أبي الطفيل رضوان الله تعالى عليه أيضًا ابنُ حزم، كما ذكر ذلك عنه الحافظُ ابنُ حجر في هدي الساري (ص/ 578)، ط: (دار الكتب العلمية)، وقال: «أساء أبومحمد ابنُ حزم فَضَعَّفَ أَحاديثَ أَبي الطفيل...»، وفي كتاب الكفاية في علم الرواية للخطيب البغدادي (ص/ 121) سُئل أبو عبد الله بن الأَخرم الحافظ: «لم تَرَك البخاريُّ حديث أبي الطفيل عامر بن واثلة؟ قال: لأنه كان يُفْرِطُ في التشيع».

أقول: تأمل هذا القول أيها المطلع الكريم، فمَن هم الذين أَخذوا على أبي عبد الله الجدلي، وأبي الطفيل؟، فهل يليق لمؤمن بالله واليوم الآخِر أن يَعدَّ صنيعَ هؤلاء الأَبطال المنقذين لقرابة النبي =

وقال ابن عبد البر: كان ثقة مأموناً، يعترف بفضل الشيخين، إلاَّ أنَّه يقدم علياً.

روى عن علي، ومعاذ، وعمار.

وعنه جابر الجعفي، ويزيد بن حبيب، وغيرهما.

توفي سنة مائة، وقيل: بعد ذلك[20]. انتهى.

[2779 - 27] **وفي المناقب أيضاً** -أعني مناقب محمد بن سليمان الكوفي رضي الله عنه- [2/ 270]: محمد بن منصور، عن محمد بن جميل، عن حماد بن يعلى، عن أبي الجارود، عن أبي جعفر في قوله: ﴿ **يَٰٓأَيُّهَا ٱلرَّسُولُ بَلِّغۡ مَآ أُنزِلَ إِلَيۡكَ مِن رَّبِّكَ** ﴾ [المائدة:67]، قال محمد بن علي: يا أبا الجارود، هل في كتاب الله تفسير الصلاة، وكم هي من ركعة، وفي أي وقت هي؟، قال: قلت: لا.

قال: فإن النبي -صلى الله عليه وآله وسلم- لما أُمر بالصلاة، قيل له: أَعلم أمتك أن صلاة الفجر كذا وكذا، والظهر كذا وكذا ركعة، وقتها ساعة كذا وكذا، والعصر والمغرب والعشاء.

ثم كانت الزكاة، فكان الرجل يعطي ما طابت به نفسه، فلما نزلت قيل للنبي -صلى الله عليه وآله وسلم-: أعلم الناس من زكاتهم مثل ما أعلمتهم من صلاتهم.

-صلى الله عليه وآله وسلم- سببًا للكلام عليهم، والقدح فيهم؟!.

ثم قال ابن حجر مخالِفًا أصحابه هؤلاء: «ولا يقدح ذلك فيهما إن شاء الله تعالى». اهـ.

وقال ابن كثير في البداية والنهاية (9/ 199): «نَقَمَ بعضُهم عليه كونَهُ كان مع المختار بن أبي عبيد، ويقال: إنه كان حاملَ رايته». انتهى.

المولود عام أُحُد، المتوفى سنة عشر ومائة، على الصحيح، آخر الصحابة موتاً رَضِي الله عَنْه.

(20) المولود عام أُحُد، المتوفى سنة عشر ومائة، على الصحيح، آخر الصحابة موتاً رَضِي الله عَنْه.

قال: ثم إذا كان يوم عاشوراء صام وأرسل إلى من حول المدينة صاموا، فلما نزل صوم [شهر] رمضان، قيل للنبي –صلى الله عليه وآله وسلم–: أعلم أمتك من صيامهم، مثل الذي أعلمتهم من صلاتهم وزكاتهم، ففعل.

ثم نزل الحج، فقيل للنبي –صلى الله عليه وآله وسلم–: أعلم أمتك من مناسكهم مثل الذي أعلمتهم من صلاتهم وزكاتهم وصيامهم، ففعل.

٥

ثم نزل ﴿إِنَّمَا وَلِيُّكُمُ ٱللَّهُ وَرَسُولُهُۥ وَٱلَّذِينَ ءَامَنُواْ ٱلَّذِينَ يُقِيمُونَ ٱلصَّلَوٰةَ وَيُؤۡتُونَ ٱلزَّكَوٰةَ وَهُمۡ رَٰكِعُونَ ۝ ﴾ [المائدة: ٥٥].

فقالوا: نحن المؤمنون، وبعضنا أولى ببعض فقيل للنبي –صلى الله عليه وآله وسلم–: أعلم أمتك من ولايتهم مثل الذي أعلمتهم من صلاتهم وزكاتهم وصيامهم وحجهم، فأخذ النبي –صلى الله عليه وآله وسلم– بيد علي فرفعها ١٠ –صلى الله عليه وآله وسلم– حتى بان بياض آباطهما، ثم قال: ((أيها الناس ألست أولى بكم من أنفسكم))، قالوا: بلى يا رسول الله، قال: ((فمن كنت مولاه، فعلي مولاه، اللهم وال من والاه، وعاد من عاداه، وانصر من نصره، واخذل من خذله، وأحب من أحبه، وأبغض من أبغضه)). انتهى.

١٥   الرجال:

محمد بن جميل، وأبو داوود: قد تقدم الكلام عليهما وهما من ثقات محدثي الشيعة.

[ترجمة حماد بن يعلى]

وأما حماد بن يعلى: فهو من ثقات محدثي الشيعة، قال في الجداول:

٢٠   حماد بن يعلى الثمالي، عن الصادق، وعلي بن عمر بن علي، وعن أبي الزناد، وجماعة من أصحاب زيد كتاب الصلاة المشهور لزيد.

وعنه الحكم بن ظهير، وإبراهيم بن محمد بن ميمون، ومحمد بن جميل. انتهى.

[2780 - 28] **المؤيد بالله -عليه السلام- في الأمالي** [107]: أخبرنا أبو محمد الحسن بن محمد بن يحيى الحسيني، قال: حدثني جدي يحيى بن الحسن، قال: أخبرنا إبراهيم بن علي، والحسن بن يحيى، قالا: حدثنا نصر بن مزاحم، عن أبي خالد، عن زيد بن علي، عن أبيه، عن جده، عن علي -عليهم السلام-، قال: (كان لي عشر من رسول الله، لم يعطهن أحد قبلي، ولا يعطاهن أحد بعدي، قال لي: ((يا علي، أنت أخي في الدنيا والآخرة، وأنت أقرب الناس مني موقفاً يوم القيامة، ومنزلي ومنزلك يوم القيامة متواجهان كمنزل الأخوين، وأنت الوصي، وأنت الولي، وأنت الوزير، وعدوك عدوي، وعدوي عدو الله، ووليك ولي، وولي ولي الله)). انتهى.

الرجال:

أما محمد بن الحسن بن محمد فهو العقيقي، وقد تقدم.

[ترجمة يحيى بن الحسن العقيقي]

وأما جده يحيى بن الحسن:

فقال في الجداول: **يحيى بن الحسن بن جعفر الحجة بن عبيد الله بن الحسين بن علي بن الحسين بن علي بن أبي طالب، أبو الحسين النسابة.**

عن الزبير بن بكار، وإبراهيم بن علي، والحسن بن يحيى، وعدة.

وعنه حفيده الحسن بن محمد بن يحيى.

قال القاضي [مطلع البدور (4/ 492)]: كان جليل القدر، عظيم الشأن، روى فأكثر، وروى عنه أهله، والمحدثون من غيرهم، ومن تلامذته ابن عقدة [الحافظ].

قلت: هو يحيى بن الحسن العقيقي، صاحب القاسم بن إبراهيم، وله إليه المسائل، وصنف كتاب أنساب الطالبين، وعليه المعتمد في النقل، ويقال: إنَّه

أول من جمع في أنسابهم، وله تاريخ المدينة. انتهى.

وأما إبراهيم بن علي: فلم أعرفه.

وأما الحسن بن يحيى: فهو الحسن بن يحيى بن الحسين بن الإمام زيد بن علي قد تقدم الكلام عليه.

وأما نصر بن مزاحم، وأبو خالد: فقد تقدم الكلام عليهما أيضاً، فلا حاجة إلى الإعادة.

[2781 - 29] وفي مناقب محمد بن سليمان الكوفي -رضي الله عنه- [226/2]: محمد منصور، عن عباد، عن علي بن هاشم، عن أبيه، عن كثير النواء، عن أبي جعفر: أن رسول -صلى الله عليه وآله وسلم- أمر أن يقوم بعلي فضاق بذلك ذرعاً، حتى نزلت: ﴿ ۞ يَٰٓأَيُّهَا ٱلرَّسُولُ بَلِّغْ مَآ أُنزِلَ إِلَيْكَ مِن رَّبِّكَ وَإِن لَّمْ تَفْعَلْ فَمَا بَلَّغْتَ رِسَالَتَهُۥ وَٱللَّهُ يَعْصِمُكَ مِنَ ٱلنَّاسِ ﴾ [المائدة:67] فأخذ بيد علي فقال: ((اللهم وال من والاه، وعاد من عاده)). انتهى.

الرجال: أما محمد بن منصور، وعباد بن يعقوب، وعلي بن هاشم بن البريد، فقد تقدم الكلام عليهم.

[ترجمة هاشم بن البريد وكثير النواء]

وأما هاشم بن البريد -والد علي-: فقال في الجداول:

هاشم بن البريد الكوفي، أبو علي، عن زيد بن علي، وسلم بن قتيبة، وأبي إسحاق، وهشام.

وعنه: ولده علي، ووكيع، وعكرمة بن إبراهيم.

كان هو وولده من ثقات الشيعة، ووثقه ابن معين وغيره، وقال أحمد: لا بأس به. توفي في عشر الستين والمائة، وكان من أتباع زيد بن علي وأشياعه، [وممن خرج معه للجهاد].

وأما كثير النواء:

فقال في الجداول أيضاً: كثير بن إسماعيل النوَّاء، أبو إسماعيل، عن عطية والباقر وأبي الجارود.

وعنه ابن عيينة، وشريك، وابن فضيل.

وثقه ابن حبان، أحد عيون الزيدية ورجالهم، خرج مع الأئمة على الدوانيقي، وعداده في ثقات محدثي الشيعة، وقد نال منه النواصب. انتهى.

قلت: وعده أبو القاسم عبد العزيز بن إسحاق الزيدي -رحمه الله-، من تلامذة زيد بن علي -عليهما السلام- وأتباعه.

[2782 - 30] **وفي المناقب أيضاً** [2/ 230]: محمد بن منصور، عن علي بن هاشم، عن فطر عن أبي اسحاق: عن ابن وهب، وعمرو بن مرة، وزيد بن يثيغ، قالوا: قال علي: أنشد الله امرئً سمع رسول الله -صلى الله عليه وآله وسلم- يقول يوم غدير خم ما قال إلا قام.

فقام ثلاثة عشر رجلاً فشهدوا أنهم سمعوا رسول الله -صلى الله عليه وآله وسلم- يقول: ((من كنت مولاه، فعلي مولاه، اللهم وال من والاه، وعاد من عاداه، وأحب من أحبه، وانصر من نصره، واخذل من خذله)). انتهى.

الرجال:

أما محمد بن منصور، وعباد بن يعقوب، وفطر بن خليفة، وأبو إسحاق السبيعي: فقد تقدم الكلام عليهم، وهم من ثقات محدثي الشيعة.

[تراجم: ابن وهب وعمرو بن مرة وزيد بن يثيغ]

وأما مشايخ أبي إسحاق: فإليك تراجمهم على التفصيل:

أما ابن وهب:

فقال في الجداول: سعيد بن وهب الخيواني، مخضرم، عن علي، ومعاذ، وابن مسعود.

وعنه ابنه عبد الرحمن، وأبو إسحاق.

وثقه ابن معين، قال الطبراني: كان من ملازمي علي بن أبي طالب، فكان يقال له القراد للزومه له، وكان ممن لا يشك في صدقه وأمانته على ما روى وحدث من خبر، وعداده في خيار الشيعة، توفي سنة ست وسبعين، احتج به مسلم والنسائي. انتهى.

وأما عمرو بن مرة:

فقال في الجداول أيضاً: عمرو بن مرة بن عبد الله بن طارق بن الحارث الهمداني، الجملي[21] المرادي، أبو عبد الله الأعمى الكوفي، عن عبد الله بن أبي وائل، وابن المسيب، ومرة الطيب، وخلق.

وعنه ابنه عبد الله، وأبو إسحاق، ومنصور، والثوري، وشعبة، والأعمش، وخلق.

وثقه ابن معين، والحاكم، وأبو حاتم، وقال: يرى الإرجاء.

وقال في الكاشف: كان من الأئمة العاملين، توفي سنة ست عشرة ومائة، احتج به الجماعة، قلت: وعداده في رواية العدلية، ذكره المنصور بالله. انتهى.

وأما زيد بن يثيغ[22]:

فقال في الجداول: زيد بن يثيغ -أو ثيغ بمعجمة، أو أثيل، أو يثيع بمهملة-

---

(21) جَمَل من مراد تمت مؤلف.

(22) قال ابن حجر في تقريب التهذيب(1/ 193): زيد بن يُثَيْع - بضم التحتانية، وقد تبدل همزة، بعدها مثلثة، ثم تحتانية ساكنة، ثم مهملة-: الهمداني، الكوفي: ثقة مخضرم من الثانية، ورمز لمن أخرج له: فقال: الترمذي، والنسائي. انظر: تهذيب الكمال (3/ 88) رقم (2116)، وتهذيب التهذيب لابن حجر (3/ 372) رقم (2252).

مخضرم، عن علي، وعنه أبو إسحاق، وثقه ابن حبان، احتج به الترمذي وعداده في خيار الشيعة. انتهى.

[2783 - 31] **وفيها أيضاً** [2/ 229]: محمد بن منصور، عن عباد، عن علي بن هاشم، عن أبي الجارود، عن أبي جعفر، قال: لما أمر رسول الله -صلى الله عليه وآله وسلم- بما أمر به، قال: ((قومي حديثو عهد بالجاهلية))، فأتاه جبريل فقال: ﴿ يَٰٓأَيُّهَا ٱلرَّسُولُ بَلِّغۡ مَآ أُنزِلَ إِلَيۡكَ مِن رَّبِّكَ ﴾[المائدة:67]، فأخذ بيد علي فقال: ((من كنت مولاه، فعلي مولاه، اللهم وال من والاه، وعاد من عاداه)). انتهى.

رجال هذا الإسناد قد مر الكلام عليهم.

[2784 - 32] **وفيها أيضاً** [2/ 236]: محمد بن منصور، عن عثمان بن أبي شيبة، عن شريك عن أبي إسحاق، عن زيد بن يثيغ قال: بلغ علياً أن أناساً يقولون فيه، فصعد المنبر فقال: (أنشد الله ولا أنشده إلا رجلاً من أصحاب النبي -صلى الله عليه وآله وسلم- سمع من النبي -صلى الله عليه وآله وسلم- شيئاً إلا قام).

قال: فقام مما يلي سعيد بن وهب ستة، وقام مما يليه ستة، فقالوا: نشهد أنا سمعنا رسول الله -صلى الله عليه وآله وسلم- يقول: ((من كنت مولاه، فعلي مولاه، اللهم وال من والاه، وعاد من عاده)). انتهى.

رجال هذا الإسناد قد تقدم الكلام عليهم جميعاً، وهم من ثقات محدثي الشيعة رضي الله عنهم.

[2785 - 33] **وفيها أيضاً** [2/ 241]: محمد بن منصور، عن عيسى بن عبد الله بن محمد، عن أبيه، عن جده، عن علي بن أبي طالب قال: قال رسول الله -صلى الله عليه وآله وسلم-: ((من كنت مولاه، فعلي مولاه، اللهم وال من والاه، وعاد من عاداه، وانصر من نصره، واخذل من خذله)).

قال: وقال النبي –صلى الله عليه وآله وسلم–: ((أوصي من آمن بي وصدقني بولاية علي بن أبي طالب، فإن ولاءه ولائي، وولائي ولاء ربي)). انتهى.

رجال هذا الإسناد قد تقدم الكلام عليهم.

[2786 – 34] **وفيها أيضاً** [2/222]: محمد بن منصور، عن علي بن الحسين، عن إبراهيم بن رجاء الشيباني، قال: قيل لجعفر بن محمد: ما أراد رسول الله –صلى الله عليه وآله وسلم– بقوله لعلي يوم الغدير: ((من كنت مولاه فعلي مولاه، اللهم وال من والاه، وعاد من عاداه))، فاستوى جعفر بن محمد قاعداً، ثم قال: سُئل والله عنها رسول الله –صلى الله عليه وآله وسلم– .

فقال: ((الله مولاي وأولى بي من نفسي لا أمر لي معه، وأنا ولي المؤمنين أولى بهم من أنفسهم لا أمر لهم معي، ومن كنت أولى به من نفسه لا أمر له معي، فعلي بن أبي طالب مولاه أولى به من نفسه لا أمر له معه)). انتهى.

الرجال:

[ترجمة والد الناصر الأطروش، إبراهيم بن رجاء]

أما علي بن الحسن: فهو والد الناصر:

قال في الجداول: علي بن الحسن بن عمر بن علي بن الحسين بن علي بن أبي طالب، أبو الحسن العسكري، عن أبيه، وأبي هاشم المحمدي، وعلي بن جعفر، وغيرهم.

وعنه أولاده: الناصر والحسين، ومحمد بن منصور، وأحمد بن محمد بن جعفر العلوي.

كان إماماً حافظاً، أحد مشائخ أئمة أهل البيت، توفي قريباً من الخمسين والمائتين. انتهى.

وأما إبراهيم بن رجاء الشيباني: فهو من ثقات محدثي الشيعة.

قال في الجداول: إبراهيم بن رجاء الشيباني المروزي، عن الصادق، وعنه والد الناصر للحق، وروى له المؤيد بالله في أماليه في تفسير حديث الغدير، وكذبه الذهبي، قلت: لأجل تلك الرواية. انتهى.

[2787 – 35] **وفيها أيضاً** [246/2]: محمد بن منصور، عن عباد، عن علي بن هاشم، عن أبيه، قال: ذكر عند زيد بن علي قول النبي –صلى الله عليه وآله وسلم–: (من كنت مولاه، فعلي مولاه) قيل: ما أراد به ؟ قال: إني سمعت زيداً يقول: نصبه –صلى الله عليه وآله وسلم– علماً ليعرف به حزب الله عند الفُرقة.

[2788 – 36] **وفيها أيضاً** [(226/2)]:محمد بن منصور، عن عباد، عن سعيد بن خثيم، عن فضيل بن مرزوق، قال: قلت للحسن بن الحسن: قال رسول الله –صلى الله عليه وآله وسلم– لعلي: ((من كنت مولاه، كنت مولاه)) قال: نعم. قلت: ما يعني بذلك ؟ قال: جعله الله علماً للدين معصوماً لا يضل. انتهى.

الرجال:

أما عباد: فهو ابن يعقوب، وعلي بن هاشم: هو البريد، قد تقدم الكلام عليهما، وكذلك هاشم بن البريد مر الكلام عليهما.

[ترجمة سعيد بن خثيم]

وأما سعيد بن خثيم:

فقال في الجداول: سعيد بن خثيم بن رشد الهلالي، أبو معمر الكوفي، عن زيد بن علي، وأخيه معمر، وحزام بن عثمان، وجماعة.

وعنه محمد بن منصور، وإبراهيم بن محمد بن ميمون، وابن حنبل، وخلق.

قال ابن معين: شيعي ثقة، وذكره ابن حبان في الثقات.

قلت: شهد مقتل الإمام زيد -صلوات الله عليه- مجاهداً معه في سنة (161هـ)[23]، ثم أدرك الإمام الحسين بن علي وخرج معه سنة (169)، ثُمَّ بايع الإمام يحيى بن عبد الله في هذه السنة بعد استشهاد الحسين.

وعداده في ثقات محدثي الزيدية[24]، احتج به الترمذي والنسائي. انتهى.

وأما فضيل بن مرزوق: فقد تقدم.

[2789 - 37] **وفيها أيضاً** [2/ 249]: محمد بن منصور، عن محمد بن راشد، عن عيسى بن عبد الله، عن أبيه، عن جده، عن عمر بن علي بن أبي طالب، عن علي، قال: (لما نزل رسول الله -صلى الله عليه وآله وسلم- بغدير خم، -وثَمّ ماء مالح مثل ماء البحر- فعطش المسلمون عطشاً شديداً، فدعا النبي -صلى الله عليه وآله وسلم- عمر بن الخطاب فقال: خذ هذه الروايا والإبل ومن شئت من أصحابي وانطلق إلى الخرار[25] - وهو ماء كان لخزاعة -

---

(23) هكذا في الأصل والجداول، وهو غلط، والصحيح، (122)ه، لأن استشهاد الإمام زيد -عليه السلام- كان فيه، وليس في (161)هـ.

(24) سعيد بن خُثَيم الهلالي، أحد فرسان الإمام زيد بن علي عليهما السلام الشجعان، وهو الذي قَتَلَ الشَّاميَّ الذي كان يشتم فاطمةَ بنتَ رسول الله -صلى الله عليه وآله وسلم-، قال سعيد- بعدما قَتَلَ الشَّامي-: فركبتُ فأتيتُ زيدًا فجعل يُقَبِّلُ بين عينيّ، ويقول: أدركتَ واللَّهِ ثأرنا، أدركتَ واللَّهِ شرفَ الدنيا والآخرة وذخرَها.

قال في الطبقات: قال القاسم بن عبد العزيز في تعداد تلاميذ الإمام زيد بن علي: كان سعيدٌ ممن شَهِدَ مقتل الإمام زيد بن علي، وجاهد معه، وكان مُحَدِّثًا فاضلاً.

وقال في المقاتل: أدرك الحسينَ بنَ عليٍّ الْفَخِّيَّ، وخرج معه في سنة تسع وستين ومائة.

وقال السيّد أبو طالب، عن السيّد أبي العباس الْحَسَني: وهو أَحدُ العلماء الذين تابعوا يحيى بن عبد الله بن الحسن بن الحسن -عليهم السلام- في سنة (169)، بعد قتل الفخي، وعَدَّه السيّد صارم الدين، وابن حُمَيْد، وابنُ حابس في ثقات محدثي الشيعة. انتهى من الطبقات.

قال في تهذيب الكمال (3/ 154)، رقم (2246)، وتهذيب التهذيب (4/ 20)، رقم (2388): قال ابن الجنيد، عن ابن معين: كوفي ليس به بأس، ثقة. قال: فقيل ليحيى: شيعي، قال [يحيى]: وشيعيٌّ ثقة، وقَدَريٌّ ثقة [أي عَدْلي]. روى له الترمذي، والنسائي. قال في التقريب: «صدوق رمي بالتشيع. من حاشية لوامع الأنوار عن المحقق (1/ 476).

(25) قال ابن سعد في الطبقات الكبرى في الجزء الثاني من القسم الثاني في مغازي رسول الله عليه =

وكان الناس يستعذبون الماء.

قال: فخرج حتى إذا قلنا: قد كرب –قال أبو جعفر: معنى قد كرب، قال يقول: قد قرب– قال: فرجع إلينا، فقال له رسول الله –صلى الله عليه وآله وسلم– ما ردك؟ فقال: يا رسول الله ما شايعتني نفسي على الذهاب، وخشيت أن يكون

5   ثم قريش ينتظرونا على الماء، فقال رسول الله –صلى الله عليه وآله وسلم–: ((ائتوني بعلي)) فما لبث أن طلع هو وخوات بن جبير الأنصاري، قال فقال له: ما خلفك؟ قال: يا رسول الله اعتلت ناقة خوات فأعقبته ناقتي وكان يرجي بناقته حتى بلغنا، قال: فقال له: خذ هذه الروايا والإبل ومن شئت من أصحابي ثم انطلق إلى الخرار، فأتنا منه بماء، قال: فخرج حتى إذا بلغ مبلغ أصحابه طلع ومعه

10 الروايا والإبل، قال: فكان بعض أصحابه يقول: كأني أنظر إليه حين احتزم على جبة له من صوف بعمامته، وتقلد سيفه، فما لبث أن طلع بالروايا مملوءة، فقال له رسول الله –صلى الله عليه وآله وسلم–: ((كيف صنعت؟)).

فقال: (خشيت أن تكون قريش على الماء فخلفت أصحابي والروايا وسللت سيفي فلما أتيت الماء فلم أجد عنده أحداً رجعت إليهم فجئت بهم ففتحوا أفواه

15 الروايا وملأت عليهم.

قال: فشرب رسول الله –صلى الله عليه وآله وسلم– وشرب المسلمون وارتووا، ثم دعا بدوحات –يعني شجرات– فقُمّ ما تحتهن، ثم صاح بالناس، فاجتمعوا:

[فقال: ((يا أيها الناس: إنه قد نبأني اللطيف الخبير أنه لم يعمر نبي في أمته إلا

20 دون ما عمر صاحبه، ألا وأوشك أن أدعى فأجيب، ألا وإني مسئول، وأنتم مسئولون، فهل بلغت؟)) قالوا: نعم.

وآله وسلم وسراياه صفحة (3) ما لفظه والخرار حين تروح من الجحفة إلى مكة آبار عن يسار المحجة قريب من خم انتهى تمت مؤلف.

قال: ((اللهم اشهد –ثلاث–))][26].

((أيها الناس: ألست أولى بالمؤمنين من أنفسهم)) قالوا: بلى.

قال فأخذ بيد علي فأقامه، فرفع يده بيده حتى رئي بياض ما تحت مناكبهما – يعني الإبط –، ثم قال: ((من كنت مولاه فعلي مولاه، اللهم وال من والاه، وعاد من عاداه، وانصر من نصره، واخذل من خذله، وأحب من أحبه، وأبغض من أبغضه)). انتهى.

رجال هذا الإسناد قد تقدم الكلام عليهم وهم من ثقات محدثي الشيعة.

[2790 – 38] **وفيها أيضاً** [2/ 255]: محمد بن منصور، عن جبارة، عن شريك، عن أبي إسحاق، عن سعيد بن وهب، وزيد بن يثيغ، قالا: لما بلغ علياً ما يقول الناس فيه، صعد المنبر فحمد الله وأثنى عليه، ثم قال: أنشد الله امرءاً سمع النبي –صلى الله عليه وآله وسلم– يقول يوم غدير خم: ((أيها الناس ألستم تعلمون أني أولى بكم من أنفسكم))، ثم أخذ بيد علي فقال: ((اللهم من كنت مولاه فهذا مولاه)).

قال: فقام ستة من ناحية، وسبعة من الناحية الأخرى، فشهدوا جميعاً أنهم سمعوا رسول الله –صلى الله عليه وآله وسلم– يقوله. انتهى.

رجال هذا الإسناد قد تقدم الكلام عليهم جميعاً، وهم من ثقات محدثي الشيعة.

[2791 – 39] **وفيها أيضاً** [2/ 258]: محمد بن منصور، عن عباد، عن عمرو بن ثابت، قال: سألت جعفر: أي مناقب علي أفضل؟ قال: قول النبي – صلى الله عليه وآله وسلم–: ((من كنت مولاه، فعلي مولاه، اللهم وال من والاه، وعاد من عاداه)). انتهى.

---

(26) ما بين القوسين غير موجود في نسخة المناقب المطبوعة.

رجال هذا الإسناد من ثقات محدثي الشيعة وقد مر الكلام عليهم.

[2792 - 40] **وفيها أيضاً** [2/ 261]: محمد بن منصور، عن عباد، عن المطلب بن زياد، وعمرو بن ثابت، عن عبد الله بن محمد بن عقيل، عن جابر بن عبد الله، قال: سمعت رسول الله -صلى الله عليه وآله وسلم- يقول لعلي: ((من كنت مولاه، فعلي مولاه، اللهم وال من والاه، وعاد من عاداه)). انتهى.

رجال هذا الإسناد من ثقات محدثي الشيعة، وقد تقدم الكلام عليهم، إلا المطلب بن زياد فلم يتقدم:

[ترجمة المطلب بن زياد]

قال في الجداول: المطلب بن زياد الكوفي، عن زيد بن علي، وأبي إسحاق، والليث بن أبي سليم.

وعنه أحمد، وابن معين، ووثقاه، وإسحاق، ومحمد بن طريف.

وقال أبو داوود: هو عندي صالح. توفي سنة خمس وثمانين مائة.

احتج به ابن ماجة، والخطيب في المتفق. انتهى.

قلت: هو عندي من ثقات محدثي الشيعة[27].

[2793 - 41] **وفيها أيضاً** [2/ 276]: محمد بن منصور، عن محمد بن

---

[27] قال الذهبي في سير أعلام النبلاء (8/ 332) الترجمة رقم (86) مطابع مؤسسة الرسالة: المطلب بن زياد بن أبي زهير الثقفي، وقيل القرشي، مولاهم، وقيل: مولى جابر بن سمرة السوائي، وكان جابر من حلفاء بني زهرة، ومن ثم قيل له: القرشي.

من كبار المحدثين بالكوفة، ولد قبل المائة. إلى قوله: وما هو بالمكثر ولا بالحافظ، لكنه صدوق، صاحب حديث ومعرفة، إلى قوله: قال أحمد وابن معين: ثقة، وقال أحمد: لم ندرك بالكوفة أكبر منه ومن عمر بن عبيد. إلى قوله:

وقال أبو داوود: هو عندي صالح، ثم قال الذهبي بعد أن أورد من طريقه حديث الغدير: هذا حديثٌ حَسَنٌ عَالٍ جدًّا، ومَتْنُهُ فمتواترٌ. انتهى المراد.

راشد، عن عيسى بن عبد الله، عن أبيه، عن جده، عن عمر بن علي، عن علي – عليه السلام– قال: (إنكم ستدعون إلى شتمي، فلا عليكم أن تشتموني، وتُدعون إلى البراءة [مني]، فلا تتبرؤوا [مني]، فإنه من تبرأ مني، فقد تبرأ من رسول الله –صلى الله عليه وآله وسلم–، ومن تبرأ من رسول الله –صلى الله عليه

5   وآله وسلم– لقي الله وهو مسود وجهه). انتهى.

رجال هذا الإسناد قد تقدم الكلام عليهم.

[2794 - 42] **وفيها أيضاً** [351/2]: محمد بن سليمان، قال: حدثنا أحمد بن السري قال: حدثنا أبو طاهر، عن أبيه، عن جده، قال: قال رسول الله –صلى الله عليه وآله وسلم–: ((من أحبني فقد وجبت عليه محبتي، وكذب من زعم أنه

10   يحبني ويبغض علياً)). انتهى.

رجال هذا الإسناد قد تقدم الكلام عليهم، وهم من ثقات محدثي الشيعة.

وأبو الطاهر: هو أحمد بن عيسى بن عبدالله بن محمد بن عمر بن علي بن أبي طالب –عليهم السلام–.

وأحمد بن السري: كان من اتباع محمد بن محمد بن زيد، وولاه محمد على

15   بعض المحلات، ذكره أبو العباس الحسني في المصابيح، وقد قدمنا الكلام عليه.

[2795 - 43] وفيها أيضاً [352/2]: حدثنا أحمد بن السري، قال: حدثنا أبو طاهر، قال: حدثنا محمد بن جعفر، قال: قال علي: (يشترك في حب ابنَي فاطمة البر والفاجر، وأبى الله أن يحبني إلا مؤمن). انتهى.

رجال هذا الإسناد قد مر الكلام عليهم.

20   ومحمد بن جعفر: هو الإمام محمد بن جعفر الصادق –عليهما السلام–.

[2796 - 44] **وفيها أيضاً** [366/2]: محمد بن سليمان، قال: حدثنا أحمد بن السري، قال: حدثنا أبو طاهر أحمد بن عيسى، قال: حدثنا الحسن بن علي –

أخو المقتول بفخ-، عن أبيه، عن محمد بن عمر بن علي بن أبي طالب، عن أبيه، عن علي، قال: أخذ رسول الله -صلى الله عليه وآله وسلم- بيدي عند موته، ثم قال: ((يا علي من بايع هذه الخمس، ثم مات وهو يحبك، فقد قضى نحبه، ويا علي من أحبك بعد موتك ختم الله له بالأمن والأمان، كلما طلعت شمس وغربت)). انتهى.

رجال هذا الإسناد قد تقدم الكلام عليهم، إلا الحسن بن علي، ووالده فإليك الكلام عليهما:

[ترجمة الإمام علي بن الحسن العابد، وولده الحسن]

أما الحسن:

فهو الحسن بن علي بن الحسن بن الحسن بن الحسن بن علي بن أبي طالب -عليهم السلام-، أحد الفضلاء النجباء الأتقياء كان من أولياء الله، وكان ضريراً، صلوات الله عليه.

وأما والده: فهو العابد الزاهد، الفاضل النبيل، العظيم الجليل، لما حبس الدوانيقي، عبدالله بن الحسن الكامل، كان معه فكانوا لا يعرفون أوقات الفرائض إلا بأوراد علي بن الحسن، توفي في الحبس، وهو ساجد سنة ست وأربعين ومائة.

روى عن أبيه، عن جده.

وعنه سليمان بن علي بن داوود بن الحسن، والحسن بن جعفر بن الحسن، أفاد هذا في الجداول.

[2797 - 45] **وفيها أيضاً** [2/382]: محمد بن سليمان، قال: حدثنا خضر بن أبان الهاشمي، وأحمد بن حازم الغفاري، ومحمد بن منصور، قالوا: حدثنا يحيى بن عبد الحميد الحماني، عن قيس بن الربيع، عن أبي هارون العبدي،

عن أبي سعيد الخدري، قال: قال رسول الله -صلى الله عليه وآله وسلم- -حين كان أرسل عمر إلى خيبر فانهزم هو ومن معه إلى رسول الله -صلى الله عليه وآله وسلم-، وهو يجبن أصحابه ويجبنونه، فبلغ ذلك من رسول الله -صلى الله عليه وآله وسلم- كل مبلغ، فبات تلك الليلة، وله من الهَمّ غير قليل، فلما أصبح خرج إلى الناس، وبعث للراية- فقال: ((لأعطين الراية رجلاً يحب الله ورسوله، ويحبه الله ورسوله، رجلاً ليس بفرار)).

فتعرض لها جميع المهاجرين والأنصار، فقال رسول الله -صلى الله عليه وآله وسلم-: ((أين علي؟))، قالوا: هو أرمد، فأرسل إليه أبا ذر وسلمان، فجيء به يقاد، لا يفتح عينيه من الرمد الذي به والوجع، فأقعد بين يدي رسول الله -صلى الله عليه وآله وسلم- فتفل في عينيه، وقال: ((اللهم أذهب عنه الحر والبرد والرمد، وانصره على عدوه، وأتم عليه، فإنه يحبك ويحب رسولك، غير فرار)).

ودفع إليه الراية واستأذنه حسان في أن يقول فيه شعراً، فقال: قل، فأنشأ يقول:

وكان علي أرمد العين يبتغي ... دواء فلما لم يحس مداويا
شفاه رسول الله منه بتفلة ... فبورك مرقيا وبورك راقيا
بأني سأعطي الراية اليوم صارما ... كمياً محبا للرسول مواليا
يحب النبي والإله يحبه ... به يفتح الله الحصون الأوابيا
ففاز بها دون البرية كلها ... علي وسماه الوزير المواخيا

انتهى.

رجال هذا الإسناد قد تقدم الكلام عليهم، وهم من ثقات محدثي الشيعة.

[2798 - 46] **وفيها أيضاً** [2/ 123]: محمد بن سليمان، قال: حدثنا أحمد

بن السري، قال: حدثنا أبو طاهر أحمد بن عيسى، قال: حدثني أبي، عن إبراهيم بن أبي يحي المدني، عن جابر: عن أبي جعفر، قال: قالت أم سلمة: يا أبا الحسن البشرى. قال: لك البشرى.

قالت: هذا مقام جبريل الساعة من عند رسول الله -صلى الله عليه وآله وسلم- قال: ((علي وشيعته في الجنة)). انتهى.

رجال هذا الإسناد قد تقدم الكلام عليهم، وهم من ثقات محدثي الشيعة -رضي الله عنهم-.

وجابر: هو ابن يزيد الجعفي، من ثقات الشيعة.

وأبو جعفر: هو الباقر -عليه السلام-.

[2799 - 47] **وفيها أيضاً** -أعني مناقب محمد بن سليمان الكوفي رضي الله عنه- [1/ 304]: محمد بن سليمان، عن محمد بن منصور، عن عباد بن يعقوب، عن محمد بن فضيل، عن سلمة بن كهيل، عن حبة بن جوين، قال: سمعت علياً يقول: (ما أعترف لأحد من هذه الأمة عبد الله مع نبيها -صلى الله عليه وآله وسلم- قبلي، لقد عبدت الله قبل أن يعبده رجل من هذه الأمة خمس سنين أو سبع سنين). انتهى.

رجال هذا الإسناد من ثقات محدثي الشيعة، وقد تقدم الكلام عليهم.

[2800 - 48] **وفيها أيضاً** [1/ 451]: محمد بن منصور، عن عباد بن يعقوب، عن علي بن هاشم، عن محمد بن عبيدالله، عن أبيه، عن جده أبي رافع: أن علياً ضمن دين النبي -صلى الله عليه وآله وسلم- وتحمله عنه، وأنه كان يعطي الناس ويقول: (من كان له عنده دين أو عدة فليأتني، ولا أسأله عليه بينة، وأنا أبرئ ذمة رسول الله، وأنجز عدته). انتهى.

رجال هذا الإسناد من ثقات محدثي الشيعة، وقد مر الكلام عليهم جميعاً.

[2801 - 49] **وفيها أيضاً**: محمد بن منصور، عن علي بن هاشم، عن أبي رافع، عن أبيه، عن جده أبي رافع، أن النبي -صلى الله عليه وآله وسلم- قال لعلي قبل أن يموت أن تبرئ ذمتي، وتنجز، وعدي، وتقبر على سنتي انتهى.

رجال هذا الإسناد قد مر الكلام عليهم.

[2802 - 50] **وفيها أيضاً** [453/1]: محمد بن منصور، عن علي بن هاشم، عن أبي رافع، عن أبيه، عن جده أبي رافع قال: قال رسول الله -صلى الله عليه وآله وسلم- للعباس عند موته، قال: ((يا عم، إني قد وعدت الناس مواعيد إلى يساري، فهل أنت منجز موعدي)) فقال: ما يسعه مالي.

قال: فالتفت إلى علي، فعرض عليه الذي عرض على العباس، فقال: نعم بأبي وأمي يا رسول الله، والله لا أدع أحداً من الناس وعدته شيئاً إلا أنجزته، حتى لا يبقى من الناس أحد.

فقال رسول الله -صلى الله عليه وآله وسلم-: ((اللهم أعنه -ثلاث مرات-))، فكان علي ينادي في كل موسم، من كان وعده رسول الله فليأتني، حتى لم يبق أحد من الناس له عدة إلا أنجزها.

وكان الحسن بعد ذلك: يصيح في الناس في الموسم بذلك. انتهى.

رجال هذا الإسناد من ثقات محدثي الشيعة، وقد مر الكلام عليهم.

[2803 - 51] **وفيها أيضاً** [391/1]: محمد بن منصور، عن عباد بن يعقوب، عن علي بن هاشم، عن أبي رافع، قال: لما خرج رسول الله -صلى الله عليه وآله وسلم- غزوة تبوك خلف علياً، وكثرت فيه الأقاويل من الناس فقالوا: لم يخلفه إلا بغضاً له، وكراهية أن يتبعه، فبلغ ذلك علياً، فلحقه على مرحلة أو مرحلتين، فسار يحادثه، وهما على بعيرين لهما، والناس ينظرون إليهما، وأنا قريب منهما، فجاءت عائشة لما رأت حالهما ومناجاة كل واحد منهما

لصاحبه، فأدخلت بعيرها بينهما، فالتفت إليها رسول الله –صلى الله عليه وآله وسلم– ثم قال: ((أما والله ما يومه منك بواحد))، ثم قال: ((أما ترضى يا علي أنك أخي في الدنيا والآخرة، وأن ابنيك سيدا شباب أهل الجنة، وأنك خير أمتي في الدنيا والآخرة، وأن امرأتك خير نساء أمتي في الدنيا والآخرة، وأنك أخي

5   ووزيري ووارثي، انصرف فلا يصلح ما هناك إلا أنا أو أنت)).

[2804 – 52] **وفيها أيضاً** [1/ 392]: محمد بن منصور، عن عباد بن يعقوب، عن علي بن هاشم، عن محمد بن عبيدالله بن أبي رافع، عن أبيه، عن جده أبي رافع، قال: آخى رسول الله –صلى الله عليه وآله وسلم– بين المسلمين ذات يوم فقال: (يواخي كل واحد منكم أخاه، فإن نفق دابته في سفره، أو

10   عقرت أردفه وأعان بعضه بعضاً، فآخى بين أبي بكر وعمر، وبين ابن مسعود وأبي ذر، وبين سلمان وحذيفة، وبين المقداد وعمار، وبين حمزة وزيد بن حارثة، فضرب بيده إلى علي، وقال: ((أنا أخوك وأنت أخي))، فكان علي إذا أعجبه شيء قال: (أنا عبد الله وأخو رسوله، لا يدعيها بعدي إلا كاذب). انتهى.

رجال هذا الإسناد والذي قبله قد مر الكلام عليهم، إلا أن السند الأول

15   منقطع لأن علي بن هاشم لم يدرك أبا رافع.

[2805 – 53] **وفيها أيضاً** [1/ 575]: محمد بن منصور، عن عباد، عن عيسى بن عبد الله العلوي، عن أبيه، عن جده، عن علي بن أبي طالب، قال: خلفني رسول الله –صلى الله عليه وآله وسلم– عام غزوة تبوك على أهله، فلما سار لبست سلاحي، وخرجت حتى لحقته، فقلت: يا رسول الله ما خلفتني في

20   غزاة قط ولا مخرج غيرها، فقال لي النبي –صلى الله عليه وآله وسلم–: ((أما ترضى أن تكون خليفتي في أهلي، وأكون خليفتك في أهلك، أنت مني بمنزلة هارون من موسى إلا أنه لا نبي بعدي)). انتهى.

رجال هذا الإسناد قد مر الكلام عليهم، وعباد: هو ابن يعقوب.

[2806 - 54] **وفيها أيضاً** [1/ 424]: محمد بن سليمان، قال: حدثنا محمد بن منصور المرادي، قال: حدثنا عباد بن يعقوب، قال: حدثنا علي بن هاشم، عن محمد بن عبيد الله، عن أبيه، عن جده، عن أبي رافع، قال: كان علي يجهز النبي -صلى الله عليه وآله وسلم- حين كان في الغار ويأتيه بالطعام، واستأجر له ثلاث رواحل للنبي -صلى الله عليه وآله وسلم- ولأبي بكر، ولدليلهم قلوصاً، وخلفه النبي -صلى الله عليه وآله وسلم- يُخرج إليه أهله، فأخرجهم، وأمره أن يؤدي عنه أمانته ووصايا كان يؤتمن عليه من مال، فأدى علي عنه أمانته كلها، وأمره أن يضطجع على فراشه ليلة خرج، وقال له: إن قريشاً لن تفقدني ما رأوك، فاضطجع علي على فراش النبي -صلى الله عليه وآله وسلم-، فجعلت قريش تطلع على فراشه فيرون عليه رجلاً فيقولون: إنه النبي -صلى الله عليه وآله وسلم-، فلما أصبحوا فإذا هو علي، فقالوا: لو خرج محمد لخرج معه علي.

فحبسهم الله عن طلب النبي -صلى الله عليه وآله وسلم- حين رأوا علياً.

وأمره النبي -صلى الله عليه وآله وسلم- أن يلقاه بالمدينة، فخرج في طلبه بعد ما أخرج إليه أهله، يمشي الليل ويكمن النهار، حتى بلغ المدينة، فلما بلغ النبي قدومه قال: ((ادعوا لي علياً))، فقالوا: يا رسول الله لا يقدر يمشي على رجليه، فأتاه النبي -صلى الله عليه وآله وسلم-، فلما رآه النبي -صلى الله عليه وآله وسلم-، اعتنقه النبي -صلى الله عليه وآله وسلم- وبكى رحمة له مما رأى في قدميه من الورم، وأنهما يقطران دماً، فتفل النبي -صلى الله عليه وآله وسلم- على يديه، ومسح بهما رجليه، ودعا له فلم يشكهما حتى استشهد. انتهى.

رجال هذا الإسناد قد مر الكلام عليهم جميعاً.

[2807 - 55] **وفيها أيضاً** [1/ 738]: أحمد بن السري، قال: حدثنا أبو طاهر أحمد بن عيسى، قال: حدثنا أبي، والحسن بن علي، وحسين بن زيد، ومحمد بن جعفر، قالوا: أجمع ولد فاطمة عليها السلام على [الجهر ببسم الله الرحمن

الرحيم][28] وعلى ترك المسح، [وعلى ولاية علي][29]، وعلى أن التكبير خمس، وعلى القنوت بعد الركوع. انتهى.

رجال هذا الإسناد قد تقدم الكلام عليهم.

وأحمد بن السري: من ثقات محدثي الشيعة.

والحسن بن علي: هو الحسين بن علي الفخي.

وحسين بن زيد: هو الحسين بن زيد بن علي بن الحسين بن علي بن أبي طالب.

ومحمد بن جعفر بن محمد بن علي بن الحسين -عليهم السلام-.

وما ظننا عليه كان بياضاً في الأم، ولعل ما ذكرنا هو الصواب، يؤيد ما ذكره محمد بن منصور -رضي الله عنه- ، في أمالي أحمد بن عيسى -عليهما السلام- ولفظه:

قال محمد: أجمع آل الرسول على الجهر ببسم الله الرحمن الرحيم، والقنوت، والتكبير على الجنائز خمس، وعلى سل الميت من قبل رجليه، وعلى تربيع القبر، وعلى تفضيل علي بن أبي طالب بعد النبي -صلى الله عليه وآله وسلم-. انتهى.

[2808 - 56] **مجموع زيد بن علي -عليهما السلام-** [269]: حدثني زيد بن علي، عن أبيه، عن جده، عن علي -عليهم السلام-، أنه قال -وهو على المنبر-: (أنا عبد الله، وأخو رسول الله -صلى الله عليه وآله وسلم-، لا يقولها بعدي إلا مفتر كذاب)، فقالها رجل فأصابته جُنَّة، فجعل يضرب رأسه في الجدرات حتى مات. انتهى.

[2809 - 57] **محمد بن سليمان الكوفي -رحمه الله- في المناقب** [1/ 369]:

(28) قال في الأصل: ما بين القوسين ظن، وهو بياض في المناقب.

(29) ما بين القوسين جعل عليه في الأصل علامة (ظن)، وسينبه عليه في السياق، وليس هو في المطبوع، وبدلاً عنه في المطبوع: وعلى الغسل.

محمد بن سليمان، قال: حدثنا محمد بن منصور، عن محمد بن راشد، عن عيسى بن عبد الله، عن أبيه، عن جده، عن عمر بن علي، عن علي، قال: (أنا عبد الله وأخو رسوله، لا يقولها بعدي إلا [مفتري أو كذاب](30).

قال: فقام رجل من أهل الشام فقال مثلها، قال: فسلط الله عليه شيطاناً يخنقه(31) فكان ينطح رأسه في الجدار. انتهى.

رجال هذا الإسناد قد تقدم الكلام عليهم وهم من ثقات محدثي الشيعة.

[2810 – 58] **وفيها أيضاً** [372/1]: محمد بن سليمان، عن محمد بن منصور، عن عباد بن يعقوب، عن إبراهيم بن أبي يحيى، عن جعفر بن محمد، عن أبيه: أن علياً قام فقال: (أنا عبد الله وأخو رسوله لا يقولها غيري إلا كذاب).

قال: فقالها رجل فخبطه الشيطان. انتهى.

رجال هذا الإسناد قد تقدم الكلام عليهم، وهم من ثقات محدثي الشيعة.

وإبراهيم بن أبي يحيى: هو المدني شيخ الشافعي.

[2811 – 59] **وفيها أيضاً** [383/1]: محمد بن منصور، عن جبار بن المغلس، عن إبراهيم بن أبي يحيى، عن جعفر بن محمد، عن أبيه، قال: قال علي بن أبي طالب: (أنا عبد الله وأخو رسوله، لا يقولها بعدي إلا كذاب)، فقالها رجل: فتخبطته الشياطين من مكانه. انتهى.

رجال هذا الإسناد من ثقات محدثي الشيعة وقد مر الكلام عليهم.

[2812 – 60] **وفيها أيضاً** [364/1]: محمد بن سليمان، قال: حدثنا محمد بن منصور، عن عباد بن يعقوب، عن محمد بن فضيل، عن زيد بن أبي زياد، عن

---

(30) ما بين القوسين هو الذي في المطبوع، والذي في الأصل هكذا: إلا كذاب مفتري.

(31) في الأصل والمطبوع: يخنفه بالفاء، والخنف: الشموخ بأنفه تكبراً، وهو أيضاً داء يصيب الإبل، وله معان أخرى لا تناسب أن تكون من معاني هذا الخبر، ولعلها (يخنقه) بالقاف، كما أثبتناه.

سالم بن أبي الجعد، قال: قال علي -على رؤوس الناس-: (لأقولن كلمة لا يقلها أحد قبلي ولا يقولها أحد بعدي إلا كذاب أنا عبدالله وأخو رسوله). انتهى.

الرجال:

أما محمد بن منصور، وعباد، ومحمد، فقد تقدم الكلام عليهم، وهم من ثقات محدثي الشيعة.

[ترجمة زياد بن أبي زياد، وسالم بن أبي الجعد]

وأما زيد بن أبي زياد: فالصواب يزيد بن أبي زياد:

قال في الجداول: يزيد بن زياد، أو ابن أبي زياد الكوفي، مولى بني هاشم الشاوري، عن عبد الله بن الحارث بن نوفل، ووهب بن عبد الله السوائي، ومقسم، وابن أبي ليلى، وخلق.

وعنه زائدة، وابن مقسم، وابن إدريس، وأبو عوانة، وابن عيينة، والثوري، وشريك، وخلق.

قال الخزرجي: من أئمة الشيعة الكبار، وكان ممن بايع زيد بن علي عليه الصلاة والسلام، توفي سنة سبع وثلاثين ومائة، عداده في ثقات محدثي الشيعة، وقد نالوا منه[32]، احتج به مسلم والأربعة. انتهى.

---

(32) قال علامة العصر الأخير، فخر آل محمد عبد الله بن الإمام الهادي القاسمي في حاشية كرامات الأولياء (صـ 150): وأما يزيد بن أبي زياد: فهو مولى بني هاشم ممن بايع زيد بن علي، ومن ثقات محدثي الشيعة، روى حديث دعاء النبي -صلى الله عليه وآله وسلم-: ((أن يركسهما الله في الفتنة -يعني معاوية وعمرو-))، وحديث: إن آله --صلى الله عليه وآله وسلم-- سيلقون تشريداً وتطريداً، وغير ذلك فنال منه رؤساء الحشوية.

وقد قال الذهبي: إنه صدوق سيء الحفظ.

وقال ابن عدي وأبو زرعة: يكتب حديثه.

وقال أبو داود: لا أعلم أحداً ترك حديثه.

خرج له: مسلم مقروناً والأربعة، والبخاري تعليقاً، ومن أئمتنا: الخمسة. انتهى.

=

وأما سالم بن أبي الجعد:

فقال في الجداول: سالم بن أبي الجعد –رافع– الأشجعي، مولاهم الكوفي، عن علي، وجابر، وأخيه عبيد بن أبي الجعد، وغيرهم.

وعنه الأعمش، وعمرو بن مرة، والحكم بن عتيبة، وطائفة.

وثقه ابن معين وأبو زرعة والنسائي (33).

توفي سنة سبع وتسعين، أو ثمان، أو مائة، احتج به الجماعة، وعداده في خيار الشيعة. انتهى.

زيد بن علي –عليهما السلام– في التفسير الغريب [129]: ﴿ ۞ ﴾ ﴿ يَٰٓأَيُّهَا ٱلرَّسُولُ بَلِّغْ مَآ أُنزِلَ إِلَيْكَ مِن رَّبِّكَ وَإِن لَّمْ تَفْعَلْ فَمَا بَلَّغْتَ رِسَالَتَهُۥ ﴾ [المائدة:67]، قال الإمام الشهيد أبو الحسين زيد بن علي بن الحسين صلى وسلم عليهم خالقُ الثقلين: هذه لأمير علي بن أبي طالب صلوات الله عليه خاصة. ﴿وَٱللَّهُ يَعْصِمُكَ مِنَ ٱلنَّاسِ﴾: أي يمنعك منهم. انتهى.

وفيه أيضاً: قوله تعالى ﴿ وَٱلَّذِى جَآءَ بِٱلصِّدْقِ وَصَدَّقَ بِهِۦٓ ﴾ [الزمر:33]، قال الإمام الشهيد زيد بن علي عليه وعلى آبائه الصلاة والسلام: فالذي جاء بالصدق: هو –صلى الله عليه وآله وسلم–، والذي صدق به: أمير المؤمنين علي بن أبي طالب ــ. انتهى.

وقال في التهذيب: قال علي بن المنذر، عن ابن فضيل: كان من أئمة الشيعة الكبار.
وقال ابن عدي: من شيعة الكوفة.
وانظر في ترجمته: سير أعلام النبلاء (6/ 350)، رقم (872)، و تهذيب الكمال (8/ 126)، رقم (7586)، وتهذيب التهذيب (11/ 285)، رقم (8038)، أخرج له البخاري في التعاليق، ومسلم في صحيحه، والأربعة.
(33) سالم بن أبي الجُعْد رافع الأشجعي مولاهم الكوفي، قال ابن حجر في التقريب (1/ 194): «ثقة وكان يرسل كثيرًا». انظر ترجمته في تهذيب الكمال للمِزِّي (3/ 92)، رقم الترجمة (2126)، تهذيب التهذيب للحافظ ابن حجر (3/ 376)، رقم الترجمة (2262).

[2813-61] **محمد بن سليمان الكوفي** -رحمه الله- في المناقب [343/1]:
محمد بن سليمان، عن محمد بن منصور، عن عباد بن يعقوب، عن علي بن هاشم،
عن محمد بن عبيدالله بن أبي رافع، عن أبيه، عن جده أبي رافع، قال: صلى رسول
الله -صلى الله عليه وآله وسلم- أول يوم الاثنين، وصلى علي أول يوم الثلاثاء

5   من الغد، يوم صلى النبي -صلى الله عليه وآله وسلم- مستخفياً قبل أن يصلي مع
النبي -صلى الله عليه وآله وسلم- أحد سبع سنين وأشهراً. انتهى.

رجال هذا الإسناد قد مر الكلام عليهم.

[2814-62] **مجموع زيد بن علي** -عليهما السلام- [267]: حدثني زيد بن
علي، عن أبيه، عن جده، عن علي -عليهم السلام-، قال: ((كنت أنا ورسول الله

10 -صلى الله عليه وآله وسلم- نرعى غنماً ببطن نخلة قبل أن يظهر الإسلام، فأتى
أبو طالب ونحن نصلي فقال: يا ابن أخي ما تصنعان؟ فدعاه رسول الله -صلى
الله عليه وآله وسلم- إلى الإسلام، وأن يشهد أن لا إله إلا الله، وأن محمداً رسول
الله -صلى الله عليه وآله وسلم-.

فقال: ما أرى مما تقولان بأساً، ولكن والله لا تعلوني استي أبداً.

15 قال: ثم ضحك علي -عليه السلام- حتى بدت ضواحكه، ثم قال: (اللهم
إني لا أعترف بعبدٍ من هذه الأمة عبدك قبلي غير نبيها -صلى الله عليه وآله
وسلم-، -يردد ذلك ثلاث مراتٍ-).

ثم قال: (والله لقد صليت مع رسول الله -صلى الله عليه وآله وسلم- قبل أن
يصلي بشرٌ سبع سنين). انتهى.

20 **الجامع الكافي**(34): وقال الحسن بن يحيى: [الإسلام]: شهادة أن لا إله إلا

_____

(34) هذا الكلام كله ليس في الجامع الكافي المطبوع، وهو في زيادات الجامع الكافي، وقد نقل أكثره
مولانا الإمام الحجة مجد الدين المؤيدي في لوامع الأنوار، ونقل شذرات منه الإمام القاسم بن
محمد في الاعتصام.

الله، وأن محمداً رسول الله، والإقرار بما جاء به من عند الله، وإقام الصلاة، وإيتاء الزكاة، [وصوم شهر رمضان]، وحج البيت من استطاع إليه سبيلاً، وولاية علي بن أبي طالب، والبراءة من عدوّه، والإمام المفترض الطاعة بعد رسول الله – – صلى الله عليه وآله وسلم – علي بن أبي طالب ـ صلى الله عليه ـ.

5   قال الحسن: كان علي فريضة من فرائض الله، [وعلماً] نصبه رسول الله ـ – صلى الله عليه وآله وسلم–؛ لأن اللّه –تعالى–يقول: ﴿يَـٰٓأَيُّهَا ٱلَّذِينَ ءَامَنُوٓا۟ أَطِيعُوا۟ ٱللَّهَ وَأَطِيعُوا۟ ٱلرَّسُولَ وَأُو۟لِى ٱلۡأَمۡرِ مِنكُمۡ﴾ [النساء:59]، وافترض الله في الكتاب طاعته وطاعة رسوله، وطاعة أولي الأمر، وقال: ﴿وَلَوۡ رَدُّوهُ إِلَى ٱلرَّسُولِ وَإِلَىٰٓ أُو۟لِى ٱلۡأَمۡرِ مِنۡهُمۡ لَعَلِمَهُ ٱلَّذِينَ يَسۡتَنۢبِطُونَهُۥ مِنۡهُمۡ﴾ [النساء:83]، وقال: ﴿ إِنَّ ٱللَّهَ
10   يَأۡمُرُ بِٱلۡعَدۡلِ وَٱلۡإِحۡسَـٰنِ وَإِيتَآئِ ذِى ٱلۡقُرۡبَىٰ﴾ [النحل:90]. ﴿إِنَّ أَوۡلَى ٱلنَّاسِ بِإِبۡرَٰهِيمَ لَلَّذِينَ ٱتَّبَعُوهُ وَهَـٰذَا ٱلنَّبِىُّ وَٱلَّذِينَ ءَامَنُوا۟ۗ وَٱللَّهُ وَلِىُّ ٱلۡمُؤۡمِنِينَ ٦٨﴾ [آل عمران:68] ثم دلّ على أن إمام المؤمنين، وسيدهم علي بن أبي طالب، فقال لنبيه –صلى الله عليه وآله وسلم–: ﴿ يَـٰٓأَيُّهَا ٱلرَّسُولُ بَلِّغۡ مَآ أُنزِلَ إِلَيۡكَ مِن رَّبِّكَۖ وَإِن لَّمۡ تَفۡعَلۡ فَمَا بَلَّغۡتَ رِسَالَتَهُۥۚ وَٱللَّهُ يَعۡصِمُكَ مِنَ ٱلنَّاسِ﴾ [المائدة:67].

15   فلما نزل جبريل بهذه الآية، وأمر أن يبلغ ما أنزل إليه من ربه، أخذ بيد علي ـ صلى الله عليه ـ فأقامه، وأبان ولايته على كل مسلم، فرفع يده حتى رأى الناس بياض إبطيهما، وذلك في آخر عمره، حين رجع من حجة الوداع متوجهاً إلى المدينة، ونادى الصلاة جامعة، ولم يقل ((الصلاة جامعة)) في شيء من الفرائض، إلا يوم غدير خم؛ ثم قال: ((أيها الناس، ألست أولى بكم من
20   أنفسكم؟)) يعيد ذلك ثلاثاً، يؤكد عليهم الطاعة، ويزيدهم في شرح البيان.

قالوا: بلى.

قال: ((من كنت مولاه فعلي مولاه، اللهم وال من والاه، وعاد من عاداه، وانصر من نصره، واخذل من خذله)).

فأوجب له رسول الله –صلى الله عليه وآله وسلم– من الطاعة عليهم، ما أوجب لنفسه، وجعل عدوّه عدوّه، ووليه وليه، وجعله علماً لولاية الله، يعرف به أولياء الله من أعداء [الله]؛ فوجب لعليّ على الناس ما وجب لرسول الله ــ صلى الله عليه وآله وسلم– ــ، من الولاية والنص(35)، فمن تولاه وأطاعه، فهو وليّ الله، ومن عاداه فهو عدوّ الله، ومن عصاه وخالفه ووضع من عظيم حقه ما رفع الله، فقد عصى الله ورسوله.

ثم أنزل الله في عليّ عليه السلام: ﴿إِنَّمَا وَلِيُّكُمُ ٱللَّهُ وَرَسُولُهُۥ وَٱلَّذِينَ ءَامَنُواْ ٱلَّذِينَ يُقِيمُونَ ٱلصَّلَوٰةَ وَيُؤۡتُونَ ٱلزَّكَوٰةَ وَهُمۡ رَٰكِعُونَ ٥٥﴾ [المائدة]، فدل النبي –صلى الله عليه وآله وسلم– ـ [على] عليّ بصفته؛ فوجب على أهل الإسلام معرفة عليّ، وولايته وطاعته بإمامته، وأن يكون متبوعاً غير تابع، بالأخبار المشهورة عن رسول الله ــ صلى الله عليه وآله وسلم– ــ، عن غير تواطؤ.

وقال الحسن في قول الله سبحانه: ﴿وَإِنِّي لَغَفَّارٞ لِّمَن تَابَ وَءَامَنَ وَعَمِلَ صَٰلِحٗا ثُمَّ ٱهۡتَدَىٰ ٨٢﴾ [طه]: اهتدى إلى ولاية عليّ وأهل بيت النبي –صلى الله عليه وآله وسلم–.

وقال: ﴿وَقِفُوهُمۡۖ إِنَّهُم مَّسۡـُٔولُونَ ٢٤﴾ [الصافات]، قال: عن ولاية عليّ –عليه السلام–.

وقال محمد: وسئل عن ولاية عليّ أمير المؤمنين في آية افترضها الله –عز وجل– على الأمة.

فقال: إن أمير المؤمنين صلى الله عليه تصدق بخاتمه على مسكين وهو راكع في صلاته، فنزلت: ﴿إِنَّمَا وَلِيُّكُمُ ٱللَّهُ وَرَسُولُهُۥ وَٱلَّذِينَ ءَامَنُواْ ٱلَّذِينَ يُقِيمُونَ ٱلصَّلَوٰةَ وَيُؤۡتُونَ ٱلزَّكَوٰةَ وَهُمۡ رَٰكِعُونَ ٥٥﴾ [المائدة].

_____

(35) في نسخة: من الولاية والنصر.

وسئل محمد: عمن آمن بالله ورسوله وعمل، ولم يعرف الولاية لعلي –صلى الله عليه– ولا لغيره، ومات على ذلك.

فقال: إن كان هذا الرجل لم يبلغه [خبر] أمير المؤمنين وما قاله رسول الله –صلى الله عليه وآله وسلم– فيه وفي غيره، ممن يجب عليه ولايته، فلا شيء عليه
5　وقد مات مسلماً، وإن كان ترك ذلك عداوة ومعاندة فقد مات ضالاً.

وفيه أيضاً وقال الحسن بن يحيى: أوصى النبي –صلى الله عليه وآله وسلم– إلى علي –صلى الله عليه– أول ذلك الخبر المشهور عن النبي –صلى الله عليه وآله وسلم– أن الله سبحانه لما أمر نبيه أن ينذر عشيرته الأقربين جمع بني عبد المطلب، وهم يومئذ أربعون رجلاً، وإن منهم من يأكل الجذعة ويشرب الفرق، فأمر عليا
10　–عليه السلام– فعمل لهم طعاما من فخذ شاة وصاعا من طعام، ثم جمعهم فمسح بيده على الثريد، وسمى الله، ثم قال لهم: ((كلوا))، فأكلوا حتى شبعوا، وما أثروا في ذلك الطعام إلا يسيراً ثم قال لهم النبي –صلى الله عليه وآله وسلم–: ((يا بني عبد المطلب، كونوا في الإسلام رؤساء ولا تكونوا أذناباً، أدعوكم إلى الإسلام، إني قد جئتكم بخير الدنيا والآخرة، أيكم يجيبني على الإسلام على أن
15　يكون أخي ووزيري، ووصي ووارثي وخليفتي في أهلي وقومي يقضي ديني وينجز موعدي))، فقام إليه علي –عليه السلام– وهو يومئذ أصغرهم سناً فأجابه إلى ما دعاه إليه، فتفل رسول الله –صلى الله عليه وآله وسلم– في فيه ومسح بيده على وجهه، ودعا له، وضمه إليه، فقال أبو لهب: لبئس ما حبوت ابن عمك، أن أجابك إلى ما دعوته إليه من بينهم أن ملأت فمه بصاقاً.

20　فقال النبي –صلى الله عليه وآله وسلم–: ((بل ملأته فهماً وحكماً وعلماً)).

فهذا أول ولاية علي –صلى الله عليه–، فاستحق بذلك الوصية من رسول الله، والخصال التي شرطها رسول الله –صلى الله عليه وآله وسلم– له دون بني عبد المطلب.

ولما حضر النبي -صلى الله عليه وآله وسلم- الوفاة دعا بسيفه ورمحه وسلاحه وبغلته وناقته وكل ما كان له حتى عصابته كان يعتصب بها في الحرب على الدرع، فدفع إليه جميع ما كان يملك، ثم دفع إليه خاتمه وبنو عبد المطلب والمهاجرون والأنصار حضور.

ومن وصايا رسول الله الخاصة لعلي من دون الناس: أنه علمه ألف باب، كل باب منها يفتح ألف باب، ودعا الله له أن يجعل أذنه الواعية، ودعا له حيث وجهه إلى اليمن أن يهدي قلبه ويثبت لسانه، فقال علي -صلى الله عليه-: (والله ما شككت في قضاء بين اثنين بعد دعوة رسول الله -صلى الله عليه وآله وسلم-).

وأعلمه بما هو كائن إلى يوم القيامة، والدليل على ذلك: قول علي -صلى الله عليه-: (لا تسألوني عن فئة تضل مائة أو تهدي مائة فيما بينكم وبين الساعة، إلا أخبرتكم بناعقها وقائدها وسائقها، فهذه الوصايا الخاصة لعلي -صلى الله عليه- .

وقال محمد في المسائل: ثبت عندنا أن النبي -صلى الله عليه وآله وسلم- أوصى إلى علي -عليه السلام-، وهو إجماع أن النبي -صلى الله عليه وآله وسلم- أوصى إلى علي -عليه السلام-، وثبت لنا عن النبي -صلى الله عليه وآله وسلم- أنه قال: ((إني تارك فيكم ما إن تمسكتم به لن تضلوا، كتاب الله، وعترتي [أهل بيتي])). انتهى.

[2815-63] **محمد بن سليمان الكوفي -رحمه الله- في المناقب** [1/ 445]: محمد بن منصور، عن الحكم بن سليمان، قال: أخبرني شريك، عن مسروق، عن أبي خالد، عن زيد بن علي، عن آبائه [-أو أبيه-](36)، قال: قال رسول الله -صلى الله عليه وآله وسلم-: ((أنت الوزير، [والوصي]، والخليفة في الأهل والمال، وأنت صاحب لوائي في الدنيا والآخرة)). انتهى.

---

(36) ما بين القوسين غير موجود في المطبوعة.

رجال هذا الإسناد من ثقات محدثي الشيعة، وقد مر الكلام عليهم إلا مسروقاً:

فإن كان ابن الأجدع(37) فهو من ثقات محدثي الشيعة.

وإن كان غيره فلم أعرفه.

وعلى كل حال فالإسناد هذا لا يمشي على شرطنا إلا بعد المعرفة لمسروق(38)، لأن الشرط أنا لا نقبل من الأسانيد إلا ما ظهر لنا أن رجاله من ثقات محدثي الشيعة، سواء صرحنا به في الكلام إليه أم لا، ولا يقبل من هو مجهول، أو مستور أو غير شيعي، ونقبل ما أرسله أحد الأئمة المتقدمين كالهادي، والقاسم، وزيد بن علي، والباقر، والصادق، والكامل، وأولادهم، وزين العابدين، وأولاده، ومن في طبقة كل من هؤلاء الأئمة من الأئمة -عليهم السلام-.

[2816-64] **وفيها أيضاً** [1/ 418]: محمد بن سليمان، قال: حدثنا علي بن رجاء، قال: حدثنا حسن بن حسين، عن يحيى بن مساور، عن أبي الجارود، عن زيد بن علي، قال: أقبل رسول الله -صلى الله عليه وآله وسلم-، ومعه جماعة حمزة، والعباس، وعلي، وعقيل، [وجعفر] يعالجون حائطاً لهم، قال: فقال النبي

---

(37) كونه مسروق بن الأجدع بعيد كل البعد، لا يتأتى لأن مسروق من التابعين ووفاته سنة (62)هـ، وأبو خالد وفاته في عشر الخمسين ومائة، ولو قلنا بأن أبا خالد روى عن مسروق لكان بعيداً أيضاً، وهذا تسامح من المؤلف.

(38) الذي يظهر لي أن هذا السند غير صحيح، وأن السند الصحيح كما ذكره الإمام المرشد بالله -عليه السلام- في الأمالي الخميسية (1/ 141)، وهو هكذا: محمد بن منصور المرادي، قال: حدثنا الحكم بن سليمان، عن نصر بن مزاحم، عن أبي خالد، عن زيد بن علي، عن أبيه، عن جده، عن علي (ع): (كان لي عشر من رسول اللَّه -صلى الله عليه وآله وسلم- لم يُعْطَهن أحد قبلي ولا يعطاهن أحد بعدي، قال لي: ((يا علي أنت أخي في الدنيا والآخرة، وأقرب الخلق مني في الموقف يوم القيامة، منزلي يواجه منزلك في الجنة كما يتواجه منزل الأخوين في اللَّه، وأنت الولي، والوزير، والوصي، والخليفة في الأهل والمال وفي المسلمين في كل غيبة، وأنت صاحب لوائي في الدنيا والآخرة؛ وليك وليي ووليي ولي اللَّه، وعدوّك عدوي وعدوي عدو اللَّه)).

-صلى الله عليه وآله وسلم- لعميه: ((اختارا))، فقال حمزة: اخترت جعفراً. وقال عباس: اخترت عقيلاً. قال: فقال النبي -صلى الله عليه وآله وسلم-: ((الحمد لله، اخترت علياً)). انتهى.

رجال هذا الإسناد قد مر الكلام عليهم جميعاً، وهم من ثقات محدثي الشيعة.

[2817-65] **وفيها أيضاً** [١/٤١٣]: محمد بن سليمان قال: [حدثنا] أبو أحمد، أخبرنا محمد بن عبد الملك الكوفي، عن علي بن قادم الكوفي، قال: حدثنا الأعمش، عن المنهال بن عمرو، عن سعيد بن جبير، عن ابن عباس، قال: قلت لأم سلمة زوج النبي -صلى الله عليه وآله وسلم-: إنك لتكثرين من قول الصلب[39] في علي بن أبي طالب دون نساء النبي -صلى الله عليه وآله وسلم-، فهل سمعت من رسول الله -صلى الله عليه وآله وسلم- في علي شيئاً لم يسمعه غيرك؟

قالت: يا ابن عباس، أما ما سمعتُ من رسول الله -صلى الله عليه وآله وسلم- فهو أكثر مما أقدر أن أخبرك به، ولكني أخبرك من ذلك بما يكفيك ويشفيك، سمعته يقول في علي قبل موته بجمعة، فإن زاد على جمعة فلن يزيد على عشرة أيام، وهو يقول في بيتي قبل أن يتحرك إلى بيت عائشة، وقبل أن يقطع الطواف على نسائه، فدخل علي بن أبي طالب فسلم خفياً توقيراً لرسول الله -صلى الله عليه وآله وسلم-، ورد عليه معلناً، كالمسرور بأخيه المحب له، ثم قبض على يده فقال: ((يا علي))، قال: نعم يا رسول الله، قال: ((يا علي أنت أخي في الدنيا والآخرة))، وبكى علي ولا يرفع بصره تعظيماً لرسول الله -صلى الله عليه وآله وسلم-.

_____

(39) في المناقب: القول الطيب.

قالت أم سلمة: فقلت: يا رسول الله إلى من تكلنا، وإلى من تفضي [40] بأمرنا، قال: ((أكلكم إلى العزيز الغفار كما دعوتكم إليه، وأوصي بكم إلى هذا.

يا أم سلمة: هذا هو الوصي على الأموات من أهل بيتي، والخليفة على الأحياء في الدنيا، وهو قريني في الجنة كما هو أخي في الدنيا، وهو معي في الدرجة العلياء.

اسمعي يا أم سلمة، قولي واحفظي وصيتي واشهدي وأبلغي: [أن علياً] هذا أخي في الدنيا والآخرة، سِيْطَ لحمُه بلحمي، ودمه بدمي، مني ابنتي فاطمة، ومنه ومنها ولداي الحسن والحسن، وعلي أخي وابن عمي ورفيقي في الجنة، وهو مني بمنزلة هارون من موسى غير أنه لا نبي بعدي.

يا أم سلمة: علي سيد كل مسلم، إذ كان أولهم إسلاماً، وولي كل مؤمن، إذ كان أسبقهم إلى الإيمان.

يا أم سلمة: علي معدن كل علم، إذ لم يتلوث بالشرك منذ كان.

يا أم سلمة: علي يقاتل الناكثين والقاسطين والمارقين من بعدي.

يا أم سلمة: قال لي جبريل يوم عرفة بعرفات: يا محمد إن الله باهى بكم في هذا اليوم الملائكة، فغفر لكم عامة، وباهى بعلي خاصة وعامة.

يا أم سلمة: علي إمامكم، فاقتدوا به، وأحبوه بعدي كحبي، وأكرموه لكرامتي، ما قلت هذا لكم من قِبَلي، ولكن أمرت أن أقوله)).

قالت أم سلمة: يكفيك هذا يا ابن عباس وإلا والله زدتك.

فقلت: نعم يكفيني.

قال ابن عباس: أما الناكثون فقوم بايعوا علياً بالمدينة ونكثوا بالبصرة،

---

(40) في المناقب: توصي.

والقاسطون عندنا معاوية وأصحابه، والمارقون أهل النخيلة والنهروان.

قال ابن قادم سمعته عن الأعمش، في سنة ثمان وأربعين، وعن الحسن وابن عباس، فقال الحسن: لم أسمع في الكوفة حديثاً مثل هذا. انتهى.

الرجال:

5 [ترجمة محمد بن عبد الملك وعلي بن قادم]

أما محمد بن عبد الملك:

فهو: محمد بن عبدالملك الكوفي، أحد رجال الشيعة وعيونهم.

روى عن علي بن قادم الكوفي، وأخذ عنه محمد بن سليمان الكوفي، ولم أقف له على تاريخ وفاة.

10   وأما علي بن قادم:

فقال في الجداول: علي بن قادم الخزاعي الكوفي، عن الثوري وجماعة.

وعنه أبو بكر بن أبي شيبة، وطائفة.

قال أبو حاتم: محله الصدق.

وقال ابن سعد: منكر الحديث شديد التشيع.

15   توفي سنة ثلاث عشرة ومائتين، عداده في ثقات محدثي الشيعة.

احتج به أبو داود والترمذي. انتهى.

وأما بقية رجال الإسناد فقد مر الكلام عليهم، وهم من ثقات محدثي الشيعة.

[2817-65] وفي المناقب أيضاً -أعني مناقب محمد بن سليمان الكوفي- [1/165]: محمد بن سليمان، قال: حدثنا أحمد بن سري المقري، قال: حدثنا أبو

20   طاهر أحمد بن عيسى بن عبد الله العمري، قال: حدثني أبي، عن أبيه، عن أمه

خديجة بنت علي بن الحسين، قالت: قال رسول الله –صلى الله عليه وآله وسلم– [عندما نزل قوله تعالى]: (وتعيها أذن واعية) [الحاقة:12] قال: ((سألت الله أن يجعلها أذنك يا علي فجعلها)). انتهى.

رجال هذا الإسناد قد مر الكلام عليهم، وهم من ثقات محدثي الشيعة.

5 [ترجمة خديجة بنت علي]

وخديجة: هي خديجة بنت علي بن الحسين بن علي بن أبي طالب، أم عبدالله بن محمد بن عمر بن علي بن أبي طالب.

عن أبيها علي بن الحسين، وعنها ولدها عبدالله بن محمد، أخرج لها محمد بن منصور، وأبو عبدالله العلوي، ومحمد بن سليمان الكوفي رضي الله عنهم.

10 [2819-67] وفيها أيضاً: محمد بن منصور، عن محمد بن جميل، عن مصعب بن مسلم، عن جعفر بن محمد، عن أبيه، قال: قال رسول الله –صلى الله عليه وآله وسلم–: ((أما أنت يا علي فأنت مني وأنا منك، وأنت مني بمنزلة هارون من موسى إلا أنه لا نبي بعدي)). انتهى.

[ترجمة مصعب بن سلّام]

15 رجال هذا الإسناد قد مر الكلام عليهم، وهم من ثقات محدثي الشيعة، إلا مصعب بن مسلم، –والصواب مصعب بن سلام، وإنما مسلم تصحيف–:

وهو مصعب بن سلّام –مثقل– التميمي الكوفي، عن جعفر الصادق، وعنه ابن حنبل، وأبو سعيد الأشج، ومحمد بن جميل، وإبراهيم بن محمد بن ميمون، وزياد بن أيوب، وغيرهم.

20 قال ابن معين: ليس به بأس، ومرة ضعيف.

وقال أحمد: يقلب الأحاديث.

وقال أبو حاتم: شيخ محله الصدق.

وقال في الجداول: قال ابن المديني: كان من الشيعة، وضعفه. انتهى

قلت: الرجل عداده من شيعة العترة النبوية وثقاتهم، ولا التفات إلى كلام النواصب فيه.

[2820-68] **وفيها أيضاً** [1/ 576]: محمد بن منصور، عن أبي الجارود، عن حكيم بن جبير، عن الحسن بن سعد، عن أبيه، عن علي بن أبي طالب، قال: لما حضرت غزوة تبوك دعاني رسول الله -صلى الله عليه وآله وسلم- ودعا جعفراً وزيداً، فقال: لجعفر حضرت غزوتنا، ولا بد من رجل يقوم على ما ها هنا ضياع وعيال.

فقال: جعفر والذي لا إله إلا هو لا أكون أنا المتخلف بعدك يا رسول الله، فضحك رسول الله -صلى الله عليه وآله وسلم- وقال: ((لولا ما سبقتني بيمينك يا جعفر)).

قال: فدعى زيداً فعرض عليه مثل ذلك، وقال له مثل ذلك، وقال له مثل ما قال لجعفر، فقال زيد: هذا مقام العائذ، إني أعوذ بالله وبرسوله أن أكون أنا المتخلف بعده، قال: ((يا زيد قد عذت معاذاً)).

قال علي: فدعاني فعرض علي مثل الذي عرض عليهما، فذهبت لأتكلم، فقال رسول الله -صلى الله عليه وآله وسلم-: ((بحقي لما سكت، حتى أكون أنا الذي آذن لك في الكلام))، فلما رأيت ذلك فاغرورقت عيناي، واشتد علي فلما رأى وَجدي قال: ((ما لك، تريد أن تكلم؟)) فقلت أما إذا أذنت لي في الكلام يا رسول الله فإنك دعوت جعفراً، فعرضت عليه فحلف فأبررته، ودعوت زيداً فعرضت عليه فعاذ بك فعذته، ودعوتني فلما أن أردت الكلام قطعت كلامي قال: فتكلم ماذا؟

قلت: يا رسول الله، إنها لخصال ثلاث ما كان لي منهن غنى.

قال: ((وما ذاك)).

قال: قلت: أما والله ما لي شيء، وما عندي شيء فما كان لي غنى عن سهم أصيبه غداً مع المسلمين، إن أصبته فأعود به علي وعلى ابنتك، حتى يأتينا الله بفضل منه.

وأما الأخرى: والله ما كان لي غنى على أن لا أطأ موطئاً، ولا أقطع وادياً، ولا يصيبني ظمأ ولا مخمصة ولا نصب في سبيل الله إلا كتب الله لي أجراً حسناً، فما كان لي غنى من هذا.

وأما الأخرى: فقول قريش غداً ما أسرع ما خذل ابن عمه، ورغب بنفسه عنه، فما كنت أحب أن يفشو هذا في قريش.

قال: ((اسكت يا ابن أبي طالب فأنا مجيبك فيما تكلمت:

أما قولك: لم يكن لك غنى من سهم تصيبه فتعود به عليك وعلى ابنتي فقد أتانا بهار من فلفل، فخذه وبعه واستنفقه حتى يأتيكم الله برزق منه.

وأما قولك: لم يكن بك غنى أن لا تطأ موطئاً، ولا تقطع وادياً، ولا يصيبك ظمأ ولا مخمصة، إلا كتب الله لك أجراً حسناً، فما ترضى أن تكون مني بمزلة هارون من موسى إلا أنه لا نبي بعدي.

وأما قولك: إن قريشاً تقول غداً: ما أسرع ما خذل ابن عمه، ورغب بنفسه عن نفسه، فقد قالت قريش أشد من هذا، وزعمت أني ساحر وكاهن وشاعر ومجنون، فما ضرني شيئاً)). انتهى.

الرجال:

[ترجمة الحكم بن جبير، والحسن بن سعد وأبيه]

أما أبو الجارود: فهو زياد بن المنذر، قد مر الكلام عليه.

وأما حكيم ين جبير:

فقال في الجداول: حكيم بن جبير الأسدي أو الثقفي، مولاهم، عن أبي جحيفة، وعلقمة وجميع، وأبي الطفيل، ومحمد بن عبد الرحمن، وجماعة.

وعنه السفيانان وزائدة وشعبة.

5   **قال الذهبي:** شيعي مقل، روى حديث أمره –صلى الله عليه وآله وسلم– لعلي بقتال الناكثين لعلي الخ [ونحوه]، ضعفه أحمد، وغيره ولم يأتوا بحجة(41). انتهى.

قلت: الرجل من شيعة العترة النبوية ومحبيهم ذكر ذلك في الإقبال للسيد العلامة المهدي بن الهادي اليوسفي –عليهم السلام–.

10   وأما الحسن بن سعد(42)، ويقال سعيد:

فقال الجداول أيضاً: الحسن بن سعد بن معبد، مولى الحسن السبط، عن أبيه، وابن عباس، وعبد الله بن جعفر.

وعنه أبو إسحاق الشيباني، [و]المسعودي، وحجاج، وثقه النسائي(43)،

---

(41) قال علامة العصر عبد الله بن الإمام في كرامات الأولياء (صـ139):
وحكيم: قال الذهبي: روى عنه شعبة وزائدة والناس، شيعي مقل؛ ثم حكى من تكلم عليه، وكل ذلك طعن بباطل، روى حديث سلمان: ((لم يبعث نبي إلا بَيَّن له من يلي بعده)) قيل: بَيَّنَ ذلك، قال: نعم، علي، وحديث علي: أمرت بقتال الناكثين..إلخ، فعضهوه.
وقد خرج له من الأئمة المرشد بالله ومحمد، فمتى تركه الناس يا ناصبي، وهل الناس إلا الآل وشيعتهم، والشاهد لهم من أنزل عليه التنزيل. انتهى.
(42) قال علامة العصر عبد الله بن الإمام في كرامات الأولياء (صـ139):
وأما الحسن بن سعد: فهو ابن سعيد الهاشمي مولى الحسن بن علي –عليه السلام– وثقه النسائي وخرج له مسلم والأربعة إلا الترمذي والبخاري في الأدب، ومن أئمتنا السيدان المؤيد بالله وأبو طالب، ومحمد. انتهى.
(43) قال النسائي: ثقة، وذكره أبو حاتم بن حبان في كتاب الثقات، ووثقه العجلي، وابن نمير، وابن خلفون، والذهبي، وابن حجر، روى له البخاري في الأدب، والباقون سوى الترمذي. انظر تهذيب الكمال للمزي (6/ 164) رقم (1232).

[وعداده في ثقات محدثي الشيعة]، واحتج به مسلم وابن ماجة.

قلت: عده السيد صارم الدين، وابن حابس، والمهدي بن الهادي اليوسفي، من ثقات محدثي الشيعة.

وأما والده سعد بن معبد: فقال: سعد بن معبد، مولى الحسن السبط، عن الوصي ومولاه، وعنه ابنه الحسن بن سعد.

وثقه في الكاشف وابن حبان، احتج به ابن ماجه. انتهى.

قلت: عده السيد صارم الدين، وابن حابس، والمهدي بن الهادي اليوسفي من ثقات محدثي الشيعة.

[2821-69] **وفيها أيضاً** [1/575]: محمد بن منصور، عن عباد، عن عيسى بن عبد الله العلوي، عن أبيه عن جده، عن علي بن أبي طالب قال: (خلفني رسول الله –صلى الله عليه وآله وسلم– عام غزوة تبوك على أهله فلما سار لبست سلاحي، وخرجت حتى لحقته، فقلت: يا رسول الله ما خلفتني في غزاة قط ولا مخرج غيرها، فقال لي النبي –صلى الله عليه وآله وسلم–: ((أما ترضى أن تكون خليفتي في أهلي وأكون خليفتك في أهلك، أنت مني بمنزلة هارون من موسى إلا أنه لا نبي بعدي)). انتهى.

رجال هذا الإسناد قد مر الكلام عليهم جميعا.

[ولاية أمير المؤمنين فرض كسائر الفرائض، وحكم من جهلها]

وفي الجامع الكافي (44): قال محمد ـ في كتاب أحمد ـ: سئل أحمد بن عيسى: عن الولاية، أفرض كسائر الفرائض؟ قال: نعم، لنداء النبي –صلى الله عليه وآله وسلم– بها.

_____

(44) هذا الكلام كله ليس في الجامع الكافي المطبوع وهو في زيادات الجامع الكافي، ومثل هذا الكلام ذكره في أمالي أحمد بن عيسى (4/310).

وسُئل عن قول النبي –صلى الله عليه وآله وسلم– لعلي –صلى الله عليه– يوم غدير خم: ((اللهم وال من والاه وعاد من عاداه))؟، قال: يقول: هو في كل حالاته لكم ولي، لا يكون في حال براءة أبداً، ويمكن ذلك في غيره كائناً من كان، فنصبه لهم علماً عند الاختلاف والفرقة.

5 قال: فإن جهل الولاية رجل فلم يتوله لم تنقطع بذلك عصمته، وإن تبرأ وقد علم انقطعت منا[45]، وكان منا في حد براءة مما دان به وأنكر من فرض الولاية لا براءة يخرج بها من حد المناكحة والموارثة وغير ذلك مما تجري به أحكام المسلمين بينهم بعضهم في بعض، على مثل من وافقنا في الولاية وإيجابها في المناكحة والموارثة غير أن هذا الموافق موافق معتصم بما قد اعتصمنا [به] من
10 الولاية، ونحن من الآخر في حد براءة من قوله وفعله وقوله على مثل هذه الجهة لا على مثل البراءة منا من أهل الشرك اليهود والنصارى والمجوس، فهذا وجه البراءة عندنا ممن خالفنا.

[وجه ميراث علي للنبي صلى الله عليه وآله دون العباس]

وفيه أيضاً[46]: وقال محمد: حدثني علي بن أحمد بن عيسى، عن أبيه، أنه
15 سُئل: لِمَ صارت بغلة رسول الله –صلى الله عليه وآله وسلم– وسلاحه عند علي دون العباس، والعباس أقرب رحماً من علي؟

[70-2822] فقال: لقول رسول الله –صلى الله عليه وآله وسلم–: ((من يقضي عني عداتي وديوني، وتكون له تركتي))، فقبضها علي –صلى الله عليه–، فمن هذا الوجه صارت له تركة النبي –صلى الله عليه وآله وسلم– دون العباس.

─────────────
(45) أي عصمته، ولفظ العبارة في زوائد الجامع الكافي: وإن تبرأ وقد علم انقطعت منا، وكان منا في براءة مما دان به وأنكر من فرض الولاية، لا نراه يخرج بها من حد المناكحة والموارثة، وغير ذلك مما تجري به أحكام المسلمين بينهم بعضهم في بعض.
(46) هذا الكلام ليس في الجامع الكافي المطبوع وهو في زيادات الجامع الكافي، ومثله ذكره في أمالي أحمد بن عيسى (4/ 311).

وقال أحمد ـ فيما حدثني أبي، عن علي بن شقير، عن ابن حاتم، عن محمد بن مروان، عن إبراهيم بن الحكم، عن سارية بن أبي سارية، عنه قال ـ: أوصى رسول الله -صلى الله عليه وآله وسلم- إلى أولى الناس به، وأفضلهم عند الله وعنده، وأعلم الناس من بعده علي بن أبي طالب صلى الله عليه.

وفيه أيضاً: قال أحمد ـ فيما حدثنا علي بن محمد الشيباني، عن محمد بن محمد بن هارون، عن سعدان، عن محمد قال ـ: ذكرت لأبي عبد الله أمر علي -صلى الله عليه- ومن تقدمه، فذكر منزلة علي -عليه السلام-، وما كان من النبي -صلى الله عليه وآله وسلم- من القول وتقدمته إياه: ((ومن كنت مولاه فعلي مولاه))، وقوله: ((أنت مني بمنزلة هارون من موسى))، وغير ذلك.

[2823-71] قال أحمد: وقد قال -صلى الله عليه وآله وسلم-: ((إن تولوا علياً -ولن تفعلوا- تجدوه هاديا مهديا، يسلك بكم الطريق المستقيم)).

وروى ابن عمرويه، عن محمد بن منصور، عن أحمد بن عيسى أنه قال: ليس يخلو أن يكون القوم سمعوا من النبي -صلى الله عليه وآله وسلم- ما قال في علي، فعاندوا ولم يسمعوه من النبي -صلى الله عليه وآله وسلم- فتأولوا فلم يصيبوا.

[صفات الإمام]

وقال أحمد -فيما حدثنا محمد بن جعفر التميمي، عن علي بن عمرو، عن محمد، عنه -: الناس فريقان:

فريق قالوا: إن رسول الله -صلى الله عليه وآله وسلم- مضى ولم يستخلف أحداً، وجعل للمسلمين أن يختاروا لأنفسهم، فاختاروا أبا بكر.

وفريق قالوا: إن رسول الله -صلى الله عليه وآله وسلم- استخلف علياً، وجعله خليفة وإماماً من بعده، وكل فرقة مدعية ليس لها بينة عدول من غيرها

على ما ادعت.

وأجمع الفريقان جميعاً على أنه لا بد للناس من والٍ إمام عدل، يعمل فيهم بالكتاب والسنة يجمعهم عليه، ويصلي بهم، ويقيم لهم أعيادهم، ويأخذ لمظلومهم من ظالمهم، ويقوي ضعيفهم، ويقيم حدود الله فيهم، ويجبي

5   زكواتهم، ويعطيها فقراءهم، ويجبي فيئهم، ويقسمه بينهم.

وكان الفرض عليهم أن يضعوا كتاب الله بين أيديهم، ويُجمعوا عليه – علماؤهم وفقهاؤهم – ويعملوا به، ويمضوا لما يأمرهم به القرآن.

وليس للأمة أن يورثوا رجلاً فيولوه ويجعلوه إماماً قبل أن ينظروا في الكتاب والسنة:

10   فإن وجدوا الكتاب والسنة يدلان على تولية رجل باسمه وفعله ولوه عليهم بفضله عليهم.

وإن لم يجدوا الكتاب والسنة يدلان على تولية رجل باسمه وفعله، كانت لهم الشورى بما وافق الكتاب والسنة [به].

والكتاب يدل على أن لله خيرة وصفوة وحبوة من خلقه، وعلى أن خيرته من

15   خلقه بعد الأنبياء المتقون لقوله سبحانه: ﴿إِنَّ أَكْرَمَكُمْ عِندَ ٱللَّهِ أَتْقَىٰكُمْ﴾ [الحجرات:13].

وخيرة الله من المتقين الخاشون لقوله: ﴿ٱلَّذِينَ يَخْشَوْنَ رَبَّهُم بِٱلْغَيْبِ وَهُم مِّنَ ٱلسَّاعَةِ مُشْفِقُونَ ٤٩﴾ [الأنبياء:49].

والخاشون هم العلماء، لقوله: ﴿إِنَّمَا يَخْشَى ٱللَّهَ مِنْ عِبَادِهِ ٱلْعُلَمَـٰٓؤُا۟﴾

20   [فاطر:28].

والعلماء أفضل المؤمنين، لقوله: ﴿قُلْ هَلْ يَسْتَوِى ٱلَّذِينَ يَعْلَمُونَ وَٱلَّذِينَ لَا يَعْلَمُونَ إِنَّمَا يَتَذَكَّرُ أُو۟لُوا۟ ٱلْأَلْبَـٰبِ ٩﴾ [الزمر:9].

والعلماء أعمل الناس بالعدل.

وأعمل الناس بالعدل أدل الناس على العدل وأهداهم إلى الحق، لقوله: ﴿وَمِمَّنْ خَلَقْنَا أُمَّةٌ يَهْدُونَ بِٱلْحَقِّ وَبِهِ يَعْدِلُونَ ۝﴾ [الأعراف:١٨١]، وقوله: ﴿أَفَمَن يَهْدِىٓ إِلَى ٱلْحَقِّ أَحَقُّ أَن يُتَّبَعَ أَمَّن لَّا يَهِدِّىٓ إِلَّآ أَن يُهْدَىٰ﴾ [يونس:٣٥].

وخيرة الله من العلماء المجاهدون لقوله: ﴿لَّا يَسْتَوِى ٱلْقَـٰعِدُونَ مِنَ ٱلْمُؤْمِنِينَ غَيْرُ أُو۟لِى ٱلضَّرَرِ وَٱلْمُجَـٰهِدُونَ فِى سَبِيلِ ٱللَّهِ﴾ [النساء:٩٥] إلى آخر القصة.

وخيرته من المجاهدين السابقون إلى الجهاد لقوله: ﴿لَا يَسْتَوِى مِنكُم مَّنْ أَنفَقَ مِن قَبْلِ ٱلْفَتْحِ وَقَـٰتَلَ أُو۟لَـٰٓئِكَ أَعْظَمُ دَرَجَةً مِّنَ ٱلَّذِينَ أَنفَقُوا۟ مِنۢ بَعْدُ وَقَـٰتَلُوا۟﴾ [الحديد:١٠] الآية.

وخيرته من السابقين البدريون، وخيرته من البدريين أكثرهم عملاً في الجهاد.

وخيرة الله من البدريين علي بن أبي طالب صلى الله عليه؛ لأنه كان أكثرهم عملاً في الجهاد في سبيل الله، وأكثرهم ضرباً وقتلاً وأسراً ومبارزة بين يدي رسول الله –صلى الله عليه وآله وسلم–، وأبذلهم لمهجة نفسه.

وكان خير هذه الأمة وأتقاها، وأخشاها، وأعلمها بالسنة، وأدلها على العدل، وأهداها إلى الحق، وأقدمها هجرة، وأكثرها عملاً في الجهاد، وأحق الأمة بالإمامة، وأن يكون متبوعاً ولا يكون تابعاً محكوماً عليه؛ لفضله في كتاب الله، أجمع على ذلك علماء الأمة، إلا من دفع ذلك بعد بيان ومعرفة.

[حول عثمان]

قال محمد: سئل أحمد بن عيسى عن أمر عثمان.

فقال: ما في أمره شبهة على ذي عقل وعلم.

والدليل: أن أمير المؤمنين لم يُقِدْ منه، ولم يَدِهِ من بيت المال، ولو لزمه ذلك ما تركه لشيء.

وقال: لا تعدوا الأمر في عثمان أن يكون على واحدة من ثلاثة أوجه:

إن كان قتل بحق فلا دية له ولا قود على قاتله.

٥ وإن كان قتل مظلوماً وقاتله لا يعرف فالدية من بيت المال.

وإن كان قتل مظلوماً وقاتله معروف أقيد به.

[كيفية النص على علي عليه السلام، وحكم من لم يعتقدها]

قال محمد -في كتاب أحمد-: سألت القاسم بن إبراهيم عن إمامة علي -صلى الله عليه-، كيف كانت من رسول الله -صلى الله عليه وآله وسلم- ؟

١٠ فقال: بالدلالة والإيماء.

وقال الحسن بن يحيى: الإمام المفترض الطاعة بعد رسول الله -صلى الله عليه وآله وسلم- علي بن أبي طالب -صلى الله عليه-، ومن لم يعتقد بعد النبي -صلى الله عليه وآله وسلم- إمامة علي -صلى الله عليه- لم يقبل الله له صلاة ولا زكاة ولا حجاً ولا صوماً ولا شيئاً من أعمال البر.

١٥ وبعده الحسن والحسين -صلى الله عليهما-، ومن لم يؤمن بأن الإمام بعد النبي -صلى الله عليه وآله وسلم- علي -صلى الله عليه- كما يؤمن بالقرآن والصلاة والزكاة والصوم والحج لم ينفعه شيء من عمله، إلا أن يكون أعجمياً أو صبياً أو امرأة أو جاهلاً لم يقرأ القرآن ولم يعلم العلم، فإن جملة الإسلام تجزيهم.

وقال الحسن: إن الله سبحانه أكمل لنبيه -صلى الله عليه وآله وسلم- الدين ٢٠ الذي افترضه على عباده وبينه له وافترض عليه إبلاغه، فكان مما افترض الله على عباده طاعته، وطاعة رسول الله -صلى الله عليه وآله وسلم-، وطاعة أولي الأمر، الذي يستحق مقام رسول الله -صلى الله عليه وآله وسلم-، والإبلاغ

عنه، وليس من الفرائض فريضة أكثر قدراً، ولا أعظم خطراً، من الإمام الذي يقوم مقام نبيه.

وقد بين ذلك في محكم كتابه وسنة نبيه -صلى الله عليه وآله وسلم-، فجعل الله الإمامة في أهل بيت الصفوة والطهارة والهدى والتقوى من ذرية إبراهيم وذرية محمد صلى الله عليهما، ولا تصلح في غيرهم؛ لقول الله سبحانه: ﴿ إِنَّ ٱللَّهَ ٱصْطَفَىٰٓ ءَادَمَ وَنُوحًا وَءَالَ إِبْرَٰهِيمَ وَءَالَ عِمْرَٰنَ عَلَى ٱلْعَٰلَمِينَ ﴿٣٣﴾ ذُرِّيَّةًۢ بَعْضُهَا مِنۢ بَعْضٍ ۗ وَٱللَّهُ سَمِيعٌ عَلِيمٌ ﴿٣٤﴾﴾ [آل عمران:34]، ثم قال لإبراهيم: ﴿قَالَ إِنِّى جَاعِلُكَ لِلنَّاسِ إِمَامًا ۖ قَالَ وَمِن ذُرِّيَّتِى ۖ قَالَ لَا يَنَالُ عَهْدِى ٱلظَّٰلِمِينَ ﴿١٢٤﴾﴾ [البقرة:124]، فأخبر الله إبراهيم أنه إمام، وأن الإمامة في المتقين من ذريته، وأنها لا تصلح للظالمين، وأخبر أن الإمامة عهده الذي لا يناله ظالم على معنى من المعاني، ثم أخبر بمن يستحق الإمامة من ذرية إبراهيم فقال: ﴿وَجَعَلْنَٰهُمْ أَئِمَّةً يَهْدُونَ بِأَمْرِنَا وَأَوْحَيْنَآ إِلَيْهِمْ فِعْلَ ٱلْخَيْرَٰتِ وَإِقَامَ ٱلصَّلَوٰةِ وَإِيتَآءَ ٱلزَّكَوٰةِ ۖ وَكَانُوا۟ لَنَا عَٰبِدِينَ ﴿٧٣﴾﴾ [الأنبياء:73]، وقال: ﴿وَجَعَلْنَا مِنْهُمْ أَئِمَّةً يَهْدُونَ بِأَمْرِنَا لَمَّا صَبَرُوا۟ ۖ وَكَانُوا۟ بِـَٔايَٰتِنَا يُوقِنُونَ ﴿٢٤﴾﴾ [السجدة:24]، فبين لنا أن الإمامة في المتقين والمهتدين، الصادقين الموقنين الصابرين، من ذرية إبراهيم، ثم بين الله لنا أن الإمامة في أهل بيت الصفوة والطهارة من ذرية إبراهيم، فقال: ﴿ إِنَّ ٱللَّهَ ٱصْطَفَىٰٓ ءَادَمَ وَنُوحًا وَءَالَ إِبْرَٰهِيمَ وَءَالَ عِمْرَٰنَ عَلَى ٱلْعَٰلَمِينَ ﴿٣٣﴾ ذُرِّيَّةًۢ بَعْضُهَا مِنۢ بَعْضٍ ۗ وَٱللَّهُ سَمِيعٌ عَلِيمٌ ﴿٣٤﴾﴾ [آل عمران:34]، وقال سبحانه: ﴿ثُمَّ أَوْرَثْنَا ٱلْكِتَٰبَ ٱلَّذِينَ ٱصْطَفَيْنَا مِنْ عِبَادِنَا ۖ فَمِنْهُمْ ظَالِمٌ لِّنَفْسِهِۦ وَمِنْهُم مُّقْتَصِدٌ وَمِنْهُمْ سَابِقٌۢ بِٱلْخَيْرَٰتِ بِإِذْنِ ٱللَّهِ ۚ ذَٰلِكَ هُوَ ٱلْفَضْلُ ٱلْكَبِيرُ ﴿٣٢﴾ جَنَّٰتُ عَدْنٍ يَدْخُلُونَهَا﴾ [فاطر:32]، وهذه الآية لأهل بيت رسول الله -صلى الله عليه وآله وسلم- خاصة:

فالظالم لنفسه: الذي يقترف من الذنوب ما يقترف الناس.

والمقتصد: الرجل الصالح الذي يعبد الله في منزله.

والسابق بالخيرات: الشاهر سيفه، الداعي إلى سبيل ربه بالحكمة والموعظة الحسنة، الآمر بالمعروف والناهي عن المنكر.

ثم أخبر الله سبحانه بذرية إبراهيم فقال: ﴿وَإِذۡ يَرۡفَعُ إِبۡرَٰهِۧمُ ٱلۡقَوَاعِدَ مِنَ ٱلۡبَيۡتِ وَإِسۡمَٰعِيلُ رَبَّنَا تَقَبَّلۡ مِنَّآۖ إِنَّكَ أَنتَ ٱلسَّمِيعُ ٱلۡعَلِيمُ ١٢٧ رَبَّنَا وَٱجۡعَلۡنَا مُسۡلِمَيۡنِ لَكَ وَمِن ذُرِّيَّتِنَآ أُمَّةٗ مُّسۡلِمَةٗ لَّكَ﴾ [البقرة:128]، ثم أخبر الله أن الأمة المسلمة هي التي استجاب الله فيها دعوة إبراهيم وجعلهم شهداء على الناس، والشهداء على الناس الأنبياء، ومن يخلف الأنبياء من الذرية التي جنبها الله عبادة الأصنام وافترض مودتها، فقال: ﴿يَٰٓأَيُّهَا ٱلَّذِينَ ءَامَنُواْ ٱرۡكَعُواْ وَٱسۡجُدُواْ وَٱعۡبُدُواْ رَبَّكُمۡ وَٱفۡعَلُواْ ٱلۡخَيۡرَ لَعَلَّكُمۡ تُفۡلِحُونَ۩ ٧٧ وَجَٰهِدُواْ فِي ٱللَّهِ حَقَّ جِهَادِهِۦۚ هُوَ ٱجۡتَبَىٰكُمۡ وَمَا جَعَلَ عَلَيۡكُمۡ فِي ٱلدِّينِ مِنۡ حَرَجٖۚ مِّلَّةَ أَبِيكُمۡ إِبۡرَٰهِيمَۚ هُوَ سَمَّىٰكُمُ ٱلۡمُسۡلِمِينَ مِن قَبۡلُ وَفِي هَٰذَا لِيَكُونَ ٱلرَّسُولُ شَهِيدًا عَلَيۡكُمۡ وَتَكُونُواْ شُهَدَآءَ عَلَى ٱلنَّاسِ﴾ [الحج:78]، ثم ذكر الله سبحانه الذرية المصطفاة الطاهرة من ذرية إبراهيم التي استجاب فيها دعوته، فقال: ﴿رَبِّ ٱجۡعَلۡ هَٰذَا ٱلۡبَلَدَ ءَامِنٗا وَٱجۡنُبۡنِي وَبَنِيَّ أَن نَّعۡبُدَ ٱلۡأَصۡنَامَ ٣٥﴾ [إبراهيم:35]، وقال: ﴿رَبَّنَا لِيُقِيمُواْ ٱلصَّلَوٰةَ فَٱجۡعَلۡ أَفۡـِٔدَةٗ مِّنَ ٱلنَّاسِ تَهۡوِيٓ إِلَيۡهِمۡ وَٱرۡزُقۡهُم مِّنَ ٱلثَّمَرَٰتِ لَعَلَّهُمۡ يَشۡكُرُونَ ٣٧﴾ [إبراهيم:37]، فاستجاب الله دعوة إبراهيم على لسان محمد –صلى الله عليه وآله وسلم– فقال: ﴿قُل لَّآ أَسۡـَٔلُكُمۡ عَلَيۡهِ أَجۡرًا إِلَّا ٱلۡمَوَدَّةَ فِي ٱلۡقُرۡبَىٰۗ وَمَن يَقۡتَرِفۡ حَسَنَةٗ نَّزِدۡ لَهُۥ فِيهَا حُسۡنًاۚ إِنَّ ٱللَّهَ غَفُورٞ شَكُورٌ ٢٣﴾ [الشورى:23]، وقال: ﴿إِنَّمَا يُرِيدُ ٱللَّهُ لِيُذۡهِبَ عَنكُمُ ٱلرِّجۡسَ أَهۡلَ ٱلۡبَيۡتِ وَيُطَهِّرَكُمۡ تَطۡهِيرًا ٣٣﴾ [الأحزاب:33]، فلا تصلح الإمامة إلا في بيت أهل الصفوة والطهارة من ذرية إبراهيم وذرية محمد صلى الله عليهما، ومن الشجرة التي خلق الله منها إبراهيم ومحمد –صلى الله

عليهما-؛ لأن الله يقول: ﴿ذُرِّيَّةً بَعْضُهَا مِنْ بَعْضٍ وَاللَّهُ سَمِيعٌ عَلِيمٌ ﴿٣٤﴾﴾[آل عمران:34]، ولا تصلح الإمامة لمن يعبد صنماً لدعوة إبراهيم لبنيه المصطفين الطاهرين، فقد اختص الله علياً بخصلتين ليستا لأحد من العالمين:

أحدهما: أن الله جعله مع محمد -صلى الله عليه وآله وسلم- يتقلب معه في الأصلاب الزاكية والأرحام الطاهرة حتى أخرجه الله تعالى ومحمداً من عبد المطلب، وذلك أن أم عبد الله أبي رسول الله -صلى الله عليه وآله وسلم- وأم أبي طالب واحدة، وهي فاطمة بنت عمرو بن عائذ بن عمران بن مخزوم.

[2824-72] وقال رسول الله -صلى الله عليه وآله وسلم-: ((خرجت من طهر من لدن آدم إلى أن أخرجت من صلب أبي لم يمسسني سفاح الجاهلية))، فلم يشهد رسول الله -صلى الله عليه وآله وسلم- لأحد من أهل بيت الطهارة والصفوة أنه خرج من لدن آدم من طهر إلا هو لنسبه الطاهر، حتى انتهت الطهارة في المولد إلى عبد الله وأبي طالب.

[2825-73] ثم أنزل الله على نبيه آية التطهير: ﴿إِنَّمَا يُرِيدُ اللَّهُ لِيُذْهِبَ عَنكُمُ الرِّجْسَ أَهْلَ الْبَيْتِ وَيُطَهِّرَكُمْ تَطْهِيرًا ﴿٣٣﴾﴾،[الأحزاب:33] فجعل رسول الله -صلى الله عليه وآله وسلم- الكساء عليه وعلى علي وفاطمة والحسنين، ثم قال: ((هؤلاء أهل بيتي، اللهم أذهب عنهم الرجس وطهرهم تطهيراً)).

والخصلة الأخرى: قول الله سبحانه: ﴿النَّبِيُّ أَوْلَى بِالْمُؤْمِنِينَ مِنْ أَنفُسِهِمْ وَأَزْوَاجُهُ أُمَّهَاتُهُمْ وَأُولُوا الْأَرْحَامِ بَعْضُهُمْ أَوْلَى بِبَعْضٍ فِي كِتَابِ اللَّهِ مِنَ الْمُؤْمِنِينَ وَالْمُهَاجِرِينَ﴾ [الأحزاب:6]، فليس أحد من أصحاب النبي -صلى الله عليه وآله وسلم- ولا من أهل بيته يجتمع له الإيمان والهجرة والقرابة برسول الله -صلى الله عليه وآله وسلم- إلا علي -عليه السلام-.

وقال الحسن –عليه السلام– ـ في وقت آخر ـ: ثم أخبر الله نبيه –صلى الله عليه وآله وسلم– أن أولى الناس برسول الله وبالمؤمنين أول من تبعه، فقال: ﴿إِنَّ أَوْلَى ٱلنَّاسِ بِإِبْرَٰهِيمَ لَلَّذِينَ ٱتَّبَعُوهُ وَهَٰذَا ٱلنَّبِيُّ وَٱلَّذِينَ ءَامَنُوا۟ وَٱللَّهُ وَلِيُّ ٱلْمُؤْمِنِينَ ٦٨﴾ [آل عمران:68]، وكان إسماعيل أول من اتبع إبراهيم، وكان

5   علي أول من اتبع محمداً –صلى الله عليه وآله وسلم–.

وقد بين الله تعالى أن علياً أولى الناس برسول الله –صلى الله عليه وآله وسلم– لئلا يشك فيه أحد، فقال تعالى: ﴿ٱلنَّبِيُّ أَوْلَىٰ بِٱلْمُؤْمِنِينَ مِنْ أَنفُسِهِمْ وَأَزْوَٰجُهُۥٓ أُمَّهَٰتُهُمْ وَأُو۟لُوا۟ ٱلْأَرْحَامِ بَعْضُهُمْ أَوْلَىٰ بِبَعْضٍ فِى كِتَٰبِ ٱللَّهِ مِنَ ٱلْمُؤْمِنِينَ وَٱلْمُهَٰجِرِينَ﴾ [الأحزاب:6]، فليس نعلم أحداً من المؤمنين والمهاجرين

10   ممن أومأ الناس إلى أنه يستحق مقام الرسول –صلى الله عليه وآله وسلم– تجتمع فيه هذه الثلاث الخصال: –السبق والإيمان، والهجرة، والرحم والقرابة– إلا علي –صلى الله عليه–، فإن الله سبحانه قد جمع له ذلك، فهو أولى الناس برسول الله –صلى الله عليه وآله وسلم– في الرحم والإيمان والهجرة، وأولى الناس بمقامه من الكتاب والسنة، وأولى الناس برسول الله –صلى الله عليه وآله وسلم– أولاهم

15   بالناس؛ لأن أولى الناس بإبراهيم إسماعيل؛ لأنه كان أول من اتبعه وهو ولي المؤمنين وأولى الناس بهم.

وقال الحسن –في وقت آخر–: ولم يعرف أهل الإسلام مؤمناً مهاجراً له من رسول الله رحم أولى به من علي –صلى الله عليه–، فكانت الفريضة على الناس أن يأتوه، وينقادوا له بالطاعة كما قدمه الله ورسوله، ويجعلوه متبوعاً غير تابع؛

20   لأنه أقدمهم سلماً، وأكثرهم علماً، وأعظمهم حلماً، وقد قال رسول الله –صلى الله عليه وآله وسلم–: ((علي أقضاكم))، فلم ينقادوا له بالطاعة كما أمرهم الله، واستحال أن يكون المفضول إماماً للفاضل؛ لأن الله قدم الفاضل بفضله، ورسول الله –صلى الله عليه وآله وسلم– قد قدم من قدم الله، فمن قَدَّم من أخَّر الله ورسوله، وأخَّر من قدم الله ورسوله فقد خالف سنة الله التي قد خلت من

قبل، ﴿وَلَن تَجِدَ لِسُنَّةِ ٱللَّهِ تَبْدِيلًا﴾.

[2826-74] وقد روي عن علي -صلى الله عليه- أنه قال على المنبر: (والله لقد قبض رسول الله -صلى الله عليه وآله وسلم- وأنا أولى بالناس من قميصي هذا).

[2827-75] وروي في الخبر المشهور: أن بريدة وقع في علي عند النبي -صلى الله عليه وآله وسلم- فتغير لون رسول الله -صلى الله عليه وآله وسلم- وأظهر الغضب، وقال: ((يا بريدة أكفرت بعدي؟))، فقال: أعوذ بالله من غضب الله وغضب رسول الله، قال: ((فإن علياً مني وأنا منه، وهو وليكم بعدي)).

[2827-73] وقال علي ـ أيضاً ـ وهو على المنبر: (عهد إلي النبي الأمي أن الأمة تستغدر بي بعده).

وقد سمى الله علياً من نفس رسوله، فقال: ﴿فَقُلْ تَعَالَوْا۟ نَدْعُ أَبْنَآءَنَا وَأَبْنَآءَكُمْ وَنِسَآءَنَا وَنِسَآءَكُمْ وَأَنفُسَنَا وَأَنفُسَكُمْ ثُمَّ نَبْتَهِلْ فَنَجْعَل لَّعْنَتَ ٱللَّهِ عَلَى ٱلْكَٰذِبِينَ ﴿٦١﴾﴾ [آل عمران:61]، وذلك حين باهل النصارى، فأحضر علياً وزوجته وابنيه، فأخبر الله في كتابه أنه من نفس رسول الله وأن ابنيه أبناء رسول الله، وأن زوجته بنت رسول الله نساؤه، فضلها الله على نساء العالمين، وكان خبر رسول الله خبر الصادقين، فأمر الله العباد أن يكونوا مع الصادقين فقال: ﴿يَٰٓأَيُّهَا ٱلَّذِينَ ءَامَنُوا۟ ٱتَّقُوا۟ ٱللَّهَ وَكُونُوا۟ مَعَ ٱلصَّٰدِقِينَ ﴿١١٩﴾﴾.

ثم استخلفه بمكة حين عزمت قريش على أن يبيتوه أو يقتلوه أو يخرجوه، فخلفه واضطجع على فراشه، ووقاه بادرة الحتوف بنفسه، وكان يأتيه بالطعام ليلاً، وأمره أن يؤدي عنه الأمانات التي كانت على يده، والودائع التي كانت عنده لما صار إلى الغار، وأن يخرج إليه أهله فنفذ أمره، وخرج يمشي مع أهله إلى المدينة مهاجراً على قدميه حتى تفطرت قدماه دماً.

[76-2828] ثم قدم النبي -صلى الله عليه وآله وسلم- المدينة فبنى المسجد، وبنى فيه لنفسه بيتاً، وبنى لعلي بيتاً إلى جانب بيته، وأذن له في سكناه، وحرم على جميع العمومة والأقربين والمهاجرين والأنصار أن يبنوا في مسجده، رفعة منه له، وإبانة منه لفضله، ورفعاً لقدره.

5 فتكلم في ذلك العمومة، وبعض المهاجرين، فقال: ((ما أنا أخرجتكم وأدخلته ولكن الله أمرني أن أدخله وأخرجكم)).

كل ذلك يبين [الله] منزلته لئلا يشك أحداً في مكانة من رسول الله وعظم منزلته.

[77-2829] ثم أتي النبي -صلى الله عليه وآله وسلم- بطائر فقال -صلى 10 الله عليه وآله وسلم-: ((اللهم ائتني بأحب خلقك إليك يأكل معي من هذا الطائر))، فخص الله علياً وأكرمه بتلك الدعوة، فأكل معه من ذلك الطير، فاستوجب بذلك أن يكون أحب خلق الله إلى الله وإلى رسوله، وأحبُّ خلق الله إلى الله أرفعُهم منزلة عند الله، وأوجبُهم على المسلمين حقاً، وأولى أن يكونوا أشد له حباً من جميع الخلق، إذا كان كذلك عند الله -عز وجل-.

15 وقد أقام في المدينة يعقد الألوية عشر سنين، ويأمّر الأمراء، ويوجه السرايا، فلم يزل رسول الله يوليه ولا يولي عليه، ولم تَجْرِ سنة رسول الله -صلى الله عليه وآله وسلم- في علي -عليه السلام- أنه جعله تبعاً لأحد من الناس.

[78-2830] ثم وجهه إلى اليمن وخالد بن الوليد على جيشين، فقال: ((إن اجتمع الجيشان فعلي أمير الجيشين)).

[79-2831] ولما بعث رسول الله علياً صلى الله عليهما إلى اليمن فقال: (يا 20 رسول الله، إني حدث السن ولا أعلم بالقضاء)، فقال -صلى الله عليه وآله وسلم-: ((إن الله هاد قلبك ومثبت لسانك))، ثم مسح بيده على صدره ثم قال: ((اللهم اهد قلبه وثبت لسانه))، فقال علي -عليه السلام-: (فو الله ما

شككت في قضاء بين اثنين بعد دعوة رسول الله).

[2832-80] وقال -صلى الله عليه وآله وسلم-: ((يا علي إني قد دعوت الله أن يجعل أذنك الأذن الواعية))، وقال الله -عز وجل-: ﴿وَتَعِيَهَآ أُذُنٌ وَٰعِيَةٌ ۝١٢﴾، وعلمه ألف باب كل باب منها يفتح ألف باب.

[2833-81] وقال -عليه السلام- لفاطمة حين قالت له: زوجتني علياً عديم قريش، فقال: ((ما أنا زوجتك، ولكن الله زوجك أقدمهم سلماً، وأكثرهم علماً، وأعظمهم حلماً)).

فالحمد لله الذي خصه بفواضل الكرامة، وقربه بالسبق إلى الإيمان، ورفع درجته على درجة المهاجرين والأنصار في سبيل الله، وجعله أعلم العلماء وأخشاهم لله؛ لأن الله يقول: ﴿إِنَّمَا يَخْشَى ٱللَّهَ مِنْ عِبَادِهِ ٱلْعُلَمَٰٓؤُاْ﴾[فاطر:28]، وجعله أفقه أصحاب رسول الله في دين الله، وأقضاهم بحكم كتاب الله وسنة نبيه -عليه السلام-.

[2834-82] ثم قال لأصحابه: ((إن منكم من يقاتل على تأويل القرآن كما قاتلت على تنزيله))، فقال أبو بكر: أنا يا رسول الله؟ فقال: ((لا))، وقال عمر: أنا هو يا رسول الله؟ قال: ((لا، ولكنه خاصف النعل))، فأخبر علي بذلك فكأنه شيء قد سمعه من رسول الله قبل ذلك.

كل ذلك يدل على أنه يستحق مقامه، وأنهما لا يستحقان مقامه، وليس لهما أن يقاتلا على تأويل القرآن.

[2835-83] ثم أمره بقتال الناكثين والقاسطين والمارقين، فقال علي: (أمرت بقتال الناكثين والقاسطين والمارقين).

[2836-84] وروي عن ابن مسعود قال: أُمر علي -صلى الله عليه- بقتال الناكثين والقاسطين والمارقين.

[2837-85] وعن أبي أيوب قال: قال لنا رسول الله -صلى الله عليه وآله وسلم-: ((تقاتلون الناكثين والقاسطين والمارقين))، قلنا: مع من يا رسول الله؟ قال: ((مع علي)).

[2838-86] وروي عن النبي -صلى الله عليه وآله وسلم- الخبر المشهور أنه قال: ((يأتي قوم من بعدي يقرؤون القرآن لا يجاوز حناجرهم، يمرقون من الإسلام كما يمرق السهم من الرمية))، فإنما مرقوا على علي -صلى الله عليه- فالإسلام علي ومن كان مع علي.

ثم نهض المشركون لمحاربة رسول الله -صلى الله عليه وآله وسلم- فخص الله علي -صلى الله عليه- بفضل الجهاد، والاحتواء على درجته التي هي أرفع الدرجات عند الله، فكأن له يوم بدر الذي خصه الله به من قتل المشركين النكاية فيهم ما لم يكن لأحد مثله:

وذلك أن رسول الله -صلى الله عليه وآله وسلم- أمره يوم بدر بالمبارزة للوليد وشيبة وعتبة، فأيده الله بالنصر ونزل القرآن بفضله والشهادة له بالجنة، بما مَنّ الله عليه من حسن الفعال وطاعة ربه، ﴿ هَٰذَانِ خَصْمَانِ ٱخْتَصَمُوا۟ فِي رَبِّهِمْ ﴾، [الحج:19] ثم لم يسو بينه وبين غيره فقال: ﴿لَّا يَسْتَوِى ٱلْقَٰعِدُونَ مِنَ ٱلْمُؤْمِنِينَ غَيْرُ أُو۟لِى ٱلضَّرَرِ ﴾ [النساء:95] الآية.

ثم خصه الله -عز وجل- يوم أحد فبذل نفسه ووقى رسول الله ظُبا السيوف وأطراف الرماح بنحره، وأمره رسول الله بالمبارزة لبني عبد الدار، وهم أصحاب الرايات، فتولى قتلهم كلما قصد منهم قاصد الرسول -صلى الله عليه وآله وسلم- رمى عليه بنفسه فأيده الله بنصره، حتى قتل كل من أراد رسولَ الله بمكروه.

[2839-87] حتى قال جبريل -عليه السلام-: إن هذه لهي المواساة، ثم نادى: لا سيف إلا ذو الفقار ولا فتى إلا علي، فقال النبي -صلى الله عليه وآله وسلم- لجبريل: ((إنه مني وأنا منه))، فقال جبريل: وأنا منكما.

ثم حشد الأحزابُ لرسول الله فخصه الله بالكرامة والرفعة في الجهاد، فقتل عمرو بن عبد ود يوم الخندق، وهزم الله المشركين، وأعز بقتله الإسلام [إلى أن تقوم الساعة]، وأذل الله الشرك إلى أن تقوم الساعة.

[2840-88] وبعث رسول الله -صلى الله عليه وآله وسلم- برايته مع رجلين من المهاجرين فرجعا منهزمين، يجبنهما أصحابُهما، ويجبنان أصحابَهما، فقال رسول الله -صلى الله عليه وآله وسلم-: ((لأعطين الراية رجلاً يحب الله ورسوله، ويحبه الله ورسوله، كرار ليس بفرار))، فدعا علياً -عليه السلام- -وكان رَمِدَ العين-، فتفل في عينه، ودعا الله أن يذهب عنه الحر والبرد، وأعطاه الراية ففتح الله على يديه.

ثم ثبت معه يوم حنين في جماعة من أهل بيته، حين فر عن النبي -صلى الله عليه وآله وسلم- جماعةُ الناس، فقال الله -عز وجل-: ﴿وَيَوْمَ حُنَيْنٍ إِذْ أَعْجَبَتْكُمْ كَثْرَتُكُمْ فَلَمْ تُغْنِ عَنكُمْ شَيْـًٔا وَضَاقَتْ عَلَيْكُمُ ٱلْأَرْضُ بِمَا رَحُبَتْ ثُمَّ وَلَّيْتُم مُّدْبِرِينَ ﴿٢٥﴾ ثُمَّ أَنزَلَ ٱللَّهُ سَكِينَتَهُۥ عَلَىٰ رَسُولِهِۦ وَعَلَى ٱلْمُؤْمِنِينَ﴾، [التوبة:26] فخصه الله ومن كان معه بالسكينة.

[2841-89] ثم خرج رسول الله إلى تبوك واستخلفه على المدينة، وقال: ((لا يصلح لخلافتي إلا أنت))، وفي حديث آخر: ((لا يصلح المدينة إلا أنا وأنت))، فتكلم أناس في ذلك، وقالوا: خلفه لخساسة منزله، فلحقه بعد أن سار، فشكى إليه ما تكلم به الناس في تخليفه، فقال: ((يا علي، أما ترضى أن تكون مني بمنزلة هارون من موسى غير أنه لا نبي بعدي))؟ فقال: (بلى، رضيت يا رسول الله).

وقد بين الله -سبحانه- منزلة هارون من موسى، فقال: ﴿هَٰرُونَ أَخِى ﴿٣٠﴾ ٱشْدُدْ بِهِۦٓ أَزْرِى ﴿٣١﴾ وَأَشْرِكْهُ فِىٓ أَمْرِى ﴿٣٢﴾﴾ [طه]الآية، وقال موسى لهارون: ﴿ٱخْلُفْنِى فِى قَوْمِى﴾، فلعلي: الأخوة، والوزارة، والشركة في الأمر، والخلافة في

قومه، فلم يستثن -صلى الله عليه وآله وسلم- غير النبوة، ولو كان مع النبوة غيرها مما لا يحل له لاستثناه كما استثنى النبوة، [فقد بين الله تعالى لنا في كتابه، وبين لنا رسول الله في سنته، أن علي بن أبي طالب خليفة من بعده].

[2842- 90] ثم بعث رسول الله -صلى الله عليه وآله وسلم- [أبا بكر] بعشر آيات من أول سورة براءة إلى أهل مكة، فنزل عليه جبريل -عليه السلام- فقال: إنه لا يصلح أن يؤدي عنك إلا أنت أو رجل منك، فبعث رسول الله -صلى الله عليه وآله وسلم- علياً، فرد أبا بكر، ومضى علي -صلى الله عليه- ببراءة عن أمر الله، فكأن المؤذن بها عن رسول الله بأمر الله، وجعله الله الأذان من الله ورسوله، كل ذلك يبين منزلته واستحقاقه لمقامه. [انتهى] (47).

[2843- 91] **وفي مناقب محمد بن سليمان الكوفي -رحمه الله-**: عثمان بن أبي شيبة، قال: حدثنا شريك، عن أبي إسحاق، عن حبشي بن جنادة، قال شريك: قلت لأبي إسحاق: أين رأيته، قال: وقف علينا في مجلسنا، فقال: سمعت رسول الله -صلى الله عليه وآله وسلم- يقول: ((علي مني وأنا منه، لا يؤدي عني إلا علي)). انتهى.

رجال هذا الإسناد قد مر الكلام عليهم وهم من ثقات محدثي الشيعة.

[2844- 92] **وفيها أيضاً**: أبو جعفر محمد بن سليمان الكوفي، قال: حدثنا خضر بن أبان الهاشمي، وأحمد بن حازم الغفاري، ومحمد بن منصور المرادي، قالوا: حدثنا يحيى بن عبد الحميد الحماني، عن قيس بن الربيع، عن سعد الخفاف، عن عطية العوفي، عن محدوج بن زيد الذهلي: أن رسول الله -صلى الله عليه وآله وسلم- آخى بين المسلمين، ثم أخذ بيد علي فوضعها على صدره، ثم قال: ((يا علي أنت أخي، وأنت مني بمنزلة هارون من موسى إلا أنه لا نبي

(47) هذا الكلام كله ليس في الجامع الكافي المطبوع وهو في زيادات الجامع الكافي (صـ158) بتحقيق جمال الشامي.

بعدي، أما علمت أن أول من يدعى به يوم القيامة يدعى بي، فأُدنَى، فأقوم عن يمين العرش في ظله، فأكسى حلة خضراء من حلل الجنة، ثم يدعى بأبينا إبراهيم فيقوم عن يمين العرش فيكسى حلة خضراء من حلل الجنة، ثم يدعى بالنبئين والمرسلين بعضهم على أثر بعض، فيقومون سماطين عن إثر العرش في
5   ظله، فيكسون حللاً خضراء من حلل الجنة.

ألا وإني أخبرك يا علي: أنّا أول الأمم يحاسبون يوم القيامة، ثم أبشرك يا علي، أن أول من يدعى به من أمتي يوم القيامة، يدعى بك لقرابتك مني، ومنزلتك من ربي، فيدفع إليك لوائي، وهو لواء الحمد، تسير به بين السماطين(48)، آدم وجميع مَن خلق الله من الأنبياء والرسل يستظلون بظل لوائي يوم القيامة، فتسير
10   باللواء، الحسن بن علي عن يمينك، والحسين عن يسارك، حتى تقف بيني وبين إبراهيم، في ظل العرش، فتكسى حلة خضراء من حلل الجنة، ثم ينادي مناد من تحت العرش: [يا محمد]، نعم الأب أبوك –وهو إبراهيم–، ونعم الأخ أخوك وهو علي، ألا وإني أبشرك يا علي: أنك تكسى إذا كُسيت، وتحيى إذا حييت، وتدعى إذا دعيت)). انتهى.

15   رجال هذا الإسناد من ثقات محدثي الشيعة وقد مر الكلام عليهم، إلا محدوج بن زيد الذهلي(49):

[ترجمة محدوج بن زيد الذهلي]

فهو محدوج –بالميم، ثم الحاء المهملة، ثم الدال المهملة، ثم واو، ثم جيم بواحدة من أسفل–، بن زيد الذهلي، أحد الشيعة الأثبات.

_____

(48) السماطان – من النخل والناس–: الجانبان، يقال: مَشَى بين السِّماطين. تمت مختار الصحاح.
(49) قال ابن كثير في أسد الغابة في معرفة الصحابة: مختلف في صحبته، حديثه أن النبي –صلى الله عليه وآله وسلم– قال: إن أول من يدعى يوم القيامة بي.أخرجه أبو نعيم وأبو موسى.
أخرجه أبو نُعيم في (معرفة الصحابة) رقم الحديث (6348)، في ترجمته برقم (2837).

يروي عن جسرة بنت دجاجة الكوفية، وعنه عطية العوفي، وأبو الخطاب الهجري، ولم أقف له على تاريخ وفاة.

وسعد الخفاف: هو سعد بن طريف [وقد تقدم].

[2845 - 93] وفيها أيضاً: محمد بن سليمان قال: حدثنا محمد بن منصور قال: حدثنا موسى بن سلمة المزني، من أهل المدينة قال: حدثنا محمد بن جعفر، بن محمد عن أبيه، عن جده، قال: افتقد رسول الله -صلى الله عليه وآله وسلم- علياً، فاغتم لذلك غماً شديداً، فلما رأت ذلك خديجة، قالت: يا رسول الله أنا أعلم لك علمه، فشدت على بعيرها، ثم ركبت فلقيت علي بن أبي طالب، فقالت له: اركب وائت رسول الله -صلى الله عليه وآله وسلم-، فإنه بك مغتم، فقال: (ما كنت لأجلس في مجلس زوجة رسول الله -صلى الله عليه وآله وسلم-)، بل امضي فأخبري رسول الله -صلى الله عليه وآله وسلم-، [وأنا قادم على أثرك]، قالت خديجة: فمضيت فأخبرت رسول الله -صلى الله عليه وآله وسلم-، فإذا هو قائم يقول: ((اللهم فرج غمي بأخي علي))، فإذا بعلي قد جاء فتعانقا، قالت خديجة: ولم أكن أجلس إذا كان رسول الله -صلى الله عليه وآله وسلم- قائماً، قالت: فما افترقا متعانقين حتى ضربتا علي قدماي. انتهى.

في هذا الإسناد موسى بن سلمة، وهو موسى بن سلمة المزني من أهل المدينة أحد رجال الشيعة الأثبات.

روى عن علي بن جعفر الصادق، والإمام محمد بن جعفر الصادق رضوان الله عليهم.

وروى عنه شيخ الشيعة محدث الزيدية محمد بن منصور المرادي -رحمه الله-، في الأمالي خمسة أحاديث، أربعة منها عن علي بن جعفر، عن حسين بن زيد، عن جعفر بن محمد، عن أبيه عن جده.

والخامس عن محمد بن جعفر، عن أبيه عن جده -صلوات الله عليهم ورضوانه-.

[2846 – 94] **وفيها أيضاً:** محمد بن سليمان، قال: حدثنا خضر بن أبان، قال: حدثنا إسحاق بن منصور، قال: حدثنا شريك، قال: سمعت أبا إسحاق يقول: ما يشك في علي إلا منافق.

[2847 – 95] حدثنا خضر، قال: حدثنا يحيى بن عبد الحميد الحماني، قال: حدثنا قيس بن الربيع، عن سعد الخفاف، عن الأصبغ بن نباتة، عن أبي أيوب الأنصاري، قال: قال رسول الله -صلى الله عليه وآله وسلم-: ((إن هذا جبريل يخبرني عن ربي أن السعيد حق السعيد من أحب علياً في حياتي وبعد وفاتي، ألا وإن الشقي حق الشقي من أبغض علياً في حياتي وبعد وفاتي)). انتهى.

رجال هذا الإسناد والذي قبله، من ثقات محدثي الشيعة.

[ترجمة إسحاق بن منصور]

وإسحاق بن منصور: هو السلولي مولاهم، الشيعي الثبت.

عن عبدالله بن الحسن الكامل، وعدة.

وعنه أبو كريب، وآخرون.

قال الخزرجي: شيعي(50).

وقال ابن معين: لا بأس به، توفي سنة خمس ومائتين، أفاد هذا في الجداول.

وذكر المهدي بن الهادي اليوسفي المشهور بمهدي النوعة -رحمه الله-، في الجزء الرابع من الإقبال: أن إسحاق بن منصور السلولي، من ثقات محدثي الشيعة وعيونهم.

وأما بقية رجال الإسناد فقد مر الكلام عليهم.

_____

(50) وثقه العجلي وقال: كوفي ثقة، كان فيه تشيع، وقد كتبت عنه.

الباب الثاني:

في ذكر أهل البيت عليهم السلام وأتباعهم وفي شيء من فضائلهم رضي اللّه عنهم

اعلم إنا قد قدمنا في أول الكتاب نبذة شافية في فضل أمير المؤمنين صلوات اللّه عليه وأهل البيت -عليهم السلام-، ونحن نتبرك في هذا الموضوع بلمحة يسيرة من مناقبهم -صلوات اللّه عليهم-، وإلا فالاستقصاء يحتاج إلى مجلدات واسعة:

[2848 - 96] **مجموع زيد بن علي -عليهما السلام- [266]:** حدثني زيد بن علي، عن أبيه، عن جده، عن علي -عليهم السلام-، قال: لما ثقل رسول اللّه -صلى اللّه عليه وآله وسلم- في مرضه والبيت غاصٌّ بمن فيه قال: ((ادعوا لي الحسن والحسين، فدعوتهما، فجعل يلثمهما حتى أغمي عليه، قال: فجعل علي -عليه السلام- يرفعهما عن وجه رسول اللّه -صلى اللّه عليه وآله وسلم-، قال: ففتح عينيه فقال: ((دعهما يتمتعان مني وأتمتع منهما، فإنه سيصيبهما بعدي أثرةٌ))، ثم قال: ((يا أيها الناس إني خلفت فيكم كتاب اللّه وسنتي وعترتي أهل بيتي، فالمضيع لكتاب اللّه كالمضيع لسنتي، والمضيع لسنتي كالمضيع لعترتي، أما إن ذلك لن يفترقا(51) حتى ألقاه على الحوض)).

[2849 - 97] **صحيفة علي بن موسى الرضا -عليهما السلام- [464]:** عن أبيه، عن آبائه، عن علي -عليهم السلام-، قال: قال رسول اللّه -صلى اللّه عليه وآله وسلم-: ((مثل أهل بيتي فيكم كسفينة نوح من ركبها نجا، ومن تخلف عنها زج في النار)). انتهى.

[2850 - 98] **أبو طالب -عليه السلام- في الأمالي [148]:** حدثنا أبو عبد اللّه أحمد بن محمد الآبنوسي البغدادي، قال: حدثنا أبو القاسم عبد العزيز بن

_____
(51) في نسخة المجموع القلم: لن يفترق. تمت مؤلف.

إسحاق بن جعفر، قال: حدثني علي بن محمد النخعي الكوفي، قال: حدثنا
سليمان بن إبراهيم بن عبيد المحاربي، قال: حدثنا نصر بن مزاحم المنقري، قال:
حدثنا إبراهيم بن الزبرقان التيمي، قال: حدثني أبو خالد الواسطي، قال:
حدثني زيد بن علي، عن أبيه، عن جده، عن علي –عليه السلام–، قال: (لما ثقل

5 رسول اللّه –صلى الله عليه وآله وسلم– في مرضه والبيت غاص بمن فيه، قال:
((ادعوا الحسن والحسين))، قال: فجعل يلثمهما حتى أُغمي عليه، قال: فجعل
علي –عليه السلام– يرفعهما عن وجه رسول اللّه –صلى الله عليه وآله وسلم–،
قال: ففتح عينيه، فقال: ((دعهما يتمتعان مني، وأتمتعُ منهما، فإنهما سيصيبهما
بعدي أثرة))، ثم قال: ((أيها الناس، إني قد خلفت فيكم كتاب اللّه وسنتي،

10 وعترتي أهل بيتي، [فالمضيّع لكتاب اللّه كالمضيع لسنتي، والمضيّع لسنتي]
كالمضيع لعترتي، أما إن ذلك لن يفترقا حتى اللقاء على الحوض)). انتهى.

رجال هذا الإسناد من ثقات محدثي الشيعة، وقد مر الكلام عليهم.

[2851 – 99] صحيفة علي بن موسى الرضا –عليها السلام– [464]: عن
أبيه، عن آبائه، عن علي –عليهم السلام–، قال: قال رسول الله –صلى الله عليه

15 وآله وسلم–: ((كأني قد دعيت، فأجبت، وإني تارك فيكم الثقلين، أحدهما أكبر
من الآخر، كتاب الله –عز وجل– [حبل] ممدود من السماء إلى الأرض، وعترتي
أهل بيتي، فانظروا كيف تخلفوني فيهما)). انتهى.

[2852 – 100] أبو طالب –عليه السلام– في الأمالي [181]: حدثنا أبو
الحسين يحيى بن محمد بن عبيد الله الحسني، قال: حدثنا علي بن محمد بن مهرويه

20 القزويني، قال: حدثنا داود بن سليمان الغازي، قال: حدثني علي بن موسى
الرضا، عن أبيه موسى، عن أبيه جعفر بن محمد، عن أبيه محمد بن علي، عن أبيه
علي بن الحسين، عن أبيه الحسين بن علي، عن أبيه علي بن أبي طالب –عليهم
السلام–، قال: قال رسول اللّه –صلى الله عليه وآله وسلم–: ((حَرُمت الجنةُ
على من ظلم أهل بيتي وقاتلهم، وعلى المُعين عليهم، أولئك لا خلاق لهم في

الآخرة، ولا يُكلمهم اللّه يوم القيامة، ولا يزكيهم، ولهم عذاب أليم)). انتهى.

[2853 - 101] صحيفة علي بن موسى الرضا -عليهما السلام- [463]: عن أبيه، عن آبائه، عن علي -عليهم السلام-، قال: قال رسول الله -صلى الله عليه وآله وسلم-: ((حَرُمت الجنة على من ظلم أهل بيتي وقاتلهم، والمعين عليهم، ومن سبهم، أولئك لا خلاق لهم في الآخرة، ولا يكلمهم الله، ولا ينظر إليهم يوم القيامة، ولا يزكيهم، ولهم عذاب أليم)). انتهى.

[2854 - 102] وفيها أيضاً [465]: عن أبيه، عن آبائه، عن علي -عليهم السلام-، قال: قال رسول الله -صلى الله عليه وآله وسلم-: ((اشتد غضب الله وغضب رسوله على من أهرق دم ذريتي، أو آذاني في عترتي)).

[2855 - 103] وفيها أيضاً [463]: عن أبيه، عن آبائه، عن علي -عليهم السلام-، قال: قال رسول الله -صلى الله عليه وآله وسلم-: ((أربعة أنا لهم شفيع يوم القيامة، المكرم لذريتي، والقاضي لهم حوائجهم، والساعي لهم في أمورهم عندما اضطروا إليها، والمحب لهم بقلبه ولسانه)).

[2856 - 104] وفيها أيضاً [462]: عن أبيه، عن آبائه، عن علي -عليهم السلام-، قال: قال رسول الله -صلى الله عليه وآله وسلم-: ((سيدا شباب أهل الجنة الحسنُ والحسينُ، وأبوهما خير منهما)).

[2857 - 105] وفيها أيضاً [462]: عن أبيه، عن آبائه، عن علي -عليهم السلام-، قال: قال رسول الله -صلى الله عليه وآله وسلم-: ((الولد ريحانة وريحانتي الحسن والحسين)).

[2858 - 106] وفيها أيضاً [462]: عن أبيه، عن آبائه، عن علي -عليهم السلام-، قال: قال رسول الله -صلى الله عليه وآله وسلم-: ((إن الحسن والحسين كانا يلعبان عند النبي حتى مضى عامة الليل ثم قال لهما: ((انصرفا إلى أمكما))، فبرقت برقة فما زالت تضيء لهما حتى دخلا على فاطمة، والنبي ينظر إلى

البرقة فقال: ((الحمد لله الذي أكرمنا أهل البيت)).

[2859- 107] **وفيها أيضاً** [463]: عن أبيه، عن آبائه، عن علي -عليهم السلام-، قال: قال رسول الله -صلى الله عليه وآله وسلم-: ((النجوم أمان لأهل السماء، وأهل بيتي وأولادي أمان لأمتي)). انتهى.

[2860- 1087] **الهادي -عليه السلام- في الأحكام** [2/ 418]: قال: وقال رسول الله -صلى الله عليه وعلى آله وسلم-: ((ما أحبنا أهل البيت أحد فزلت به قدم إلا ثبتته قدم حتى ينجيه الله يوم القيامة)).

[2861- 109] وقال -صلى الله عليه وآله وسلم-: ((مثل أهل بيتي فيكم كمثل سفينة نوح من ركبها نجا ومن تخلف عنها غرق وهوى)).

[2862- 110] وقال -صلى الله عليه وآله وسلم-: ((أهل بيتي أمان لأهل الأرض، والنجوم أمان لأهل السماء، فإذا ذهب أهل بيتي من الأرض أتى أهل الأرض ما يوعدون، وإذا ذهبت النجوم من السماء أتى أهل المساء ما يوعدون)).

قال يحيى بن الحسين -رضي الله عنه-: خيار هذه الأمة من تولى الله ورسوله وأهل بيته -أمير المؤمنين -عليه السلام- وذريته-، لأن الله قد أمر بتوليتهم، وأشر هذه الأمة وأظلمها من أبغض الله ورسوله وأهل بيته -أمير المؤمنين وذريته-، لأن الله قد حرم ذلك عليه في كتابه، وعلى لسان نبيه -صلى الله عليه وآله وسلم-، وجعلهم خلفاء أرضه، وأئمة خلقه، ورعاة بريته، وخزنته وحيه، وحفظة كتابه، استأمنهم عليه، وجعلهم النداة إليه، وأمر بسؤالهم، والالتجاء في كل علم فرائضه إليهم، وجعل عندهم علم الكتاب، وفصل الخطاب، وتمييز ما التبس من الأسباب، يهدون إلى الرحمن، ويدعون إلى البر والإحسان ﴿نُّورٌ عَلَىٰ نُورٍ يَهْدِى ٱللَّهُ لِنُورِهِۦ مَن يَشَآءُ﴾، ويؤتي التقوى من عباده من اهتدى، والحمد لله العلي الأعلى، والصلاة على محمد المصطفى، وأهل بيته الأخيار النجباء،

وأتباعهم الأولياء. انتهى كلام يحيى بن الحسين -صلوات الله عليه-، وهو آخر كتاب الأحكام له صلوات الله وسلامه عليه.

[2863 - 111] **الناصر للحق -عليه السلام- في البساط** [98]: وحدثنا محمد بن منصور، قال: حدثنا حرب بن الحسن، قال: حدثنا حنان بن سدير، قال: حدثنا سدير، قال: حدثنا سديف المكي، قال: حدثنا محمد بن علي ـ وما رأيت محمدياً يعدله ـ قال: حدثنا جابر بن عبدالله الأنصاري، قال: (خطبنا رسول الله -صلى الله عليه وآله وسلم- فقال: ((يا أيها الناس من أبغضنا أهل البيت بعثه الله يوم القيامة يهودياً)) قال: قلت: يا رسول الله، وإن صام وصلى وزعم أنه مسلم؟ قال: ((وإن صام وصلى وزعم أنه مسلم)). انتهى.

الرجال:

أما محمد بن منصور: فهو المرادي شيخ الزيدية وقد مر الكلام عليه.

وأما حرب بن الحسن: فهو الطحان أحد ثقات محدثي الشيعة، قد تقدم الكلام عليه في باب فضل الصلاة على رسول الله -صلى الله عليه وآله وسلم-، من كتابنا هذا.

[ترجمة حنان بن سدير، وسديف المكي]

وأما حنان(52) بن سُدير:

_____

(52) قال ابن حجر في لسان الميزان في الجزء الثاني صفحة (367): حَنَان -بالتخفيف- ابن سديد بن حكيم بن صهيب الصيرفي الكوفي، عن أبيه، وعمرو بن قيس الملائي وغيرهما، وعنه عباد بن يعقوب، ومحمد بن ثواب الهنائي، ومن مناكيره: عن حسن بن حسن، عن فاطمة أمه، عن أبيها مرفوعاً: ((من شرب شربة فلذ منها، لم تقبل له صلاة أربعين يوماً وليلة)) الحديث. قال الدارقطني في المؤتلف والمتخلف وفي العلل أنه من شيوخ الشيعة. انتهى. تمت مؤلف.

وقال الإمام الحجة مجد الدين المؤيدي في لوامع الأنوار (510/1) حنَّان: بفتح المهملة، فتشديد الموحدة رواية الشريف، وبنونين بينهما ألف رواية القاضي جعفر؛ وسُدَيْر بمهملات، وتحتية، مصغر. انتهى.

فهو حنان بن سدير الصيرفي، أحد ثقات الشيعة.

عن سديف المكي، وعنه حرب بن الحسن، لم أقف له على تاريخ وفاة.

وأما سُدَيف المكي(53):

فهو يروي عن الباقر -عليه السلام- وحبان بن سدير.

قال علامة العصر -عليه السلام-، في الجداول: عداده في ثقات الشيعة خرج مع النفس الزكية فظفر به الدوانيقي، فقتله قال العقيلي: كان من الغلاة في الرفض انتهى كلام علامة العصر -رحمه الله-.

والحديث هذا قد رواه **الحاكم الحسكاني في شواهد التنزيل** [1/ سورة طه، آية (124)]، فقال: أخبرنا أبو يحيى الحسكاني، قال: أخبرنا يوسف بن أحمد

---

(53) وقال ابن حجر أيضاً في لسان الميزان، في الجزء الثالث، صفحة (9): سُدَيف بن ميمون المكي، رافضي خرج مع ابن حسن فظفر به المنصور فقتله، قال العقيلي: كان من الغلاة في الرفض.

(حدثنا) إسحاق بن يحيى الدهقان، ثنا حرب بن الحسن الطحان، ثنا حنان بن سديد، ثنا سديف المكي، ثنا محمد بن علي -وما رأيت محمدياً قط يشبهه-، ثنا جابر بن عبدالله رضي الله عنهما، قال خطبنا رسول الله -صلى الله عليه وآله وسلم-، فقال: ((من أبغضنا أهل البيت حشره الله يوم القيامة يهودياً، وإن صام وصلى، إن الله علمني أسماء أمتي كما علم آدم الأسماء كلها، ومثل لي أمتي في الطين فمر بي أصحاب الرايات فاستغفرت لعلي وشيعة))، قال حنان: فدخلت مع أبي علي جعفر بن محمد فذكر له أبي هذا، فقال: ما كنت أظن أن أبي حدث به أحداً. انتهى.

وساق العقيقي قصة قتله: وأنه لما أفرط في هجاء بني أمية، ثم اتصف خروج ابن الحسن تبعه وهجا المنصور، وأفرط في مدح ابن الحسن فبلغ ذلك المنصور، فندب قتله، فلما قتل كتب المنصور على عامله -وهو داوود بن علي عمه- أن يقتل سديفاً، وكان داوود عامله على الحجاز، فماطل داوود بذلك لما سلف لسديف من مدحهم، وهجو أعدائهم، فراجع فيه، إلى أن حج المنصور فخشي أن ينكر عليه عدم امتثال أمره في سديف فأخرجه فقتله، ثم لقي المنصور، فمن أول ما رآه حين سلم، سأله عن سديف، فقال: قتلته، فقال: وعليك السلام يا عم. انتهى.

وفي حواشي شواهد التنزيل المطبوعة: أن الحديث المذكور رواه ابن عساكر في تاريخ دمشق في ترجمة سديف في الجزء (2/ 52)، ورواه الهيثمي في مجمع الزوائد في الجزء (9/ 173)، وعزاه إلى الطبراني في الأوسط. انتهى من حواشي شواهد التنزيل في الجزء الأول ص(379). تمت مؤلف.

الصيدلاني بمكة، أخبرنا محمد بن عمرو الحافظ أبو جعفر [العقيلي]، قال: حدثنا

إسحاق بن يحيى الدهقان، قال: حدثنا حرب بن الحسن الطحان، قال: حدثنا

حَبَّان بن سُدَير، قال: حدثنا سُدَيف المكي، قال: حدثنا محمد بن علي –قال: وما

رأيت محمدياً قط يشبهه، أو قال: يعدله– قال: حدثنا جابر بن عبدالله، قال:

5   خطبنا رسول الله –صلى الله عليه وآله وسلم–، فسمعته يقول: ((من أبغضنا

أهل البيت حشره الله يهودياً)). انتهى.

[112 - 2864] **محمد بن سليمان الكوفي** –رحمه الله– **في المناقب** [1/ 734]:

خضر، قال: حدثنا يحيى بن عبد الحميد الحماني، قال: حدثنا شريك، عن ليث بن

أبي سليم، عن أبي ليلى، عن الحسين بن علي، قال: قال رسول الله –صلى الله عليه

10   وآله وسلم–: ((الزموا مودتنا أهل البيت، فإن من لقي الله يوم القيامة وهو

يُوِدُّنا دخل الجنة بشفاعتنا، والذي نفسي بيده لا ينتفع عبد بعمله إلا بمعرفة

حقنا)). انتهى.

[الرجال]:

خضر: هو ابن أبان الهاشمي، وشريك: هو ابن عبدالله النخعي، ورجال هذا

15   الإسناد هم من ثقات محدثي الشيعة وقد تقدم الكلام عليهم.

[ترجمة أبي ليلى الأنصاري]

وأبو ليلى(54): هو الأنصاري، قال في الجداول:

_____

(54) قال الإمام الحجة مجد الدين المؤيدي في لوامع الأنوار (1/ 529): أبو ليلى من الصحابة
السابقين، وأولياء الوصي – صَلَوَاتُ الله عَلَيْهِ– الصادقين، والشهداء بين يديه المرزوقين، –
رضوان الله عليهم –.
قال السيد الإمام: أبو ليلى الأنصاري بلال أو داود بن بلال بن أحيحة بن الجلاح، أبو عبد الرحمن،
صحابي، شهد أحداً وما بعدها، ونزل الكوفة وحضر مع علي (ع) مشاهده جميعها، وقتل بصفين
سنة سبع وثلاثين، روى عنه ابنه عبد الرحمن، خرج له الأربعة إلا النسائي، وخرج له المرشد
بالله، انتهى.

أبو ليلى: بلال، أو داوود الأنصاري، شهد أحداً فما بعدها، وشهد مع علي مشاهده، وقتل بصفين، روى عنه ولده عبد الرحمن. انتهى.

[2865 - 113] صحيفة علي بن موسى الرضا -عليهما السلام- **[459]:** عن أبيه، عن آبائه، عن علي -عليهم السلام-، قال: قال رسول الله -صلى الله عليه وآله وسلم- ((إنما سُمِّيَتِ ابنتي فاطمة، لأن الله تعالى فطمها وفطم من أحبها من النار)).

[2866 - 114] وبهذا الإسناد: عن علي -عليهم السلام-، قال: قال رسول الله -صلى الله عليه وآله وسلم-: ((إن الله يغضب لغضب فاطمة ويرضى لرضاها)).

[2867 - 115] وبه **[460]** عن علي -عليه السلام-، قال: قال رسول الله -صلى الله عليه وآله وسلم-: ((تحشر ابنتي فاطمة يوم القيامة، ومعها ثياب مصبوغة بدم الحسين، فتعلق بقائمة من قوائم العرش فتقول يا رب احكم بيني وبين قاتل ولدي قال رسول الله -صلى الله عليه وآله وسلم-: فيحكم لأبنتي ورب الكعبة)).

[2868 - 116] وبه **[460]** عن علي -عليه السلام-، قال: قال رسول الله -صلى الله عليه وآله وسلم-: ((تحشر ابنتي فاطمة وعليها حلة الكرامة، قد عجنت بماء الحياة، فينظر إليها الخلائق، ويتعجبون منها، ثم تكسى أيضاً حلتين من حلل الجنة، مكتوب على كل حلة بخط أخضر: أَدْخِلُوا بنت محمد الجنة، - مكتوباً على أحسن الصورة، وأحسن الكرامة، وأحسن المنظر-: فتزف إلى الجنة كما تزف العروس، ويوكل بها سبعون ألف جارية)).

[2869 - 117] وبه **[460]** عن علي -عليه السلام-، قال: قال رسول الله -صلى الله عليه وآله وسلم-: ((إذا كان يوم القيامة نادى مناد من بطنان العرش يا معشر الخلائق غضوا أبصاركم حتى تجوز فاطمة بنت محمد -صلى الله عليه

وآله وسلم-)).

[2870 - 118] وبه [461] عن علي -عليه السلام-: كنا مع النبي -صلى الله عليه وآله وسلم- في حفر الخندق، إذ جاءت فاطمة ومعها كسيرة من خبز، فدفعتها إلى النبي -صلى الله عليه وآله وسلم-، فقال -صلى الله عليه وآله وسلم-: ((ما هذه الكسيرة)) قالت: (قرص شعير خبزته للحسن والحسين جئتك منه بهذه الكسيرة).

فقال النبي -صلى الله عليه وآله وسلم-: ((يا فاطمة أما إنه أول طعام دخل فم أبيك منذ ثلاثة أيام)).

[2871 - 119] وبه [461] عن علي -عليه السلام-، قال: قال رسول الله -صلى الله عليه وآله وسلم-: ((أتاني ملك فقال: يا محمد إن الله -عز وجل- يقرؤك السلام، ويقول: قد زوجت فاطمة من علي فزوجها منه، وأمرت شجرة طوبى أن تحمل الدر، والمرجان، واليواقيت، وإن أهل السماء قد فرحوا بذلك، وسيولد لهما ولدان سيد شباب أهل الجنة، وبهما يتزين أهل الجنة، فابشر يا محمد فأنت خير الأولين والآخرين)).

[2872 - 120] وبه [461] عن الباقر -عليه السلام-، قال: حدثني علي بن الحسين -عليهما السلام- قال: حدثتني أسماء بنت عميس، قالت: كنت عند فاطمة جدتك، إذ دخل رسول الله وفي عنقها قلادة من ذهب، كان علي بن أبي طالب اشتراها لها من فيء له، فقال لها النبي: ((لا يغرنك الناس أن يقولوا بنت محمد، وعليك لبس الجبابرة))، فقطعتها، وباعتها، واشترت لها رقبة فأعتقتها، فسر رسول الله -صلى الله عليه وآله وسلم- بذلك. انتهى.

[2873 - 121] محمد بن سليمان الكوفي -رحمه الله- في المناقب [2/ 220]: محمد بن منصور، عن عباد، عن عبد الله بن بكير، عن حكيم بن جبير، عن أبي الطفيل، عن زيد بن أرقم، قال: نزل النبي -صلى الله عليه وآله وسلم-، الجحفة

فأمر بدُوح فنظف ما تحتهن، ثم أقبل على الناس، فقام فحمد الله وأثنى عليه ثم قال: ((إني لا أجد لنبي إلا نصف عمر الذي كان قبله، فإني أوشك أن أدعى فأجيب، فما أنتم قائلون))، قالوا: نقول: إنك قد بلغت ونصحت، فجزاك الله خيراً، كما قدر كل إنسان أن يقول: ((أليس تشهدون أن لا إله إلا الله، وأني عبد
5   الله ورسوله)) قالوا: بلى. قال: ((أتشهدون أن الجنة حق، وأن النار حق، والبعث حق، بعد الموت)) فقالوا: بلى. قال: فرفع رسول الله –صلى الله عليه وآله وسلم– يده فوضعها على صدره ثم قال: وأنا أشهد معكم، ثم قال: هل تسمعون قالوا: نعم.

قال: ((فإني فرطكم، وأنتم واردون علي الحوض، وأن عرضه أبعد ما بين
10   بصرى وصنعاء، فيه عدد الكواكب أقداح من فضة، فانظروا كيف تخلفوني في الثقلين))، فنادى مناد: يا رسول الله، وما الثقلان؟!.

قال ((الأكبر منهما كتاب الله طرفه بأيديكم، وطرفه بيد الله فاستمسكوا به لا تزلوا ولا تضلوا، والأصغر عترتي فإن اللطيف الخبير نبأني أنهما لن يفترقا حتى يردا على الحوض، وسألت لذلك لهما ربي، فلا تقدموهم فتهلكوا، ولا تقصروا عنهم
15   فتهلكوا، ولا تعلموهم فهم أعلم منكم))، ثم قال: ((هل تسمعون))، فقالوا نعم فقال: ((أليس تشهدون بأني أولى بالمؤمنين [من أنفسهم])) قالوا: بلى.

فأخذ بيد علي فرفعها ثم قال: ((من كنت مولاه أولى به من نفسه فعلي وليه))، ثم أرسل يد علي ثم قال: ((اللهم وال من والاه، وعاد من عاداه)).

ثم قال زيد بن أرقم حين فرغ من حديثه: والله الذي لا إله إلا هو ما بقي
20   أحد تحت الدوح يسمع ويبصر إلا سمع ذلك من رسول الله –صلى الله عليه وآله وسلم– بأذنه ورآه بعينه. انتهى.

الرجال:

رجال هذا الإسناد قد تقدم الكلام عليهم جميعاً، إلا عبدالله بن بكير، وزيد

بن أرقم:

[ترجمة عبد الله بن بكير، وزيد بن أرقم]

فأما عبدالله بن بكير:

فقال في الجداول: عبد الله بن بكير الغنوي الكوفي، عن وهب بن حبان،
5   وحماد بن بشير، ومحمد بن سوقة.

وعنه علي بن معبد، والحسن بن علي بن فضالة،.

قال أبو حاتم: كان من عُتُق الشيعة.

وقال الساجي: من أهل الصدق، وليس بقوي.

قال مولانا: وثقه المؤيد بالله [وخرج له هو والإمام أبو طالب]. انتهى.

10   وأما زيد بن أرقم(55):

فقال في الجداول أيضاً: زيد بن أرقم بن زيد الخزرجي، شهد ما بعد أحد،
وكان من خواص أمير المؤمنين، شهد صفين، روى عنه عبد الرحمن بن أبي ليلى،
وعبد الأعلى، وعطية العوفي، توفي سنة ستة أو ثمان وستين. انتهى.

[2874 – 122] أمالي المرشد بالله -عليه السلام- [1/200]: وبه قال:
15   أخبرنا أبو القاسم عبدالعزيز علي بن أحمد الأزجي، بقرآءتي عليه، قال: أخبرنا
أبو القاسم عمرو بن محمد بن إبراهيم بن سبنك البجلي، قال: أخبرنا أبو الحسين
عمر بن الحسن بن علي بن مالك الأشناني، قال: حدثنا أبو بكر محمد بن زكريا
المروروذي، قال: حدثنا موسى بن إبراهيم المروزي الأعور، قال: حدثني

_____

(55) زيد بن أرقم الأنصاري الخزرجي، استصغر يوم أحد؛ غزا مع النبي -صلى الله عليه وآله
وسلم- سبع عشرة غزوة، وكان من خواص علي -عليه السلام-، وشهد مع علي -عليه
السلام- صفين، توفي بالكوفة، سنة ثمان وستين، خرج له: أئمتنا الخمسة، والجماعة، عنه: عبد
الرحمن بن أبي ليلى، وعبد الأعلى، وعطية العَوْفي، وغيرهم. [لوامع الأنوار 3/ 101].

موسى بن جعفر بن محمد، قال: حدثني أبي جعفر بن محمد، عن أبيه محمد بن علي، عن أبيه علي بن الحسين، عن أبيه عن علي -عليهم السلام-، قال: قال رسول الله -صلى الله عليه وآله وسلم-: ((أهل بيتي أمان لأهل الأرض كما أن النجوم أمان لأهل السماء، فويل لمن خذلهم وعاندهم)).

[2875 - 123] **وبهذا الإسناد** [202/1] عن علي -عليه السلام-، قال: قال رسول الله -صلى الله عليه وآله وسلم-: ((لا نالت شفاعتي من لم يُخلفني في عترتي)).

[2876 - 124] **وبه** [202/1]: عن علي -عليه السلام-، قال: قال رسول الله -صلى الله عليه وآله وسلم-: ((ويل لأعداء أهل بيتي المستأثرين عليهم، لا نالت لهم شفاعتي ولا رأوا جنة ربي)).

[2877 - 125] **وبه** [202/1]: عن علي -عليه السلام-، قال: قال رسول الله -صلى الله عليه وآله وسلم-: ((نحن أهل بيت شجرة النبوة، ومعدن الرسالة ليس أحد من الخلائق يفضل أهل بيتي غيري)).

[2878 - 126] **وبه** [202/1]: عن علي -عليه السلام-، قال: قال رسول الله -صلى الله عليه وآله وسلم-: ((علي سيد الشهداء، وأبو الشهداء الغرباء)).

[2879 - 127] **وبه** [233/1]: عن علي -عليه السلام-، قال: قال رسول الله -صلى الله عليه وآله وسلم-: ((يقتل ابني حسين بظهر الكوفة الويل لقاتله وخاذله ومن ترك نصرته)).

[2880 - 128] **وبه** [233/1]عن علي -عليه السلام-، قال: قال رسول الله -صلى الله عليه وآله وسلم-: ((الحسين سيد الشهداء، يقتل مظلوماً مغصوباً على حقه)).

[2881 - 129] **وبه** [233/1]: عن علي -عليه السلام-، قال: قال رسول

الله -صلى الله عليه وآله وسلم-: ((أخرجهم عداوة أهل بيتي إلى اليهود، فهم أهل النار)). انتهى.

الرجال:

[ترجمة الأزجي، وعمرو بن محمد، وعمرو بن الحسن، ومحمد بن زكريا، وموسى بن إبراهيم]

قال شيخنا أبو الحسين مجدالدين بن محمد بن منصور المؤيدي، فسح الله في أجله لما تكلم على رجال هذا السند في هامش أمالي المرشد بالله المطبوعة، ما لفظه تقدم ذكر هؤلاء الرواة الخمسة في صفح (18):

أما الأزجي: فمن خلص الزيدية المشهورين.

[هو من أعلام العصابة الزيدية، وحفاظ الطائفية الزكية، توفي سنة أربع وأربعين وأربعمائة](56).

وأما الأربعة: فلم أقف على نص في شأنهم، والذي يظهر أنهم من أتباع العترة -عليهم السلام-، ومحدثي الشيعة وقد تكررت روايتهم لهذا السند المسلسل النبوي.

قلت: والذي تقدم له -رضي الله عنه- في صفح (18) ما نصه هؤلاء الأربعة:

عمرو بن محمد، وعمرو بن الحسن، ومحمد بن زكريا، وموسى بن إبراهيم ترجم لهم في الطبقات، وأفاد ما في السند لا غير، إلا أنه ذكر تاريخ عمرو بن الحسن، وأنه غمزه الدار قطني، والذي يظهر لي أنهم من أولياء العترة، ومحدثي الشيعة المختصين بآل محمد -عليهم السلام-، وروايتهم متكررة لهذا السند

_____

(56) ما بين القوسين زيادة للفائدة، من لوامع الأنوار (1/ 561).

الشريف المسلسل النبوي، والله ولي التوفيق. انتهى.

نعم، ولنورد ما ذكره علامة العصر عبدالله بن أمير المؤمنين الهادي إلى الحق الحسن بن يحيى القاسمي -عليهم السلام- في الجداول، في تراجم هؤلاء الخمسة قال:

5   **عبدالعزيز بن علي بن أحمد بن المفضل** الخياط، الحافظ، أبو القاسم الأزجي البغدادي.

عن علي بن محمد بن كيسان النحوي، ومحمد بن إسماعيل الوراق، وطبقتهما.

وعنه الإمام المرشد بالله، كان من أوسط الزيدية.

وقال: ابن فهد، وكان صاحب حديث وسنة.

10   وقال الخطيب: كتبنا عنه، وكان صدوقاً، توفي في محرم سنة أربع وأربعين وأربعمائة. انتهى.

وقال -رحمه الله-:

عمر بن محمد بن إبراهيم الحريري البجلي البغدادي القاضي، أبو القاسم بن سَبَنْك: عن أبي القاسم البغوي، وعدة، وعنه خلق منهم حفيده محمد بن

15   إسماعيل، وأبو القاسم التنوخي قال الخطيب كان ثقة توفي سنة [ست](57) وسبعين ومائتين. انتهى.

وفي هامش الجداول: سَبَنْك -السين المهملة، ثم الباء الموحدة، ثم النون الموحدة من أعلى، ثم كاف-. انتهى.

---

(57) في الأصل بياض قدر كلمة، وما بين القوسين من لوامع الأنوار (561/1) وقال فيها: هو القاضي، ابن سبنك (بالسين المهملة، فموحدة، فنون، فكاف) المتوفى سنة ست وسبعين ومائتين، ترجم له السيد الإمام رَضِي الله عَنْه، وأفاد أنه وثقه الخطيب.

وقال -عليه السلام-:

عمر بن الحسن بن علي بن عبدالله الشيباني البغدادي، أبو الحسين القاضي الأشناني:

عن علي بن حرب، وحسن بن سلام.

٥ وعنه عبدالله بن محمد القاضي، وابن السمان، غمزه الدارقطني، توفي سنة تسع وثلاثين وثلاثمائة.

وقال رحمه الله:

محمد بن زكريا المروروذي، عن موسى بن إبراهيم المروزي، وعنه عمر بن الحسن الأشناني. انتهى.

١٠ وفي هامش الجداول: المروروذي -برائين مهملتين بينهما واو، ثم ذال معجمة، قبلها واو-، بلد من أعمال خراسان بين بلخ ومرو. انتهى.

وقال -رحمه الله-:

موسى بن إبراهيم المروزي، أبو عمران الأعور.

عن إسحاق بن محمد، وموسى بن جعفر، ووكيع.

١٥ وعنه محمد بن زكريا المروروذي، وأحمد بن عبد الجبار، تكلم فيه. انتهى.

خاتمة

في ذكر المهدي المنتظر عليه السلام

اعلم أن الأحاديث في المهدي المنتظر -عليه السلام- رواها الموالف والمخالف، وهو مما لا شك فيه، وقد تقدم في كتابنا هذا عن أبي أيوب الأنصاري -عليهم السلام-، عنه -صلى الله عليه وآله وسلم-: قوله (ومنا والذي نفس محمد بيده مهدي هذه الأمة)، وقد تكلمنا على رجاله.

[2882 – 130] الهادي -عليه السلام- في الأحكام [2/ 346]: قال يحيى بن الحسين -صلوات الله عليه-: بلغنا عن زيد بن علي -عليهما السلام- أنه قال: (نحن الموتورون، ونحن طلبة الدم، والنفس الزكية من ولد الحسن، والمنصور من ولد الحسن، كأني بشيبات النفس الزكية وهو خارج من المدينة يريد مكة، فإذا قتله القوم لم يبق لهم في الأرض ناصر، ولا في السماء عاذر، وعند ذلك يقوم قائم آل محمد -صلى الله عليه وآله وسلم- ملجئ ظهره إلى الكعبة، بين عينيه نور ساطع لا يعمى عنه إلا أعمى القلب في الدنيا والآخرة).

قال: فقال أبو هاشم بياع الرمان: يا أبا الحسين وما ذلك النور؟.

فقال: (عدله فيكم وحجته على الخلائق).

[2883 – 131] قال: وبغلنا رسول الله -صلى الله عليه وآله وسلم- أنه قال: ((تكردس الفتن في جراثيم العرب حتى لا يقال الله، ثم يبعث الله قوماً يجتمعون كما يجتمع قزع الخريف، فهنالك يحيي الله الحق ويميت الباطل). انتهى.

وفي الباب في فضل أهل البيت أحاديث كثيرة، سنورد بعضاً منه إن شاء الله في مؤلف خاص.

كتاب الزهد

والإرشاد إلى مكارم

بسم الله الرحمن الرحيم

كتاب الزهد والإرشاد إلى مكارم الأخلاق

باب القول في الأمر بالمعروف والنهي عن المنكر

الهادي -عليه السلام- في الأحكام [2/ 375]: قال يحيى بن الحسين:

[2884 - 132] بلغنا عن رسول الله -صلى الله عليه وآله وسلم- أنه قال: ((لتأمرنَّ بالمعروف ولتنهنَّ عن المنكر، أو ليسلطن الله عليكم شراركم، فيسومونكم سوء العذاب، ثم يدعو خياركم؛ فلا يستجاب لهم، حتى إذا بلغ الكتاب أجله كان الله المتنصر لنفسه، ثم يقول: ما منعكم إذ رأيتموني أعصى فلا تغضبوا لي)).

[2885 - 133] **وفيه**: ما بلغنا عن رسول الله -صلى الله عليه وآله وسلم- أنه قال: ((إن الله بعثني بالرحمة والملحمة، وجعل رزقي في ظل رمحي، ولم يجعلني حراثاً ولا تاجراً، ألا إن من شرار عباد الله الحراثين والتجار إلاَّ من أخذ الحق وأعطى الحق))، ثم تلى قول الله -سبحانه-: ﴿يَا أَيُّهَا النَّبِيُّ جَاهِدِ الْكُفَّارَ وَالْمُنَافِقِينَ وَاغْلُظْ عَلَيْهِمْ وَمَأْوَاهُمْ جَهَنَّمُ وَبِئْسَ الْمَصِيرُ ﴿٧٣﴾﴾ [التوبة])).

[2886 - 134] **مجموع زيد بن علي -عليهما السلام-** [275]: حدثني زيد بن علي، عن أبيه، عن جده، قال: (أول ما تغلبون عليه الأمر بالمعروف والنهي عن المنكر بأيديكم، ثم بألسنتكم، ثم بقلوبكم، فإذا لم ينكر القلب المنكر ويعرف المعروف نُكِسَ، فجعل أعلاه أسفله).

[2887 - 135] **وفيه بهذا الإسناد** [276]: عن علي -عليه السلام- قال: (لتأمرن بالمعروف ولتنهن عن المنكر، أو ليسلطنّ الله عليكم شراركم، ثم يدعو

خياركم، فلا يستجاب لهم).

[2888 - 136] وفيه بهذا الإسناد [276]: عن علي -عليه السلام-، قال: قال رسول الله -صلى الله عليه وآله وسلم-: ((لا قدست أمة لا تأمر بالمعروف، ولا تنهى عن منكر، ولا تأخذ على يد الظالم، ولا تعين المحسن، ولا ترد المسيء عن إساءته)). انتهى.

[2889 - 137] أبو طالب -عليه السلام- في الأمالي [403]: أخبرنا أبو أحمد علي بن الحسين البغدادي الديباجي، قال: حدَّثنا علي بن عبدالرحمن بن عيسى بن زيد بن ماتي، قال: حدَّثنا محمد بن منصور، قال: حدَّثنا أحمد بن عيسى، عن حسين، عن أبي خالد، عن زيد بن علي، عن أبيه، عن آبائه، عن علي -صلوات الله عليهم-، قال: قال رسول الله -صلى الله عليه وآله وسلم-: ((لتأمرنَّ بالمعروف، ولتنهنَّ عن المنكر، أو ليسلطن الله عليكم شراركم حتى يدعو خياركم ؛ فلا يستجاب لهم)).

[2890 - 138] وفيه [405]: حدَّثنا أبو عبدالله أحمد بن محمد البغدادي، قال: حدَّثني أبو القاسم عبدالعزيز بن إسحاق بن جعفر الكوفي، قال: حدَّثني علي بن محمد بن كأس النخعي، قال: حدَّثني سليمان بن إبراهيم المحاربي، قال: حدَّثنا نصر بن مزاحم المنقري، قال: حدَّثني إبراهيم بن الزبرقان التيمي، قال: حدَّثني أبو خالد الواسطي، قال: حدَّثني زيد بن علي عن أبيه، عن جده، عن علي -صلوات الله عليهم-، قال: قال رسول الله -صلى الله عليه وآله وسلم-: ((من دعا عبداً من شركٍ إلى الإسلام كان له من الأجر كعتق رقبة من ولد إسماعيل -عليه السلام-)).

قال: وقال علي -صلوات الله عليه-: (من دعا عبداً من ضلالٍ إلى معرفة حق، فأجابه كان له من الأجر كعتق رقبة).

قال: وقال زيد بن علي -عليهما السلام-: (من أمر بمعروف، أو نهى عن

منكر أطيع أو عصي كان بمنزلة المجاهد في سبيل الله).

[2891- 139] **وفيه** [407]:: أخبرنا أبي، قال: أخبرنا عبدالله بن سلام، قال: أخبرنا أبي، قال: أخبرنا محمد بن منصور، قال: حدَّثني أبو عبدالله - يعني أحمد بن عيسى -، عن حسين بن علوان، عن أبي خالد، عن زيد بن علي، عن أبيه، عن جده، عن علي -عليهم السلام-، قال: قال رسول الله -صلى الله عليه وآله وسلم-: ((من دعا عبداً من الشرك إلى الإسلام ؛ فأجابه كان له من الأجر كعتق رجل من ولد يعقوب -عليه السلام-)) .

[2892- 140] **وفيه أيضا** [410]: أخبرنا أبو عبدالله محمد بن زيد الحسيني، قال: حدَّثنا الناصر للحق الحسن بن علي -عليه السلام-، قال: أخبرنا محمد بن علي بن خلف، عن حسن بن صالح، قال: حدَّثنا خالد بن مختار، عن أبي حمزة الثمالي، قال: قال أمير المؤمنين صلوات الله عليه: (إنما هلك من كان قبلكم بارتكابهم المعاصي، ثم لم ينههم الربانيون والأحبار، فلما فعلوا ذلك نزلت بهم العقوبات، ألا فمرو بالمعروف، وانهوا عن المنكر قبل أن ينزل بكم ما نزل بهم، الأمر بالمعروف، والنهي عن المنكر لا يقدم أجلاً، ولا يدفع رزقاً). انتهى.

رجال هذه الأسانيد من ثقات محدثي الشيعة وقد مر الكلام عليهم جميعا.

[2893- 141] **مجموع زيد بن علي -عليهما السلام-** [260]: حدثني زيد بن علي، عن أبيه، عن جده، عن علي -عليهم السلام-، قال: قال رسول الله -صلى الله عليه وآله وسلم-: ((من دعا عبداً من شركٍ إلى الإسلام كان له من الأجر كعتق رقبة من ولد إسماعيل)).

قال: وقال الحسين بن علي بن أبي طالب -عليه السلام-: (من دعا عبداً من ضلالةٍ إلى معرفة حق، فأجابه كان له من الأجر كعتق رقبة) .

قال: وقال زيد بن علي -عليه السلام-: (من أمر بمعروف، أو نهى عن منكر أطيع أم عصي كان بمنزلة المجاهد في سبيل الله). انتهى.

الهادي -عليه السلام- في الأحكام [2/ 405]: قال يحيى بن الحسين - صلوات الله عليه-: من دعا إلى الله؛ فأجيب، كان له مثل أجر كل من أجابه غير منتقص من أجر المجيبين، والدعاء إلى الله فأكبر الأعمال، وفي ذلك ما يقول ذو الجلال والإكرام: ﴿ ٱتۡلُ مَآ أُوحِيَ إِلَيۡكَ مِنَ ٱلۡكِتَٰبِ وَأَقِمِ ٱلصَّلَوٰةَ إِنَّ ٱلصَّلَوٰةَ تَنۡهَىٰ عَنِ ٱلۡفَحۡشَآءِ وَٱلۡمُنكَرِ وَلَذِكۡرُ ٱللَّهِ أَكۡبَرُ وَٱللَّهُ يَعۡلَمُ مَا تَصۡنَعُونَ ٤٥ ﴾ [العنكبوت]، والذكر لله هاهنا: هو الدعاء إلى الله.

وفي ذلك ما حدَّثني أبي، عن أبيه: أنه كان يقول في قول الله سبحانه: ﴿ وَلَذِكۡرُ ٱللَّهِ أَكۡبَرُ ﴾ [العنكبوت:45] قال: ذكر الله هاهنا: هو الدعاء إلى الله.

قال يحيى بن الحسين -رضي الله عنه-: ويدخل مع ذكر الله من ذلك شغل القلب في التفكر في جلال الله وقدرته وعظمته وسلطانه، والذكر له بما ذكر به نفسه من توحيده، وعدله، وصدق، وعده، ووعيده .

[2894 - 142] قال: وبلغنا عن رسول الله -صلى الله عليه وآله وسلم- أنه قال: ((لا يحل لعين ترى الله يعصى فتطرف حتى تغيره)).

قال يحيى بن الحسين -رضي الله عنه-: يجب هذا الفرض على من أطاق التغيير، ومن لم يطق التغيير وجب عليه الهجرة لذلك الموضع الذي يعصى فيه الرحمن، ويطاع فيه الشيطان، إلى منكب من مناكب أرض الله لا يرى فيه الفاسقين، ولا تجري عليه فيه أحكام الظالمين، من سهلها أو جبالها، فإن الله -عز وجل- يقول: ﴿ إِنَّ ٱلَّذِينَ تَوَفَّىٰهُمُ ٱلۡمَلَٰٓئِكَةُ ظَالِمِيٓ أَنفُسِهِمۡ قَالُواْ فِيمَ كُنتُمۡ قَالُواْ كُنَّا مُسۡتَضۡعَفِينَ فِي ٱلۡأَرۡضِ قَالُوٓاْ أَلَمۡ تَكُنۡ أَرۡضُ ٱللَّهِ وَٰسِعَةً فَتُهَاجِرُواْ فِيهَا فَأُوْلَٰٓئِكَ مَأۡوَىٰهُمۡ جَهَنَّمُ وَسَآءَتۡ مَصِيرًا ٩٧ ﴾ [النساء]. انتهى.

باب القول في اكتساب الخير ونفع المؤمنين والرغيب فيهما

[2895 - 143] أبو طالب -عليه السلام- في الأمالي [428]: حدَّثنا أبو العباس أحمد بن إبراهيم الحسني -رحمه الله-، إملاءً، قال: حدَّثنا محمد بن بلال،

قال: حدَّثنا محمد بن عبدالعزيز، قال: حدَّثنا محمد بن بكر، عن أبي الجارود –
رضي الله عنه–، قال: حدَّثني يحيى بن زيد بن علي، قال: حدَّثني أبي، عن آبائه،
عن علي –عليهم السلام–، قال: قال رسول الله –صلى الله عليه وآله وسلم–:
((إن الله تعالى في آخر ساعة تبقى من الليل يأمر بباب من أبواب سماء الدنيا

5   فيفتح، ثم ينادي ملك، فيُسمع ما بين الخافقين إلا الإنس والجن:

ألا هل من مستغفر فيغفر له؟.

ألا هل من تائب فيتاب عليه؟، هل من داعٍ بخيرٍ فيستجاب له؟.

هل من سائل فيعطى سؤله ؟ هل من راغب فيعطى رغبته؟.

يا صاحب الخير هَلُمّ، يا صاحب الشر أقْصِر.

10   اللهم أعط منفقَ مالٍ خلفاً، اللهم أعط ممسك مالٍ تلفاً، فإذا كانت ليلة
الجمعة فتح من أول الليل إلى آخره)). انتهى.

رجال هذا الإسناد من ثقات محدثي الشيعة وقد مر الكلام عليهم.

[2896 – 144] وفي أمالي أبي طالب –عليه السلام– أيضاً [429]: حدَّثنا
أبو الحسين يحيى بن الحسين بن محمد بن عبيدالله الحسني –رحمه الله–، قال:

15   حدَّثنا علي بن محمد بن مهرويه القزويني، قال: حدَّثنا داوود بن سليمان الغازي،
قال: حدَّثني علي بن موسى الرضا، عن أبيه موسى، عن أبيه جعفر بن محمد،
عن أبيه محمد بن علي، عن أبيه علي بن الحسين، عن أبيه الحسين بن علي، عن أبيه
علي –صلوات الله عليهم–، قال: قال رسول الله –صلى الله عليه وآله وسلم–:
((من ترك معصية مخافة من الله تعالى أرضاه الله يوم القيامة)). انتهى.

20   رجال هذا الإسناد من ثقات محدثي الشيعة الشيعة وقد مر الكلام عليهم.

[2897 – 145] مجموع زيد بن علي –عليها السلام– [262]: حدثني زيد
بن علي، عن أبيه، عن جده، عن علي –عليهم السلام–، قال: قال رسول الله –

صلى الله عليه وآله وسلم-: ((أربعة لهم أجران: رجل كانت له أمة فأدَّبها وأحسن أدبها، ثم أعتقها ونكحها فله أجران.

ورجل أدخل الله عليه الرق في الدنيا، فأدَّى حقّ الله وحق مواليه، فله أجران.

ورجل شفع شفاعة خير أجراه الله على يديه كان له أجران.

5   ورجل من أهل الكتاب آمن بنبيئه، وآمن بي، فله أجران)). انتهى.

الهادي -عليه السلام- في الأحكام [2/ 395]: قال يحيى بن الحسين - صلوات الله عليه-:

[2898 - 146] بلغنا عن عبدالله بن الحسن، عن أبيه، عن جده، قال: قال رسول الله -صلى الله عليه وآله وسلم-: ((إن من أوجب المغفرة إدخالك
10   السرور على أخيك المسلم)).

[2899 - 147] وبلغنا: عن جعفر بن محمد، عن أبيه، عن آبائه -عليه السلام-، قال: (من قضى لمؤمن حاجة قضى الله له حوائج كثيرة إحداهن الجنَّة، ومن نفس عن مؤمن كربة نفس الله عنه كرباً يوم القيامة، ومن أطعمه من جوع أطعمه الله من ثمار الجنة، ومن سقاه من عطش سقاه الله يوم القيامة من الرحيق
15   المختوم، ومن كساه ثوباً كان في ضمان الله ما بقي عليه من ذلك الثوب سلك، والله لقضاء حاجة المؤمن أفضل من صوم شهر واعتكافه).

[2900 - 148] وبلغنا: أن رجلاً أتى الحسين بن علي -عليه السلام- في حاجة يسأله أن يقوم معه [فيها]، فقال: إني معتكف، فجاء إلى الحسن بن علي - عليهما السلام-، فقال: إني أتيت أبا عبدالله في حاجة ليقوم معي، فقال: إني
20   معتكف، فقام معه الحسن في حاجته، وجعل طريقه على الحسين -عليهما السلام-، فقال: يا أخي ما منعك أن تقوم مع أخيك في حاجته؟، فقال: إني معتكف، فقال الحسن -عليه السلام-: لأن أقوم مع أخي المسلم في حاجته أحب إليَّ من اعتكاف شهر. انتهى.

[2901 - 149] **أبو طالب -عليه السلام- في الأمالي** [443]: أخبرنا أبو الحسين علي بن إسماعيل الفقيه -رحمه الله-، قال: أخبرنا الناصر للحق الحسن بن علي -عليه السلام-، قال: حدَّثنا محمد بن منصور، عن حسين بن نصر، عن خالد، عن حصين، عن جعفر بن محمد، عن أبيه، عن جده، عن علي صلوات الله عليه، قال: قال رسول الله -صلى الله عليه وآله وسلم-: ((من عرف لكبير سنه، فوقره، أمَّنَه الله من فزع يوم القيامة)).

[2902 - 150] **وقال أيضاً -رضي الله عنه-** [443]: أخبرنا أبو العباس أحمد بن إبراهيم الحسني -رحمه الله-، قال: أخبرنا أبو زيد عيسى بن محمد العلوي، قال: حدَّثنا محمد بن منصور، قال: حدَّثنا عبدالله بن داهر، عن عمرو بن جميع، عن عبد الله بن الحسن بن الحسن، عن أبيه، عن جده -صلوات الله عليهم-، قال: قال رسول الله -صلى الله عليه وآله وسلم-: ((إن من أوجب المغفرة إدخالك السرور على أخيك المسلم)).

[2903 - 151] **وقال أيضاً -رضي الله عنه-** [443]: أخبرنا أبو الحسين علي بن إسماعيل الفقيه، قال: أخبرنا الناصر للحق الحسن بن علي -عليه السلام-، قال: أخبرنا محمد بن منصور، عن حسين بن نصر، عن خالد، عن حصين بن مخارق، عن جعفر بن محمد، عن أبيه، عن جده -صلوات الله عليهم-، قال: قال رسول الله -صلى الله عليه وآله وسلم-: ((من أصبح لا يهتم بأمر المسلمين فليس من المسلمين، ومن سمع مسلماً ينادي يا للمسلمين فلم يجب فليس من المسلمين)).

[2904 - 152] **وقال أيضاً -رضي الله عنه-** [443]: أخبرنا أبو أحمد عبدالله بن عدي الحافظ، قال: أخبرنا محمد بن محمد بن الأشعث الكوفي، قال: حدَّثنا موسى بن إسماعيل بن موسى بن جعفر، [قال: حدَّثني أبي إسماعيل بن موسى بن جعفر]، عن أبيه، عن جده جعفر بن محمد، عن أبيه، عن جده علي بن الحسين، عن أبيه، عن علي بن أبي طالب -عليهم السلام-، قال: قال رسول الله

-صلى الله عليه وآله وسلم-: ((أثبت الأعمال ثلاثة: إنصاف الناس من نفسك، ومواساة الأخ في الله، وذكر الله على كل حال)). انتهى.

رجال هذه الأسانيد من ثقات محدثي الشيعة وقد تقدم الكلام عليهم.

[2905 - 153] **المرشد بالله -عليه السلام- في الأمالي** [2/ 242]:: أخبرنا أبو القاسم عبدالعزيز بن علي بن أحمد الأزجي بقراءتي عليه، قال: أخبرنا عمر بن الحسن بن علي بن مالك الأشناني، قال: حدَّثنا أبو بكر محمد بن زكريا المروروذي، قال: حدَّثنا موسى بن إبراهيم المروزي الأعور، قال: حدَّثني موسى بن جعفر بن محمد، عن أبيه جعفر بن محمد، عن أبيه محمد بن علي، عن أبيه علي بن الحسين، عن أبيه علي -عليهم السلام-، قال: قال رسول الله -صلى الله عليه وآله وسلم-: ((من أنعش حقاً لمؤمن بلسانه أو دفع عنه ضيماً دخل الجنة)). انتهى.

رجال هذا الإسناد قد مر الكلام عليهم وهم من ثقات محدثي الشيعة.

باب القول في بر الوالدين وصلة الرحم

[2906 - 154] **مجموع زيد بن علي -عليهما السلام-** [271]: حدثني زيد بن علي، عن أبيه، عن جده، عن علي -عليهم السلام-، قال: (بر الوالدين، وصلة الرحم، واصطناع المعروف زيادة في الرزق، وعمارة في الديار، وأهل المعروف في الدنيا هم أهل المعروف في الآخرة).

[2907 - 155] **وفيه** [273]: حدثني زيد بن علي، عن أبيه، عن جده، عن علي -عليهم السلام-: قال: أتى رسول الله -صلى الله عليه وآله وسلم- رجل، فقال: يا رسول الله من أحق الناس مني بحسن الصحبة وبالبر؟ قال: ((أمك))، قال: ثُم مَن؟ قال: ((أمك))، قال: ثم مَن؟، قال: ((أمك))، قال: ثم مَن؟، قال: ((أبوك))، قال: ثم مَنْ؟، قال: ((أقاربك، أدناك أدناك)). انتهى.

[2908- 156] **صحيفة علي بن موسى الرضا -عليهما السلام-** [487]: بسنده عن أبيه، عن آبائه، عن أبي جعفر -عليهم السلام-، قال: (أدنى العقوق أف، ولو علم الله شيئاً أهون من أف لنهى عنه). انتهى.

[2909- 157] **وبه** [488]: عن أبي عبدالله جعفر بن محمد -عليهم السلام-، قال: (صلة الرحم، وحسن الأخلاق زيادة في الإيمان).

[2910- 158] **وبه** [488]: عن علي -عليه السلام-، قال: قال رسول الله -صلى الله عليه وآله وسلم-: ((من يضمن لي واحدة ضمنت له أربعاً: يصل رحمه: فيحبه أهله، ويوسع عليه في رزقه، ويزاد في أجله، ويدخله الله الجنَّة التي وعده)).

[2911- 159] **وبه**: قال: حدثني محمد بن علي -عليه السلام-، قال: (صلة الأرحام وحسن الجوار زيادة في الأموال).

[2912- 160] **وبه**: قال علي بن أبي طالب -عليه السلام-: (سمعت رسول الله -صلى الله عليه وآله وسلم- يقول: ((إني أخاف عليكم استخفافاً بالدين، وبيع الحكم، وقطيعة الرحم، وأن تتخذوا القرآن مزامير تقدمون أحدكم وليس بأفضلكم في الدين). انتهى.

[2913- 161] **المرشد بالله -عليه السلام- في الأمالي** [2/ 126]: أخبرنا أبو القاسم عبدالعزيز بن علي بن أحمد الأزجي بقرآءتي عليه، قال: حدَّثنا أبو بكر محمد بن أحمد [بن محمد] المفيد، قال: حدَّثنا محمد بن أحمد بن الهيثم بن صالح التميمي، قال: حدَّثنا الحسين بن القاسم بن إبراهيم بن إسماعيل بن إبراهيم بن الحسن بن الحسن بن علي بن أبي طالب -عليهم السلام-، قال: حدَّثني الحسين بن عبدالله العلوي، قال: حدَّثني الحسين بن زيد بن علي، عن جعفر بن محمد، قال: حدَّثني أبي محمد بن علي، عن أبيه علي بن الحسين، عن جده الحسين بن علي، عن علي بن أبي طالب -عليهم السلام-: أن النبي -صلى الله عليه وآله

وسلم- قال: ((إن الرجل ليصل رحمه وقد بقي من عمره ثلاث سنين، فيمدها الله إلى ثلاث وثلاثين سنة)). انتهى.

رجال هذا الإسناد قد مر الكلام عليهم، وهم من ثقات محدثي الشيعة.

الهادي -عليه السلام- في الأحكام [2/394]: قال يحيى بن الحسين - صلوات الله عليه-:

[2914 - 162] بلغنا عن زيد بن علي، عن آبائه، عن علي -عليه السلام-، قال:(صعد رسول الله -صلى الله عليه وآله وسلم- المنبر، فقال: ((يا أيها الناس: إن جبريل أتاني فقال: يا محمد من أدرك أبويه أو أحدهما، فمات، فدخل النار، فأبعده الله، قل: آمين، فقلت: آمين)).

[2915 - 163] وبلغنا: عن علي -عليه السلام-، أنه قال: (إن الرجل ليكون باراً بوالديه في حياتهما، فيموتان فلا يستغفر لهما، فيكتبه الله عاقاً، وإن الرجل ليكون عاقاً لهما في حياتهما، فيموتان، فيستغفر لهما، فيكتبه الله باراً).

[2916 - 164] وبلغنا: عن زيد بن علي، عن آبائه، عن علي -عليه السلام-، أنه قال: قال رسول الله -صلى الله عليه وآله وسلم-: ((من أحب أن يمد له في عمره، ويبسط له في رزقه، ويستجاب له الدعاء، ويدفع عنه ميتة السوء، فليطع أبويه في طاعة الله، وليصل رحمه، وليعلم أن الرحم معلقة بالعرش، تأتي يوم القيامة لها لسان طلق ذلق، تقول: اللهم صل من وصلني، اللهم اقطع من قطعني، قال: فيجيبها الله تبارك وتعالى: إني قد استجبت دعوتك، فإن العبد لقائم يرى أنه بسبيل خير حتى تأتيه الرحم، فتأخذ بهامته فتذهب به إلى أسفل درك من النار، بقطيعته إياها كان في دار الدنيا)).

[2917 - 165] وبلغنا: عن زيد بن علي، عن آبائه، عن علي بن أبي طالب -عليه السلام-، أنه قال: قال رسول الله -صلى الله عليه وآله وسلم-: ((إن من تعظيم إجلال الله أن يجل الأبوين في طاعة الله)).

[2918 – 166] وبلغنا: عن رسول الله –صلى الله عليه وآله وسلم– أنه قال: ((النظر في كتاب الله عبادة، والنظر إلى البيت الحرام عبادة، والنظر في وجوه الوالدين إعظاماً لهما، وإجلالاً لهما عبادة)).

[2919 – 167] وبلغنا: عن الحسين بن علي –عليهما السلام– أنه قال: قال
5 رسول الله –صلى الله عليه وآله وسلم–: ((إن الرجل ليصل رحمه، وقد بقي من عمره ثلاث، فيجعلها الله ثلاثاً وثلاثين، وإن الرجل ليقطع رحمه وقد بقي من عمره ثلاث وثلاثين، فيجعلها الله ثلاثاً)).

[2920 – 168] قال: وبلغنا: عن رسول الله –صلى الله عليه وآله وسلم– أنه قال: ((من يضمن لي واحدة أضمن له أربعاً: من يصل رحمه فيحبه أهله،
10 ويكثر ماله، ويطول عمره، ويدخل جنَّة ربه)). انتهى.

باب القول في الاستغفار

[2921 – 169] مجموع زيد بن علي –عليهما السلام– [275]: حدثني زيد بن علي، عن أبيه، عن جده، عن علي –عليهم السلام–، قال: سمعت رسول الله –صلى الله عليه وآله وسلم– يقول: ((من قال: أستغفر الله الذي لا إله إلاَّ هو
15 وأتوب إليه، ثم مات، غفر الله ذنوبه، ولو كانت مثل زبد البحر ورمل عالج (58)). انتهى.

[2922 – 170] أبو طالب –عليه السلام– في الأمالي [350]: حدَّثنا أبو عبدالله أحمد بن محمد البغدادي، قال: حدَّثنا أبو القاسم عبدالعزيز بن إسحاق بن جعفر الزيدي، قال: حدَّثنا علي بن محمد النخعي، قال: حدَّثنا سليمان بن
20 إبراهيم المحاربي، قال: حدَّثنا نصر بن مزاحم المنقري، قال: حدَّثنا إبراهيم بن الزبرقان التيمي، قال: حدَّثنا أبو خالد الواسطي، قال: حدَّثني زيد بن علي، عن

_____

(58) هو موضع بين مكة والمدينة كثير الرملة تمت مؤلف

أبيه، عن جده، عن علي -عليهم السلام-، قال: سمعت رسول الله -صلى الله عليه وآله وسلم- يقول: ((من قال: أستغفر الله الذي لا إله إلاَّ هو وأتوب إليه، ثم مات، غفرت ذنوبه ولو كانت أكثر من زبد البحر ورمل عالج)). انتهى.

[2923- 171] **محمد بن منصور المرادي -عليهم السلام-، في كتاب الذكر** [117]: حدثنا محمد، قال: حدثني علي بن أحمد بن عيسى بن زيد، عن أبيه، عن حسين بن علوان، عن عمرو بن خالد، عن أبي هاشم، عن زاذان، عن سلمان، قال: سمعت رسول الله -صلى الله عليه وآله وسلم- يقول: ((عودوا ألسنتكم الاستغفار، فإن الله لم يعلمكم الاستغفار إلا وهو يريد أن يغفر لكم)).

[2924- 172] **وبه**: عن سلمان -رضي الله عنه-، قال: سمعت رسول الله -صلى الله عليه وآله وسلم- يقول ـ وأتاه رجل فشكى إليه بعض ما يكون منه- فقال: ((أين أنت عن الاستغفار))، ثم قال رسول الله -صلى الله عليه وآله وسلم-: ((من ختم يومه يقول عشراً: أستغفر الله الذي لا إله إلا هو الحي القيوم وأتوب إليه، اللهم اغفر لي وتب علي، إنك أنت التواب الرحيم، إلا غفر الله له ما كان في يومه، أو قالها في ليلته إلا غفر الله له ما كان في ليله)). انتهى.

رجال هذا الإسناد قد مر الكلام عليهم جميعاً، وهم من ثقات محدثي الشيعة.

الهادي -عليه السلام- في الأحكام [2/ 389]: قال يحيى بن الحسين -صلوات الله عليه-:

[2925- 173] بلغنا عن رسول الله -صلى الله عليه وآله وسلم- أن رجلاً أتاه فشكى إليه بعض ما يكون منه، فقال له: ((أين أنت عن الاستغفار ؟))، ثم قال رسول الله -صلى الله عليه وآله وسلم-: ((من ختم يومه يقول -عشر مرات-: أستغفر الله الذي لا إله إلاَّ هو الحي القيوم وأتوب إليه، اللهم اغفر لي وتب علي إنك أنت التواب الرحيم، إلاَّ غفر الله له ما كان من يومه، أو قالها في ليل إلاَّ غفر الله له ما كان في ليلته)) .

قال يحيى بن الحسين -رضي الله عنه-: ذلك لمن كان تائباً منيباً مخلصاً له توبته، فأما من كان عاصياً مقيماً على المعاصي غير مقلع عنها، ولا تائب إلى الله مخلصاً منها، فلو [أنه] استغفر الله سبحانه في كل يوم وليلة مائة ألف ألف مرة، لم يغفر الله له، وكيف يغفر له ذنباً وهو مقيم عليه، أو يكون راجعاً إلى الله منه وهو داخل فيه. انتهى.

[2926 - 174] أبو طالب -عليه السلام- في الأمالي [351]: أخبرنا عبدالله بن عدي الحافظ، قال: أخبرنا محمد بن محمد بن الأشعث الكوفي بمصر سنة خمس وثلاثمائة، قال: حدَّثني موسى بن إسماعيل بن موسى بن جعفر، قال: حدَّثني أبي إسماعيل بن موسى، عن أبيه، عن جده جعفر بن محمد، عن أبيه، عن جده علي بن الحسين، عن أبيه، عن علي -صلوات الله عليهم-، قال: قال رسول الله -صلى الله عليه وآله وسلم-: ((لكل داءٍ دواء، ودواء الذنوب الاستغفار)). انتهى.

رجال هذا الإسناد قد مر الكلام عليهم وهم من ثقات محدثي الشيعة.

[2927 - 175] المرشد بالله -عليه السلام- في الأمالي [1/364]: أخبرنا القاضي أبو القاسم علي بن المحسن بن علي التنوخي بقرآءتي عليه، قال: أخبرنا أبو محمد سهل بن أحمد بن عبدالله بن سهل الديباجي، قال: حدَّثنا أبو علي محمد بن محمد بن الأشعث الكوفي بمصر، قال: حدثني موسى بن إسماعيل بن موسى بن جعفر بن محمد، قال: حدثنا أبي، عن أبيه، عن جده جعفر بن محمد، عن أبيه، عن جده علي بن الحسين، عن أبيه، عن علي -عليهم السلام-، قال: قيل يا رسول الله، ما الذي يباعد الشيطان منّا؟.

قال: ((الصوم، ويسود وجهه، ويكسر ظهره، والحب في الله، والمواظبة على العمل الصالح يقطع دابره، والاستغفار يقطع وتينه)). انتهى.

رجال هذا الإسناد قد مر الكلام عليهم، وهم من ثقات محدثي الشيعة رضي الله عنهم.

[2928 - 176] أبو طالب -عليه السلام- في الأمالي [352]: أخبرنا أبو
أحمد عبدالله بن عدي الحافظ، قال: أخبرنا محمد بن محمد بن الأشعث الكوفي،
بمصر سنة خمس وثلاثمائة، قال: حدَّثني موسى بن إسماعيل بن موسى بن
جعفر، قال: حدَّثني أبي إسماعيل بن موسى، عن أبيه، عن جده جعفر بن محمد،
عن أبيه، عن جده علي بن الحسين، عن أبيه، عن علي -صلوات الله عليهم-،
قال: قال رسول الله -صلى الله عليه وآله وسلم-: ((خير الدعاء الاستغفار،
وخير العبادة قول لا إله إلاَّ الله)). انتهى.

رجال هذا الإسناد قد مر الكلام عليهم.

[2929 - 177] المرشد بالله -عليه السلام- في الأمالي [294/1]: أخبرنا
الشريفان أبو محمد الحسن، وأبو طاهر إبراهيم ابنا الشريف الجليل أبي الحسن محمد
بن عمر الحسيني الزيدي الكوفي، قالا: أخبرنا أبو المفضل محمد بن عبدالله بن
الشيباني، قال: حدَّثنا أبو علي أحمد بن محمد بن الحسين بن إسحاق بن جعفر بن
محمد العريضي -بحران-، قال: حدَّثنا جدي الحسين بن إسحاق، عن أبيه إسحاق
بن جعفر، عن أخيه موسى بن جعفر، عن أبيه جعفر بن محمد، عن آبائه، عن علي -
عليهم السلام-، عن النبي -صلى الله عليه وآله وسلم- قال: ((يقول الله -عز
وجل- ما من مخلوق يعتصم بمخلوق دوني إلاَّ قطعت به أسباب السماوات
وأسباب الأرض من دونه، فإن سألني لم أعطه، وإن دعاني لم أجبه.

وما من مخلوق يعتصم بي دون خلقي إلاَّ ضمنت له السماوات والأرض
رزقه، فإن دعاني أجبته، وإن سألني أعطيته، وإن استغفرني غفرت له)). انتهى.

الرجال:

[تراجم: الحسن وإبراهيم ابني محمد، وشيخهما أبي المفضل]

أما الشريفان أبو محمد الحسن، والشريف أبو طاهر إبراهيم: فهما ابنا الشريف
الجليل أبي الحسن، محمد بن عمر بن يحيى بن الحسين بن الإمام الأعظم زيد بن

علي بن الحسين بن علي بن أبي طالب -صلوات الله عليهم-، عن أبي المفضل محمد بن عبدالله الشيباني، وعنهما المرشد بالله -عليه السلام-، لم أقف لهما على تاريخ وفاة، وكانا من الزيدية الأخيار رضي الله عنهما.

وأما شيخهما، شيعي العترة النبوية: فهو محمد بن عبدالله بن محمد بن محمد بن عبدالله، ويقال: - ابن همام- أبو المفضل، -أو الفضل- الشيباني، الكوفي الحافظ البغدادي.

سمع مجموع زيد بن علي: من علي بن محمد بن الحسن بن كأس النخعي قرآءة عليه من كتابه.

وسمع صحيفة زين العابدين: عن أبي عبدالله، جعفر بن محمد بن جعفر الحسيني.

وروى عن ابن جرير الطبري، والبغوي وخلق كثير.

وروى عنه المجموع أبو سعد عبدالرحمن بن الحسن النيسابوري، والصحيفة محمد بن محمد العكري.

وعنه أيضاً أبو عبدالله العلوي فأكثر، وجماعة، منهم الشريفان إبراهيم والحسن ابنا أبي الحسن محمد بن عمر المتقدم ذكرهما.

قال الذهبي: كان حافظاً عارفاً، وعض منه كعادته.

وكتب عنه الدارقطني، هكذا أفاده علامة العصر -رحمه الله- في الجداول.

وقال -رحمه الله-: وثقه القاضي جعفر -رحمه الله-، توفي سنة سبع وثمانين وثلاثمائة، [وله تسعون سنة].

[ترجمة أحمد بن محمد بن الحسين بن إسحاق، وبعض آبائه]

وأما أبو علي: أحمد بن محمد، فهو الشريف الجليل أحمد بن محمد بن الحسين

بن إسحاق بن جعفر بن محمد بن علي بن الحسين بن علي بن أبي طالب.

عن جده الحسين بن إسحاق.

وعنه أبو المفضل محمد بن عبدالله الشيباني، لم أقف له على تاريخ وفاة.

وأما جده:

فهو الحسين بن إسحاق بن جعفر بن محمد بن علي بن الحسين.

عن أبيه.

وعنه ولد ابنه أحمد بن محمد بن الحسين بن إسحاق، لم أقف له على تاريخ وفاة.

وأما إسحاق بن جعفر:

فهو إسحاق بن جعفر بن محمد الصادق، أبو محمد.

عن أبيه، وأخيه موسى بن جعفر، وعبدالله بن جعفر بن ميمون.

وعنه ولده الحسين بن إسحاق، وابن عيينة، ويعقوب بن كاسب، وغيرهم.

ادعت طائفة من الإمامية أنه المهدي المنتظر، توفي بعد المائتين، سلام الله عليه وعلى آبائه.

وأما موسى بن جعفر، عن آبائه: فقد مر الكلام عليهم جميعاً.

[2930- 178] **صحيفة علي بن موسى الرضا -عليهما السلام-** [443]: عن أبيه عن آبائه، عن علي -عليهم السلام-، قال: قال رسول الله -صلى الله عليه وآله وسلم-: ((يقول الله ما من مخلوق يعتصم بمخلوق دوني إلاَّ قطعت أسباب السماوات والأرض من دونه، فإن سألني لم أعطه، وإن دعاني لم أجبه، وما من مخلوق يعتصم بي دون خلقي إلاَّ ضمنت له السماوات والأرض برزقه، فإن سألني أجبته، وإن سألني أعطيته، وإن استغفرني غفرت له)). انتهى.

[2931 - 179] **وفيها أيضاً** [442]: عن أبيه عن آبائه عن علي –عليهم السلام–، قال رسول الله –صلى الله عليه وآله وسلم–: ((من أنعم الله عليه بنعمة فليحمد الله عليها، ومن استبطأ الرزق فليستغفر الله، ومن أحزنه أمر فليقل: لا حول ولا قوة إلاَّ بالله العلي العظيم)). انتهى.

باب القول في الترغيب في طاعة الله

[2932 - 180] **مجموع زيد بن علي –عليهما السلام–** [271]: حدثني زيد بن علي، عن أبيه، عن جده، عن علي –عليهم السلام–، قال: سمعت رسول الله –صلى الله عليه وآله وسلم– يقول:((سبعة تحت ظل العرش يوم لا ظل إلاَّ ظله:

شاب نشأ في عبادة الله –عز وجل–.

ورجل دعته امرأة ذات حسب وجمال إلى نفسها، فقال: إني أخاف الله رب العالمين.

ورجل خرج من بيته، فأسبغ الطهور، ثم مشى إلى بيت من بيوت الله –عز وجل– ليقضي فريضة من فرائض الله تعالى، فهلك فيما بينه وبين ذلك.

ورجل خرج حاجاً أو معتمراً إلى بيت الله تعالى.

ورجل خرج مجاهداً في سبيل الله –عز وجل–.

ورجل خرج ضارباً في الأرض يطلب من فضل الله –عز وجل– يكف به نفسه، ويعود به على عياله.

ورجل قام في جوف الليل بعد ما هدأت العيون، فأسبغ الطهور ثم قام إلى بيت من بيوت الله –عز وجل– فهلك فيما بينه وبين ذلك)). انتهى.

[2933 - 181] **أبو طالب –عليه السلام– في الأمالي** [425]: أخبرنا أبو عبدالله أحمد بن محمد البغدادي، قال: أخبرنا أبو القاسم عبدالعزيز بن إسحاق

الكوفي، قال: حدَّثنا علي بن محمد النخعي، قال: حدَّثنا سليمان بن إبراهيم بن عبيد المحاربي، قال: حدَّثنا نصر بن مزاحم المنقري، قال: حدَّثنا إبراهيم بن الزبرقان التيمي، قال: حدَّثنا أبو خالد الواسطي، قال: حدَّثني زيد بن علي، عن أبيه، عن جده، عن علي -عليهم السلام-، قال: سمعت رسول الله -صلى الله عليه وآله وسلم- يقول ((سبعة تحت ظل العرش يوم لا ظل إلاَّ ظله:

شاب نشأ في طاعة الله -عز وجل-.

ورجل دعته امرأة ذات حسب ونسب، فقال: إني أخاف الله رب العالمين.

ورجل خرج من بيته، فأسبغ الطهور، ثم مشى إلى بيت من بيوت الله ليقيم فريضة من فرائض الله تعالى، ثم هلك فيما بينه وبين ذلك.

ورجل خرج حاجاً أو معتمراً [إلى بيت الله تعالى].

ورجل خرج مجاهداً في سبيل الله -عز وجل-.

ورجل خرج وثار في الأرض يطلب من فضل الله -عز وجل- يكفي به نفسه، ويعود به على عياله.

ورجل قام في جوف الليل بعد ما هدأت العيون، فأسبغ الطهور ثم قام إلى بيت من بيوت الله -عز وجل- فهلك فيما بينه وبين ذلك)). انتهى.

رجال هذا الإسناد قد مر الكلام عليهم وهم من ثقات محدثي الشيعة.

الهادي -عليه السلام- في الأحكام [2/ 389]: قال يحيى بن الحسين -صلوات الله عليه-:

[2934 - 182] بلغنا عن زيد بن علي -عليهما السلام- عن آبائه عن علي -عليهم السلام-، أنه قال سمعت رسول الله -صلى الله عليه وآله وسلم- يقول: ((سبعة في ظل الله يوم لا ظل إلاَّ ظله:

شاب نشأ في عبادة الله -عز وجل-.

ورجل دعته امرأة ذات حسب ونسب إلى نفسها، فقال: إني أخاف الله رب العالمين.

ورجل خرج من بيته، فأسبغ الطهور، ثم مشى إلى بيت من بيوت الله –عز وجل– ليقضي فريضة من فرائض الله تعالى، فهلك فيما بينه وبين ذلك.

5 ورجل خرج حاجاً أو معتمراً إلى بيت الله تعالى.

ورجل خرج مجاهداً في سبيل الله.

– قال يحيى بن الحسين هذا أعظمهم خطراً عند الله –.

ورجل ضارب في الأرض يطلب من فضل الله –عز وجل– يكف به نفسه، ويعود به على عياله.

10 ورجل قام في جوف الليل بعد ما هدأت كل عين، فأسبغ الطهور ثم قام إلى بيت من بيوت الله –عز وجل– فهلك فيما بينه وبين ذلك)). انتهى

باب القول في البكاء من خشية الله وزيارة الإخوان

[2935 – 183] محمد بن منصور –رضي الله عنه– في كتاب الذكر [122]: حدَّثنا حسين بن نصر، عن خالد بن عيسى، عن حصين بن مخارق، عن جعفر

15 بن محمد، عن أبيه، عن علي بن أبي طالب –عليه السلام–: أن النبي –صلى الله عليه وآله وسلم–، قال: ((ما اغرورقت عين بمائها من خشية الله إلاَّ حرم الله جسدها على النار، فإن فاضت على خدها لم يصب وجهها قتر ولا ذلة، وليس عمل إلاَّ وله وزن إلاَّ الدمعة من خشية الله، إن الله تبارك وتعالى يطفيء بها بحوراً من نار)). انتهى.

20 الهادي –عليه السلام– في الأحكام [2/391]: قال يحيى بن الحسين –صلوات الله عليه–:

[2936 – 184] بلغنا عن رسول الله –صلى الله عليه وآله وسلم– أنه قال:

((من خرج من عينه مقياس ذباب دموع من خشية الله أمنه الله يوم الفزع الأكبر)).

قال يحيى بن الحسين -صلوات الله عليه-: أراد رسول الله -صلى الله عليه وآله وسلم- المؤتَمِرَ بأوامر الله، المنتهي عن نهي الله، المؤمنين المتقين، الصالحين المهتدين .

[٢٩٣٧ - ١٨٥] وبلغنا عن سلمان الفارسي -رضي الله عنه-، قال: خرجنا مع رسول الله -صلى الله عليه وآله وسلم- زائراً لأناسية من أهل اليمن كانوا بايعوا رسول الله -صلى الله عليه وآله وسلم- على الإسلام، فدخل عليهم، فجعل يصافحهم واحداً واحداً، فلما خرجنا، قال رسول الله -صلى الله عليه وآله وسلم-: ((يا سلمان، ألا أبشرك؟))، قلت: بلى، يا رسول الله، فقال: ((ما من مسلم يخرج من بيته زائراً لإخوة له مسلمين إلاَّ خاض في رحمة الله، وشيَّعه سبعون ألف ملك حتى إذا التقوا وتصافحوا كانوا كاليدين التي تغسل إحداهما الأخرى، وغفر لهم ما سلف، وأعطوا ما سألوا)).

قال يحيى بن الحسين -صلوات الله عليه-: أولئك المهتدون من المؤمنين، ألا تسمع كيف يقول -صلى الله عليه وآله وسلم-: ((ما من مسلم))، والمسلم لا يكون مسلماً حتى يخرج من معاصي الله إلى طاعة الله. انتهى .

باب القول في حامل القرآن

[٢٩٣٨ - ١٨٦] الناصر للحق -عليه السلام- في أول تفسيره: حدَّثنا محمد بن منصور الكوفي، قال: حدَّثنا علي بن أبي عبدالله، عن أبيه أحمد بن عيسى، وكنيته أبو عبدالله، عن الحسين بن علوان، عن أبي خالد رحمهم الله تعالى، عن الإمام الشهيد أبي الحسين زيد بن علي، عن آبائه، عن علي -صلوات الله عليهم- وسلامه، قال: قال رسول الله -صلى الله عليه وآله وسلم-: ((يأتي القرآن يوم القيامة له لسان طلق ذلق، ماحل مصدق، وشفيع مشفع، فيقول: يا رب،

حبسني فلان عبدك في جوفه، وكان لا يعمل فيَّ بطاعتك، ولا يجتنب فيَّ معصيتك، ولا يقيم فيَّ حدودك.

فيقول: صدقت، فيكون ظلمة بين عينيه، وأخرى عن شماله، وأخرى عن يمينه، وأخرى من خلفه، تبتزه هذه، وتدفعه حتى يذهب به إلى أسفل درك من النار.

قال: ويأتي القرآن يقول لآخر: يا رب جمعني عبدك فلان في جوفه، كان يعمل فيَّ بطاعتك، ويتجنب فيَّ معصيتك، ويقيم فيَّ حدودك، فيقول: صدقت، فيكون له نور كما بين السماء والأرض حتى يدخل الجنَّة، ثم يقال له اقرأ وارقَ، فيقرأ ويرقى حتى يساوي الشهداء هكذا، وجمع بين المسبحة والوسطى)).

[2939 – 187] قال: وأخبرنا عبدالله بن يحيى، قال: حدَّثنا الحسين بن نصر، قال: حدَّثنا أبو خالد الواسطي رحمه الله تعالى، عن مولانا الإمام أبي الحسين زيد بن علي، عن آبائه، عن أمير المؤمنين علي –عليهم السلام–، قال: قال رسول الله –صلى الله عليه وآله وسلم–: ((يا علي: إن القرآن يأتي يوم القيامة شفيعاً مشفعاً، وماحلاً مصدقاً، من جعل القرآن خلفه ساقه إلى النار)) .

[2940 – 188] وعن مولانا الإمام الأعظم أبي الحسين، عن آبائه، عن أمير المؤمنين عليهم الصلاة والسلام، قال: قال رسول الله –صلى الله عليه وآله وسلم–: ((إن القرآن يأتي يوم القيامة وله نور ساطع ما بين السماء والأرض يبصر فيه من عمل بطاعته، وهو ظلمة لمن خالف طاعة الله، وهو حجة الله تعالى على خلقه وعلى العباد)). انتهى.

رجال هذا الإسناد والذي قبله من ثقات محدثي الشيعة، وقد مر الكلام عليهم.

وعبدالله بن يحيى: هو عبدالله بن منصور القومسي، وقد تقدم في ترجمة عبدالله بن منصور أن المنصور بالله –عليه السلام– ذكر أنه عبدالله بن يحيى،

والاختلاف إنما هو في والده، وأما كونه من رجال الزيدية وثقات محدثي الشيعة فلا إشكال فيه.

[2941 - 189] **مجموع زيد بن علي -عليهما السلام-** [258]: حدثني زيد بن علي، عن أبيه، عن جده، عن علي -عليهم السلام-: (إن صاحب القرآن يسأل عمَّا يسأل عنه النبيئون، إلاَّ أنه لا يسأل عن الرسالة). انتهى.

[2942 - 190] **أبو طالب -عليه السلام- في الأمالي** [242]: أخبرنا أبي -رحمه الله-، قال: أخبرنا عبدالله بن أحمد بن محمد بن سلام -رحمه الله-، قال: أخبرنا أبي، قال: حدَّثنا محمد بن منصور، قال: حدَّثنا أحمد بن صبيح، عن حسين، عن أبي خالد، عن زيد بن علي، عن أبيه، عن جده، عن علي -عليه السلام-، قال: قال رسول الله -صلى الله عليه وآله وسلم-: ((من تعظيم جلال الله عزَّ ذكره، أن تُجِلّ حامل القرآن، ومن تعظيم جلال الله أن تجل الأبوين)). انتهى.

رجال هذا الإسناد من ثقات محدثي الشيعة -رضي الله عنهم- وقد مر الكلام عليهم.

[2943 - 191] **المرشد بالله -عليه السلام- في الأمالي** [197]: أخبرنا أبو القاسم عبد العزيز بن أحمد الأزجي بقرآءتي عليه، قال: أخبرنا أبو القاسم عمر بن محمد بن إبراهيم بن سَبَنْك البجلي، قال: أخبرنا أبو الحسين عمر بن الحسن بن علي بن مالك الأشناني، قال: حدَّثنا أبو بكر محمد بن زكريا المروروذي، قال: حدَّثنا موسى بن إبراهيم المروزي الأعور، قال: حدَّثني موسى بن جعفر بن محمد، عن أبيه جعفر بن محمد، عن أبيه محمد بن علي، عن أبيه علي بن الحسين، عن أبيه عن علي -عليهم السلام-، قال: قال رسول الله -صلى الله عليه وآله وسلم-: ((خير النَّاس من تعلم القرآن وعلّمه، وفضل القرآن عل سائر الكلام كفضل الله على خلقه)). انتهى.

رجال هذا الإسناد من ثقات محدثي الشيعة وقد مر الكلام عليهم.

[2944 - 192] **أبو طالب -عليه السلام- في الأمالي** [249]: أخبرنا أبي -
رحمه الله-، قال: أخبرنا عبدالله بن أحمد بن محمد بن سلام رحمه، قال: أخبرنا
أبي، قال: حدَّثنا محمد بن منصور، عن عبدالله بن داهر، عن عمرو بن جميع، عن
جعفر بن محمد، عن أبيه، عن جده -عليهم السلام-، قال: قال رسول الله -
صلى الله عليه وآله وسلم-: ((والذي نفس محمد بيده، لالزبانية من الملائكة
أسرع إلى فسقة حملة القرآن منهم إلى عبدة النيران والأوثان، فيقولون: يا رب
بديء بنا، سورع إلينا، يا رب يا رب، [قال]: فيقول الرب تبارك وتعالى: ليس
من يعلم كمن لا يعلم)). انتهى.

رجال هذا الإسناد من ثقات محدثي الشيعة وقد مر الكلام عليهم جميعا.

[2945 - 193] **مجموع زيد بن علي -عليهما السلام-** [259]: حدثني زيد
بن علي، عن أبيه، عن جده، عن علي -عليهم السلام-، أنه قال: (من قرأ القرآن
وحفظه فظن أن أحداً أوتي مثل ما أوتي، فقد عظم ما حقر الله، وحقر ما عظم
الله) .

[2946 - 194] حدثني زيد بن علي، عن أبيه، عن جده، عن علي -عليهم
السلام-، قال: (نزل القرآن على أربعة أرباع: ربع حلال، وربع حرام، وربع
مواعظ وأمثال، وربع قصص وأخبار). انتهى.

الهادي -عليه السلام- في الأحكام [2/393]: قال يحيى بن الحسين -
صلوات الله عليه-:

[2947 - 195] بلغنا عن زيد بن علي -عليه السلام-، عن آبائه، عن علي
-عليه السلام-، أنه قال: قال رسول الله -صلى الله عليه وآله وسلم-: ((يأتي
القرآن يوم القيامة وله لسان طلق ذلق، قائلاً مصدقاً، وشفيعاً مشفعاً، فيقول: يا
رب جمعني فلان ابن فلان عبدك في جوفه، فكان لا يعمل فيّ بطاعتك، ولا
يجتنب فيّ معصيتك، ولا يقيم فيّ حدودك، فيقول: صدقت، فيكون ظلمة بين

عينيه وأخرى عن يمينه، وأخرى عن شماله، وأخرى من خلفه، تبتزه هذه، وتدفعه هذه، حتى يذهب به إلى أسفل درك من النار.

قال: ويأتي فيقول: يا رب جمعني فلان عبدك في جوفه، فكان يعمل فيّ بطاعتك، ويجتنب فيّ معصيتك، ويقيم في حدودك، فيقول صدقت فيكون له

٥ نورا يسطع ما بين السماء والأرض حتى يدخل الجنة، ثم يقال له: اقرأ وارقى فلك بكل حرف درجة حتى تساوي النبيين والشهداء هكذا، وجمع بين المسبحة والوسطى).

[٢٩٤٨ - ١٩٦] قال: وبلغنا عن زيد بن علي –عليه السلام– عن آبائه – عليهم السلام–، عن علي بن أبي طالب –عليه السلام– انه قال: كان رجل من

١٠ الأنصار يعلم القرآن في مسجد رسول الله –صلى الله عليه وآله وسلم– فأتاه رجل ممن كان يعلمه بفرس فقال هذا لك أحملك عليه في سبيل الله فأتى النبي – صلى الله عليه وآله وسلم– فسأله عن ذلك فقال له رسول الله –صلى الله عليه وآله وسلم–: تحب أن يكون حظلك غدا. فقال: لا والله قال فاردده. انتهى.

باب القول في المتحابين في الله –عز وجل–

[٢٩٤٩ - ١٩٧] مجموع زيد بن علي –عليهما السلام– [٢٧٧]: حدثني زيد

١٥ بن علي، عن أبيه، عن جده، عن علي –عليهم السلام–، قال: قال رسول الله – صلى الله عليه وآله وسلم–: ((إن المتحابين في الله تعالى لعلى عمود من ياقوتة حمراء، على رأس العمود سبعون غرفة، يضيء حسنهن لأهل الجنَّة كما تضيء الشمس لأهل الدنيا، فيقول أهل الجنة: انطلقوا بنا ننظر إلى المتحابين في الله، فإذا

٢٠ أشرفوا عليهم أضاء حسنهم لأهل الجنة كما تضيء الشمس لأهل الدنيا، عليهم ثياب خضر من سندس، بين أعينهم مكتوب على جباههم، هؤلاء المتحابون في الله –عز وجل–)). انتهى.

صحيفة علي بن موسى الرضا –عليهما السلام– [٤٤٥]: عن آبائه، عن علي

-عليهم السلام-، قال: قال رسول الله -صلى الله عليه وآله وسلم-: ((ستة من المروءة، ثلاثة منها في الحضر، وثلاثة في السفر:

أمَّا التي في الحضر: فتلاوة القرآن، وعمارة المساجد، واتخاذ الإخوان في الله،

وأمَّا التي في السفر: فبذل الزاد، وحسن الخلق، والمزاح في غير معاصي الله تعالى)). انتهى.

[2950 - 198] أبو طالب -عليه السلام- في الأمالي [456]: أخبرنا أبو أحمد عبدالله بن عدي الحافظ، قال: أخبرنا محمد بن محمد بن الأشعث الكوفي بمصر، قال: حدَّثني موسى بن إسماعيل بن موسى بن جعفر، قال: حدَّثني أبي إسماعيل بن موسى، عن أبيه، عن جده جعفر بن محمد، عن أبيه، عن جده علي بن الحسين، عن أبيه، عن علي -صلوات الله عليهم-: أن رسول الله -صلى الله عليه وآله وسلم-قال -لما نزلت هذه الآية: ﴿أَلَا بِذِكْرِ اللَّهِ تَطْمَئِنُّ الْقُلُوبُ ۝﴾ [الرعد:28]-: ((ذلك من أحب الله ورسوله، وأحب أهل بيتي صادقاً غير كاذب، وأحب المؤمنين شاهداً وغائباً، ألا بذكر الله فتحابوا)). انتهى.

رجال هذا الإسناد قد مر الكلام عليهم، وهم من ثقات محدثي الشيعة.

الهادي -عليه السلام- في الأحكام [2/397]: قال يحيى بن الحسين -صلوات الله عليه-:

[2951 - 199] بلغنا عن رسول الله -صلى الله عليه وآله وسلم- أنه كان يقول: ((أنا شفيع لكل أخوين تحابا في الله من مبعثي إلى يوم القيامة)) .

[2952 - 200] قال: وبلغنا عن زيد بن علي -عليهما السلام-، عن آبائه رضوان الله عليهم، عن علي -عليه السلام- أنه قال: قال رسول الله -صلى الله عليه وآله وسلم-: ((قال الله تبارك وتعالى: وعزتي وعظمتي، وكبريائي وجودي، لأدخلن داري، ولأرافقن بين أوليائي، ولأزوجنَّ حور عيني،

المتحابين فيَّ، المتواخين فيَّ، المتحببين إلى خلقي)). انتهى.

[201 - 2953] **صحيفة علي بن موسى الرضا -عليهما السلام-** [472]: عن أبيه، عن آبائه -عليهم السلام-، قال: قال رسول الله -صلى الله عليه وآله وسلم-: ((أتاني جبريل عن ربه وهو يقول: ربي -عز وجل- يقرؤك السلام، ويقول: يا محمد، بشر [المؤمنين] الذين يعملون الصالحات ويؤمنون بك، ويحبون أهل بيتك بالجنة، فإن لهم عندي جزاء الحسنى، وسيدخلون الجنَّة)). انتهى.

[202 - 2954] **مجموع زيد بن علي -عليهما السلام-** [261]: حدثني زيد بن علي، عن أبيه، عن جده، عن علي -عليهم السلام-، قال: (يوشك الناس أن ينقصوا حتى لا يكون شيء أحب إلى امرئ مسلم من أخ مؤمن، أو درهم حلال، وأنى له ذلك). انتهى.

باب القول في النهي عن تشبه الرجال بالنساء والنساء بالرجال

الهادي -عليه السلام- في الأحكام [2/397]: قال يحيى بن الحسين - صلوات الله عليه-: ملعون من تشبه بالرجال من النساء في حالٍ من الحال، ومن تشبه بالنساء من الرجال.

[203 - 2955] وفي ذلك ما بلغنا عن رسول الله -صلى الله عليه وآله وسلم- أنه لعن الراكبة، والمركوبة، وقال: ((لا يدخل الجنَّة فحلة من النساء، ولعن الله [وملائكته] من أتى رجلاً أو بهيمة، أو رجلاً تشبه بالنساء، أو امرأة تشبهت بالرجال)).

[204 - 2956] ولعن رسول الله -صلى الله عليه وآله وسلم- الواصلة والموتصلة، والواشمة والموتشمة من غير داء، والنامصة والمتنمصة.

[2957 - 205] وقال رسول الله -صلى الله عليه وآله وسلم-: ((إني لأكره أن أرى المرأة لا خضاب عليها)).

[2958 - 206] وقال -صلى الله عليه وآله وسلم-: ((ما يمنع إحداكنَّ أن تغير أظفارها بالخضاب)).

5   ويأمرهنَّ بالقلائد، وكان -صلى الله عليه وآله وسلم- يكره للمرأة أن تصلي وليس عليها قلادة ولا شيء.

[2959 - 207] وكان -صلى الله عليه وآله وسلم- يقول: ((لو أنَّ أحدكم إذا أتى أهله، قال: اللهم جنبنا الشيطان، وجنب الشيطان ما رزقتنا، فإن كان له ولد لم يسلط عليه الشيطان)). انتهى.

10   [2960 - 208] أمالي أحمد بن عيسى -عليهما السلام- [3/ 65]: وأخبرنا محمد، قال: أخبرنا موسى بن سلمة، عن علي بن جعفر، عن حسين بن زيد، عن جعفر، عن أبيه، عن جده، قال: قال رسول الله -صلى الله عليه وآله وسلم-: ((إنَّ الله ليبغض المرأة المرهاء السلتاء)).

[قال محمد] المرهاء: [المرأة] التي ليس في عينها كحل.

15   [والسلتاء]: التي ليس في يديها خضاب. انتهى.

رجال هذا الإسناد من ثقات محدثي الشيعة، وقد مر الكلام عليهم.

[2961 - 209] **المرتضى محمد بن يحيى -عليه السلام- في كتاب النهي** [مجموع المرتضى (2/ 769)]: عن أبيه يحيى بن الحسين بن القاسم بن إبراهيم، عن آبائه، عن علي -عليهم السلام-، قال: نهى رسول الله -صلى الله عليه وآله

20   وسلم- أن تلبس المرأة لباس الرجال.

وتَشَبَّهَ بهم في حال من الحال، وتمشي مشي الرجل، وتكلم بكلامه.

ونهى الرجل أن يتشبه بالمرأة في لباسها، وفي كلامها، أو في مشيها، وقال: لعن الله ورسوله من فعل ذلك من الرجال والنساء. انتهى.

باب القول في الصبر والتواضع والشكر

القرآن الكريم: قال الله تعالى: ﴿وَبَشِّرِ الصَّابِرِينَ (155) الَّذِينَ إِذَا أَصَابَتْهُمْ مُصِيبَةٌ قَالُوا إِنَّا لِلَّهِ وَإِنَّا إِلَيْهِ رَاجِعُونَ (156) أُولَئِكَ عَلَيْهِمْ صَلَوَاتٌ مِنْ رَبِّهِمْ وَرَحْمَةٌ وَأُولَئِكَ هُمُ الْمُهْتَدُونَ (157)﴾ [البقرة].

[2962- 210] **مجموع زيد بن علي -عليهما السلام-** [130]: حدثني زيد بن علي، عن أبيه، عن جده، عن علي -عليهم السلام-، قال: قال رسول الله -صلى الله عليه وآله وسلم-: ((الأجر على قدر المصيبة، ومن أصيب بمصيبة فليذكر مصيبته بي فإنكم لن تصابوا بمثلي)). انتهى.

[2963- 211] **صحيفة علي بن موسى الرضا -عليهما السلام-** [446]: عن أبيه، عن آبائه عن أبي جعفر محمد بن علي -عليهم السلام-، قال: قال علي -عليهم السلام-: (خمسة لو دخلتم فيهنَّ ما قدرتم على مثلهن: لا يخاف عبد إلا ذنبه، ولا يرجو إلا ربه، ولا يستحي الجاهل إذا سئل عما لم يعلم أن يقول: الله ورسوله أعلم، ولا يستحي الذي لا يعلم أن يتعلم، والصبر من الإيمان بمنزلة الرأس من الجسد، ولا إيمان لمن لا صبر له). انتهى.

[2964- 212] **أبو طالب -عليه السلام- في الأمالي** [239]: حدَّثنا أبو أحمد محمد بن علي العبدكي، قال: حدَّثنا إسحاق بن العباس بن إسحاق بن موسى بن جعفر، قال: حدَّثنا أبي، عن أبيه، عن موسى، عن أبيه جعفر، عن أبيه محمد، عن أبيه علي بن الحسين، عن أبيه الحسين بن علي، عن أبيه علي أمير المؤمنين -عليهم السلام-، قال: (استقبل رسول الله -صلى الله عليه وآله وسلم- قومٌ، فقال: من القوم ؟.

قالوا: مؤمنون يا رسول الله.

قال: ((وما بلغ من إيمانكم؟)).

قالوا: الصبر عند البلاء، والشكر عند الرخاء، والرضى بالقضاء.

فقال رسول الله –صلى الله عليه وآله وسلم–: ((حلماء حكماء علماء، كادوا من الفقه أن يكونوا أنبياء، إن كنتم كما تصفون، فلا تَبْنُوا ما لا تسكنون، ولا

5   تجمعوا ما لا تأكلون، واتقوا الله الذي إليه ترجعون)). انتهى.

الرجال:

[ترجمة العبدكي، وإسحاق بن العباس بن إسحاق، وآبائه]

أما محمد بن علي العبدكي:

فهو محمد بن علي العبدكي، أبو أحمد، أحد المشاهير، عن علي بن محمد

10   القمي، وإسحاق بن العباس الحسيني.

وعنه أبو طالب، وهو رأس في علم الكلام، أحد الشيعة الأعلام.

قال أبو القاسم [البلخي]: ما رأيت أعرف بدقيق الكلام وجليله منه.

عده الوالد العلامة علي بن محمد العجري –فسح الله في أجله–: من رجال الشيعة، ذكره في السلسلة الذهبية ولم أقف له على تاريخ وفاة.

15   وأما إسحاق بن العباس:

فقال في الجداول: إسحاق بن العباس بن إسحاق بن موسى الكاظم، عن أبيه، وعنه محمد بن علي العبدكي، قتل أيام المقتدر بأرمينية. انتهى.

قلت هذا وهم فالذي في المقاتل أنه العباس بن إسحاق بن إبراهيم بن موسى بن جعفر بن محمد فيحقق والله أعلم.

20   وأما والده:

فقال في الجداول: العباس بن إسحاق بن موسى بن جعفر بن محمد بن علي

بن الحسين بن علي بن أبي طالب، كان ممن لا ينازع في فضله، عن آبائه، وعنه ولده إسحاق، استشهد في أيام المقتدر. انتهى.

وأما والده:

فهو إسحاق بن موسى بن جعفر بن محمد الصادق.

5   عن آبائه، وعنه ولده العباس، لم أقف له على تاريخ وفاة.

وأما موسى الكاظم: فقد مر الكلام عليه وعلى آبائه -صلوات الله عليهم-.

الهادي -عليه السلام- في الأحكام [402/2]: قال يحيى بن الحسين -صلوات الله عليه-: ليس من أهل الصبر من لم يصبر نفسه عن معاصي الله، ويصبرها على طاعة الله.

10   [2965 - 213] وفي ذلك: ما بلغنا عن رسول الله -صلى الله عليه وآله وسلم- أنَّه قال:((إن الله تبارك وتعالى إذا أحبَّ عبداً ابتلاه، وإذا ابتلاه فصبر كافاه)).

[2966 - 214] وفي ذلك: ما بلغنا عن أمير المؤمنين علي بن أبي طالب -عليهم السلام-، أنه قال: قال رسول الله -صلى الله عليه وآله وسلم-: ((ثلاث 15   من كنَّ فيه حَرَّم الله لحمه على النار، وله الجنَّة: من إذا أصابته مصيبة استرجع، وإذا أنعم الله عليه بنعمته حمد الله عند ذكره إياها، وإذا أذنب استغفر الله)).

[2967 - 215] وبلغنا عن أمير المؤمنين علي بن أبي طالب -عليه السلام- أنه قال: (أوحى الله إلى موسى بن عمران: أتدري لما اصطفيتك على الخلائق وكلمتك تكليماً؟، قال: لم يا رب؟ قال: لأني اطلعتُ على قلوب عبادي فلم أجد 20   فيهم أشد تواضعاً لي منك). انتهى.

باب القول في طلب العلم والحث عليه

[2968 - 216] **مجموع زيد بن علي** -عليهما السلام- [256 - 257]:
حدثني زيد بن علي، عن أبيه، عن جده، عن علي -عليهم السلام-، قال:
(تعلّموا العلم قبل أن يرفع، أما إني لا أقول لكم هكذا -وأرانا بيده-، ولكن
5   يكون العالم في القبيلة، فيموت، فيذهب بعلمه، فيتخذ الناس رؤساء جهالاً،
فيسألون، فيقولون بالرأي، ويتركون الآثار والسنن، فَيَضِلون ويُضِلون، وعند
ذلك هلكت هذه الأمة).

[2969 - 217] حدثني زيد بن علي، عن أبيه، عن جده، عن علي -عليهم
السلام-، قال: قال رسول الله -صلى الله عليه وآله وسلم-: ((إنَّ الله تعالى لا
10   يرفع العلم بقبض يقبضه، ولكن يقبض العلماء بعلمهم، فيبقى الناس حيارى في
الأرض، فعند ذلك لا يعبأُ الله بهم شيئاً)) .

[2970 - 218] حدثني زيد بن علي، عن أبيه، عن جده، عن علي -عليهم
السلام-: قال: قال رسول الله -صلى الله عليه وآله وسلم-: ((من سلك طريقاً
يطلب فيه علماً سلك الله به طريقاً إلى الجنَّة، وإن الملائكة لتضع أجنحتها لطالب
15   العلم، وإنه يستغفر لطالب العلم من في السماوات، ومن في الأرض حتى حيتان
البحر، وهوام البر، وإن فضل العالم على العابد كفضل القمر ليلة البدر على سائر
الكواكب)).

[2971 - 219] حدثني زيد بن علي، عن أبيه، عن جده، عن علي -عليهم
السلام-، قال: (عالم أفضل من ألف عابد، العالم يستنقذ عباد الله من الضلالة
20   إلى الهدى، والعابد يوشك أن يقدح الشك في قلبه فإذا هو في وادي الهلكات).

[2972 - 220] حدثني زيد بن علي، عن أبيه، عن جده، عن علي -عليهم
السلام-، قال: (العلماء ورثة الأنبياء، فإن الأنبياء لم يخلفوا ديناراً ولا درهماً، إنما
تركوا العلم ميراثاً بين العلماء).

[2973 - 221] حدثني زيد بن علي، عن أبيه، عن جده، عن علي -عليهم السلام-، قال: قال رسول الله -صلى الله عليه وآله وسلم-: ((يحمل هذا العلم من كل خلف عدوله، ينفون عنه تحريف الغالين، وانتحال المبطلين، وتأويل الجاهلين)). انتهى.

[2974 - 222] أبو طالب -عليه السلام- في الأمالي [206]: أخبرنا أبو أحمد محمد بن علي العبدكي، قال: حدَّثنا إسحاق بن العباس بن إسحاق بن موسى بن جعفر، قال: حدَّثني أبي، عن أبيه إسحاق بن موسى، قال: حدَّثني أبي موسى بن جعفر، قال: حدَّثني جعفر بن محمد، عن أبيه محمد بن علي، عن أبيه علي بن الحسين، عن أبيه الحسين بن علي -عليهم السلام-، قال: قال أمير المؤمنين علي -عليه السلام- لأصحابه وهم بحضرته: (تعلموا العلم، فإن تعلمه حسنة، ومدارسته تسبيح، والبحث عنه جهاد، وإفادته صدقة، وبذله لأهله قربة، وهو معالم الحلال والحرام، ومسالكه سبل الجنَّة، مؤنس من الوحدة، وصاحب في الغربة، وعون في السراء والضراء، ويد على الأعداء، وزَين عند الأخلاء، يرفع الله به أقواماً فيجعلهم في الخير أئمة يقتدى بهم، تُرمق أعمالُهم، وتقتصُّ آثارهم، ترغب الملوك في خلتهم، والسادة في عشرتهم، والملائكة في صفوتهم، وأجنحتها تمسهم في صلاتهم، ويستغفر لهم حتى كل رطب ويابس، وحتى حيتان البحر وهوامه، وسباع البر وأنعامه، والطير ولحومها؛ لأن العلم حياة القلوب من الخطايا، ونور الأبصار من العمى، وقوة الأبدان على الشنآن، ينزل الله حامله الجنان، ويحله محل الأبرار، بالعلم يطاع الله ويعبد، وبالعلم يعرف الله ويوحّد، بالعلم تفهم الأحكام، ويفصل به بين الحلال والحرام، يمنحه الله السعداء، ويحرمه الله الأشقياء). انتهى.

رجال هذا الإسناد من ثقات محدثي الشيعة وقد مر الكلام عليهم جميعاً.

[2975 - 223] صحيفة علي بن موسى الرضا -عليهما السلام- [445]: عن أبيه عن آبائه، عن علي -صلوات الله عليهم-، قال: قال رسول الله -صلى الله عليه

وآله وسلم-: ((إن هذا العلم خزائن الله، ومفاتيحُه السؤال، فاسألوا يرحمكم الله، فإنه يؤجر فيه أربعة: السائل، والمعلم، والمستمع، والمحبّ له)). انتهى.

[2976 - 224] أبو طالب -عليه السلام- في الأمالي [217]: حدَّثنا أبو الحسين يحيى بن الحسين بن محمد بن عبيدالله الحسني -رحمه الله-، قال: حدَّثنا علي بن محمد بن مهرويه القزويني، قال: حدَّثنا داوود بن سليمان الغازي، قال: حدَّثني علي بن موسى الرضا، عن أبيه موسى، عن أبيه جعفر، عن أبيه محمد بن علي، عن أبيه علي بن الحسين، عن أبيه، عن علي -عليهم السلام-، قال: قال رسول الله -صلى الله عليه وآله وسلم-: ((العلم خزائن، ومفاتيحها السؤال، فاسألوا يرحمكم الله، فإنه يؤجر فيه أربعة: السائل، والمعلم، والمستمع، والمستجيب لهم)). انتهى.

رجال هذا الإسناد من ثقات محدثي الشيعة وقد مر الكلام عليهم.

[2977 - 225] المرشد بالله -عليه السلام- في الأمالي [65/1]: أخبرنا أبو القاسم عبدالعزيز بن أحمد الأزجي بقراءتي عليه، قال: أخبرنا أبو القاسم عمر بن محمد بن إبراهيم بن سَبَنْك البجلي، قال: أخبرنا أبو الحسين عمر بن الحسن بن علي بن مالك الأشناني، قال: حدَّثنا أبو بكر محمد بن زكريا المروروذي، قال: حدَّثنا موسى بن إبراهيم المروزي الأعور، قال: حدَّثني موسى بن جعفر بن محمد، عن أبيه جعفر بن محمد، عن أبيه محمد بن علي، عن أبيه علي بن الحسين، عن أبيه الحسين بن علي، عن أبيه علي -عليهم السلام-، قال: قال رسول الله -صلى الله عليه وآله وسلم-: ((تسمعون ويسمع منكم، ويسمع ممن يسمع منكم، فبلغوا عني ولو حديثاً واحداً يعمل به من الخير)).

[2978 - 226] وبهذا الإسناد عن علي -عليه السلام-، عن النبي -صلى الله عليه وآله وسلم-، كان يقول: ((اللهم أغنني بالعلم، وزيني بالحلم، وأكرمني بالتقوى، وحلني بالعافية)). انتهى.

رجال هذا الإسناد من ثقات محدثي الشيعة وقد مر الكلام عليهم.

[2979- 227] أبو طالب -عليه السلام- في الأمالي [212]: أخبرنا أبي -رحمه الله-، قال: أخبرنا عبدالله بن أحمد بن سلام، قال: أخبرنا أبي، قال: حدَّثنا أبو جعفر محمد بن منصور، قال: حدَّثنا عبدالله بن داهر، عن عمرو بن جميع، عن جعفر بن محمد، عن أبيه، عن جده، عن علي -عليهم السلام-، قال: قال رسول الله -صلى الله عليه وآله وسلم-: ((النظر إلى البيت الحرام عبادة، والنظر في كتاب الله عبادة، والنظر في وجه العالم، الطالب بعلمه جل ذكره عبادة، والجلوس في المسجد اعتكاف)). انتهى.

رجال هذا الإسناد من ثقات محدثي الشيعة وعيونهم وقد مر الكلام.

باب القول في ذكر الأحاديث والترغيب في حفظها

[2980- 228] **صحيفة علي بن موسى الرضا -عليهما السلام-** [443]: عن أبيه عن آبائه، عن علي -عليهم السلام-، قال: قال رسول الله -صلى الله عليه وآله وسلم-: ((من حفظ على أمتي أربعين حديثاً ينتفعون بها بعثه الله يوم القيامة فقيهاً عالماً)).

[2981- 229] **وفيها**(59) أيضاً [445]: عن أبيه عن آبائه عن علي -عليهم السلام-، قال: قال رسول الله -صلى الله عليه وآله وسلم-: ((اللهم ارحم خلفائي ثلاث مرات، قيل يا رسول الله من خلفاؤك ؟ قال: الذين يأتون من بعدي ويروون أحاديثي، وسنتي ويعلمونها الناس من بعدي)). انتهى.

---

(59) راجع أمالي المرشد بالله -عليه السلام- المطبوعة في الجزء الأول صفحة(19) تحت الحديث بعينه من طريقة أهل البيت -عليهم السلام- تمت مؤلف.

قال فيها [1/ 25]: (وأخبرنا) عبد الله بن عمر الزيات، قال: حدثنا إبراهيم بن ميمون، قال: حدثنا عيسى بن عبد الله، عن أبيه، عن أبيه، عن جده، عن علي عليه السلام، قال: قال رسول الله -صلى الله عليه وآله وسلم-: ((اللهم ارحم خلفائي -ثلاث مرات-))، قيل: يا رسول الله، من خلفاؤك؟ قال: ((الذين يأتون من بعدي، ويروون أحاديثي وسنتي ويعلمونها الناس من بعدي)).

باب القول في الفتيا بغير علم، ومن يفتي الناس

[2982 - 230] صحيفة علي بن موسى الرضا -عليهما السلام- [444]:
عن أبيه عن آبائه، عن علي -عليهم السلام-، قال: قال رسول الله -صلى الله
عليه وآله وسلم-: ((من أفتى الناس بغير علم لعنته السماوات والأرض)).
انتهى.

[2983 - 231] مجموع زيد بن علي -عليها السلام- [257]: حدثني زيد
بن علي، عن أبيه، عن جده، عن علي -عليهم السلام-، قال: (لا يفتي الناس إلاَّ
من قرأ القرآن، وعلم الناسخ والمنسوخ، وفقه السنة، وعلم الفرائض،
والمواريث). انتهى.

باب القول في ذكر علماء السوء

[2984 - 232] مجموع زيد بن علي -عليها السلام- [258]: حدثني زيد
بن علي، عن أبيه، عن جده، عن علي -عليهم السلام-، قال: قال رسول الله -
صلى الله عليه وآله وسلم-: ((تعلموا القرآن، وتفقهوا به، وعلِّموه النَّاس، ولا
تستأكلوهم به، فإنه سيأتي قوم من بعدي يقرؤونه، ويتفقهون به، يسألون الناس،
لا خلاق لهم عند الله -عز وجل-)). انتهى.

[2985 - 233] أبو طالب -عليه السلام- في الأمالي [222]: حدَّثنا أبو
عبدالله البغدادي، قال: حدَّثنا عبدالعزيز بن إسحاق بن جعفر الكوفي، قال:
حدَّثنا علي بن محمد النخعي، قال: حدَّثنا سليمان بن إبراهيم المحاربي، قال:
حدَّثنا نصر بن مزاحم المنقري، عن إبراهيم بن الزبرقان التيمي، عن أبي خالد
عمرو بن خالد الواسطي، عن زيد بن علي، عن أبيه، عن جده، عن علي صلوات
الله عليه: (تعلموا القرآن وتفقهوا فيه، وعلِّموه النَّاس ولا تستأكلوهم به، فإنه
سيأتي قوم من بعدي يقرؤونه ويتفقهون فيه ليسألوا الناس، لا خلاق لهم عند
الله -عز وجل-)). انتهى.

رجال هذا الإسناد من ثقات محدثي الشيعة وقد مر الكلام عليهم.

وأبو عبدالله البغدادي: هو أحمد بن محمد الآبنوسي الزيدي.

[٢٩٨٥ - ٢٣٣] وفي أمالي أبي طالب -عليه السلام- أيضاً [٢٢٥]: أخبرنا أبي -رحمه الله-، قال: أخبرنا عبدالله بن أحمد بن سلام، قال: أخبرنا أبي، أحمد بن عبدالله بن سلام، قال: حدَّثنا محمد بن منصور، عن موسى بن حكم، عن محمد بن جعفر بن محمد، عن أبيه، عن آبائه، عن علي -عليهم السلام-، قال: قال رسول الله -صلى الله عليه وآله وسلم-: ((الفقهاء أمناء الرسل ما لم يدخلوا في الدنيا))، قيل: وما دخولهم في الدنيا يا رسول الله ؟ قال: ((اتباع السلطان، فإذا فعلوا ذلك فاحذروهم)). انتهى.

رجال هذا الإسناد من ثقات محدثي الشيعة، وقد مر الكلام عليهم جميعاً.

وموسى بن الحكم: الصواب موسى بن سلمة وقد مر الكلام عليه في كتاب الطلاق والمناقب، وهو ممن يروي عن الإمام محمد بن جعفر الصادق -عليهما السلام-.

باب القول في الإيمان بالله ورسوله صلى الله عليه وآله وسلم

[٢٩٨٦ - ٢٣٤] صحيفة علي بن موسى الرضا -عليهما السلام- [٤٤٣]: عن أبيه، عن آبائه، عن علي -عليهم السلام-، قال: قال رسول الله -صلى الله عليه وآله وسلم-: ((الإيمان إقرارٌ باللسان، ومعرفة بالقلب، وعمل بالأركان)). انتهى.

[٢٩٨٧ - ٢٣٥] الهادي -عليه السلام- في مجموعه: لأن الإيمان كما قال أمير المؤمنين -عليه السلام-: (قولٌ مقول، وعملٌ معمول، وعرفان بالعقول). انتهى.

وقال الإمام القاسم بن إبراهيم -صلوات الله عليه-، في مسائله التي سأله عنها

ولده الإمام محمد بن القاسم ‎-عليه السلام-‎ [مجموع الإمام القاسم الرسي (611/2)]: وسألت ما تفسير الحديث الذي روي عن النبي ‎-صلى الله عليه وآله وسلم-‎: ((صنفان من أمتي ليس لهما في الإسلام نصيب، المرجئة والقدرية)).

فقال: المرجئة الذين يقولون الإيمان قول بلا عمل، وغير ذلك من الأقاويل المختلفة لهم ما قد عرفت، القدريةُ فهم المجبرة. انتهى.

[2988 - 236] **صحيفة علي بن موسى الرضا ‎-عليهما السلام-‎ [440]:** عن أبيه، عن آبائه، عن علي ‎-عليهم السلام-‎، قال: قال رسول الله ‎-صلى الله عليه وآله وسلم-‎: ((يقول الله تعالى: لا إله إلاَّ الله حصني، فمن دخل حصني أمن من عذابي)) .

[2989 - 237] **[وفيها أيضاً (441)]:** وبإسناده عن أبيه عن آبائه عن علي ‎-عليهم السلام-‎: قال: قال رسول الله ‎-صلى الله عليه وآله وسلم-‎: ((إنَّ لله ‎-عز وجل-‎ عموداً من ياقوت أحمر رأسه تحت العرش، وأسفله على ظهر الحوت في الأرض السابعة السفلى، فإذا قال العبد: لا إله إلاَّ الله اهتزَّ العرش، وتحرك العمود، وتحرك الحوت، فيقول الله تعالى: اسكن عرشي، فيقول: كيف اسكن، وأنت لم تغفر لقائلها؟، فيقول الله ‎-عز وجل-‎: اشهدوا سكان سماواتي أني قد غفرت لقائلها)). انتهى.

باب القول في الإخلاص

[2990 - 238] **مجموع زيد بن علي ‎-عليهما السلام-‎ [256]:** حدثني زيد بن علي، عن أبيه، عن جده، عن علي ‎-عليهم السلام-‎، قال: (من أخلص لله أربعين صباحاً يأكل الحلال، صائماً نهاره، قائماً ليله، أجرى الله سبحانه ينابيع الحكمة من قلبه على لسانه). انتهى.

[2991 - 239] **المرشد بالله ‎-عليه السلام-‎ في الأمالي [1/55]:** أخبرنا الشريفان أبو محمد وأبو طاهر، الحسن وإبراهيم، ابنا الشريف الجليل أبي الحسن

محمد بن عمر الحسيني العلوي الزيدي -قراءة على كل واحدٍ منهما ببغداد-،
قالا: أخبرنا أبو الفضل محمد بن عبدالله بن الشيباني، قال: حدَّثنا أبو عبدالله
جعفر بن محمد بن جعفر بن حسن بن جعفر بن حسن بن الحسن بن أمير
المؤمنين علي بن أبي طالب -عليهم السلام-، في رجب سنة سبع وثلاثمائة، قال:

5   حدَّثني محمد بن علي بن الحسين بن زيد بن علي بن الحسين بن علي بن أبي طالب
-عليهم السلام-، - منذ خمس وسبعين سنة -، قال: حدَّثني الرضا علي بن
موسى، قال: حدَّثني أبي موسى بن جعفر، قال: حدَّثني أبي جعفر بن محمد،
قال: حدَّثني أبي محمد بن علي، عن أبيه علي بن الحسين، عن أبيه الحسين، عن أبيه
علي بن أبي طالب -عليهم السلام-، قال: سمعت رسول الله -صلى الله عليه

10   وآله وسلم- يقول: ((التوحيد ثمن الجنَّة، والحمد لله وفاء شكر كل نعمة،
وخشية الله مفتاح كل حكمة، والإخلاص ملاك كل طاعة)). انتهى.

الرجال:

أما أبو محمد الحسن بن محمد بن عمر، وأبو طاهر إبراهيم بن محمد بن عمر،
ومحمد بن عبدالله الشيباني، فقد مر الكلام عليهم.

15   ## [ترجمة جعفر بن محمد بن جعفر بن الحسن]

وأما أبو عبدالله: جعفر بن محمد بن جعفر:

فقال في الجداول: جعفر [60] بن محمد بن جعفر بن الحسن بن الحسن بن علي
بن أبي طالب، أبو عبد الله.

سمع الصحيفة لعلي بن الحسين على علي بن عبد الله بن عمر بن الخطاب سنة
20   (165هـ).

―――――――――――――――――
(60) قال في الجداول: جعفر بن محمد بن الحسن بن جعفر بن الحسن بن الحسن بن علي بن أبي
طالب. ينظر، وسمع الصحيفة سنة 165 وروى الحديث سنة (307).

وروى عن علي بن موسى الرضا، وعيسى بن مهران، وطائفة.

وعنه في الصحيفة وغيرها: محمد بن عبد الله بن المطلب الشيباني، وأبو الشيخ، وعبد العزيز بن إسحاق البقال. انتهى.

وأما محمد بن علي بن الحسين بن زيد بن علي: فقد مر الكلام عليه، وكذلك بقية رجال الإسناد قد مر الكلام عليهم.

باب القول في الرفق

الهادي -عليه السلام- في الأحكام [2/403]: قال يحيى بن الحسين -صلوات الله عليه-:

[2992 - 240] حدَّثني أبي، عن أبيه، عن جده، عن آبائه -عليهم السلام-، عن رسول الله -صلى الله عليه وآله وسلم- أنَّه قال: ((الرفق يُمنٌ، والخرق شؤم)).

[2993 - 241] وبلغنا عن رسول الله -صلى الله عليه وآله وسلم- أنه قال: ((إذا أراد الله بأهل بيت خيراً دلّهم على الرفق)). انتهى.

الرجال:

أما الهادي يحيى بن الحسين، ووالده الحسين بن القاسم بن إبراهيم، وترجمان الدين القاسم بن إبراهيم -صلوات الله عليهم- أجمعين: فقد مر الكلام عليهم.

[ترجمة إبراهيم بن إسماعيل طباطبا، وآبائه]

وأما والد القاسم:

فقال في الجداول: إبراهيم بن إسماعيل طباطبا، أبو الأئمة، الفاضل المشهور، حبسه العباسي، وكان القاسم في بطن أمة، وبقي محبوساً سبع عشرة سنة، أولها سنة (170 هـ)، ثم أخرجه بحيلة بعض الشيعة، وقيل غير ذلك، وكان القاسم

قد نشأ فوجد القاسم بين جماعة، قاعداً فسلم عليهم، ولم يعرفه القاسم حتى عرفته والدته بعلامات في صدره، ضربتان بسيف معترضتان، فلما تحققه اعتنقه وقدمه إلى أهله، وتوفي بعد التسعين والمائة.

روى عن أبيه، وعلي بن الحسين [الحسني].

5   وعنه القاسم بن إبراهيم. انتهى.

وأما والده:

فقال في الجداول: إسماعيل بن إبراهيم بن الحسن بن الحسن الديباج، أبو الأئمة – عليهم السلام–، عن والده، والإمام الحسين بن علي الفخي، وشهد معه الوقعة.

وعنه ولده إبراهيم –عليهم السلام–، انتهى. وبيض في الجداول للوفاة[61].

10   وأما إبراهيم بن الحسن بن الحسن:

فقال في الجداول: إبراهيم بن الحسن بن الحسن بن علي بن أبي طالب، يقال له الشبه، روى عن أبيه وأمه فاطمة بنت الحسين، وعنه أولاده وغيرهم، توفي سنة خمس وأربعين[62].

قال مولانا: والأصح أنّه كان إماماً قبض عليه المنصور. انتهى.

15   قلت ومراد علامة العصر –رحمه الله–، بمولانا صاحب الطبقات الزيدية رحمه الله.

وأما الحسن بن الحسن:

فقال في الجداول: الحسن بن الحسن بن علي بن أبي طالب، الإمام الرابع، دعا

---

(61) قيل: توفي في محبس الهاشمية، وقيل: أطلقه الدوانيقي مع من أطلق بعد مقتل النفس الزكية.
(62) توفي في محبس الهاشمية في شهر ربيع الأول، سنة (145)هـ، وله سبع وستون سنة، وهو أول من توفي في السجن من أهل البيت –عليهم السلام–.

إليه عبد الرحمن الأشعث، وبايعه الحسن، وابن سيرين، والشعبي، وأعيان علماء العراق، وكان مشهوراً بالفضل، حضر مع عمه الحسين كربلاء، ثُمَّ توارى بالحجاز بعد انهزام أعوانه.

روى عن أبيه، وعنه أولاده وغيرهم، توفي مسموماً سنة ست أو ثمان وتسعين، ودفن إلى جنب أبيه صلى الله عليهما. انتهى.

[2994 - 242] **مجموع زيد بن علي -عليهما السلام- [272]:** حدثني زيد بن علي، عن أبيه، عن جده، عن علي -عليهم السلام-، قال: (رأيت رسول الله -صلى الله عليه وآله وسلم- يقرد بعيره، فقلت: ألا أكفيك، فأبى عليَّ، وقال: ((يا علي ألا أخبرك أنَّ لك بكل قراد تنزعه حسنة، والحسنة بعشر أمثالها)). انتهى.

باب القول في أداء الأمانة والوفاء بالعهد والصدق في الحديث

[2995 - 243] **مجموع زيد بن علي -عليهما السلام- [260]:** حدثني زيد بن علي، عن أبيه، عن جده، عن علي -عليهم السلام-، قال: قال رسول الله -صلى الله عليه وآله وسلم-: ((إن أقربكم مني غداً، وأوجبكم عليَّ شفاعة، أصدقكم لساناً، وأداكم لأمانته، وأحسنكم خلقاً، وأقربكم من الناس)). انتهى.

[2996 - 244] **الهادي -عليه السلام- في الأحكام [2/ 406]:** قال يحيى بن الحسين -صلوات الله عليه-: بلغنا عن رسول رب العالمين -صلى الله عليه وآله وسلم- أنه قال: ((اضمنوا لي ستاً، أضمن لكم على الله الجنّة، أوفوا إذا وعدتم، وأدُّوا إذا أؤتمنتم، وأصدقوا إذا حُدِّثتم، واحفظوا فروجكم، وغضوا أبصاركم، وصِلوا أرحامكم)).

وتصديق ذلك في كتاب الله: ﴿ وَأَوْفُوا بِعَهْدِ ٱللَّهِ إِذَا عَٰهَدتُّمْ ﴾ [النحل:91]،

وقال: ﴿وَالْمُوفُونَ بِعَهْدِهِمْ إِذَا عَٰهَدُواْ وَالصَّٰبِرِينَ فِي الْبَأْسَاءِ وَالضَّرَّاءِ وَحِينَ الْبَأْسِ أُوْلَٰٓئِكَ الَّذِينَ صَدَقُواْ وَأُوْلَٰٓئِكَ هُمُ الْمُتَّقُونَ ١٧٧﴾[البقرة:177]، وقال الله سبحانه في أداء الأمانة: ﴿فَلْيُؤَدِّ الَّذِي اؤْتُمِنَ أَمَٰنَتَهُۥ وَلْيَتَّقِ اللَّهَ رَبَّهُۥ﴾ [البقرة:283]، وقال: ﴿إِنَّ اللَّهَ يَأْمُرُكُمْ أَن تُؤَدُّواْ الْأَمَٰنَٰتِ إِلَىٰٓ أَهْلِهَا وَإِذَا حَكَمْتُم بَيْنَ النَّاسِ أَن تَحْكُمُواْ بِالْعَدْلِ إِنَّ اللَّهَ نِعِمَّا يَعِظُكُم بِهِۦٓ إِنَّ اللَّهَ كَانَ سَمِيعًا بَصِيرًا ٥٨﴾[النساء:58]، وقال في الصدق: ﴿إِنَّ الْمُسْلِمِينَ وَالْمُسْلِمَٰتِ وَالْمُؤْمِنِينَ وَالْمُؤْمِنَٰتِ وَالْقَٰنِتِينَ وَالْقَٰنِتَٰتِ وَالصَّٰدِقِينَ وَالصَّٰدِقَٰتِ﴾ [الأحزاب:35]، ثم قال في آخر الآية ﴿أَعَدَّ اللَّهُ لَهُم مَّغْفِرَةً وَأَجْرًا عَظِيمًا﴾ فأخبر أنه أعد لمن كان كذلك ما ذكر الله سبحانه في ذلك.

[2997 - 245] وفي ذلك ما بلغنا عن رسول الله -صلى الله عليه وآله وسلم- أنه قال: ((الأمانة تجلب الرزق، والخيانة تجلب الفقر)). انتهى.

[2998 - 246] **صحيفة علي بن موسى الرضا -عليهما السلام-** [472]: عن أبيه، عن آبائه، عن علي -عليهم السلام-، قال: قال رسول الله -صلى الله عليه وآله وسلم-: ((من عامل الناس ولم يظلمهم، وحدَّثهم فلم يكذبهم، ووعدهم فلم يخلفهم، فهو مؤمن، كملت مروءته، وظهرت عدالته، ووجبت محبته، وحرمت غيبته)). انتهى.

[2999 - 247] **أبو طالب -عليه السلام- في الأمالي** [535]: أخبرنا أبو الحسين يحيى بن الحسين بن محمد بن عبيدالله الحسني -رحمه الله-، قال: حدثنا أبو الحسن علي بن محمد بن مهرويه القزويني، قال: حدَّثنا أبو أحمد داوود بن سليمان الغازي، قال: حدَّثني علي بن موسى الرضا، عن أبيه موسى بن جعفر، عن أبيه جعفر بن محمد، عن أبيه محمد بن علي، عن أبيه علي بن الحسين، عن أبيه الحسين بن علي، عن أبيه علي -صلوات الله عليهم-، قال: قال رسول الله -صلى الله عليه وآله وسلم-: ((من عامل الناس فلم يظلمهم، وحدَّثهم فلم يكذبهم،

ووعدهم فلم يخلفهم فهو ممَّن كملت مروءته، وظهرت عدالته، ووجب أجره، وحرمت غيبته)). انتهى.

رجال هذا الإسناد من ثقات محدثي الشيعة قد مر الكلام عليهم.

باب القول في الترهيب في الغيبة والنميمة والكبر ومدمن الخمر

[3000 – 248] أبو طالب -عليه السلام- في الأمالي [544]: أخبرنا أبو الحسين علي بن إسماعيل الفقيه -رحمه الله-، قال: حدَّثنا الناصر للحق الحسن بن علي -عليه السلام-، قال: حدَّثنا محمد بن منصور، قال: حدَّثنا أحمد بن عيسى، عن حسين بن علوان، عن أبي خالد، عن زيد، عن آبائه، عن علي -عليهم السلام-، قال: قال رسول الله -صلى الله عليه وآله وسلم-: ((تحرم الجنَّة على ثلاثة: المنَّان، والغيَّاب، والنمَّام، وعلى مدمن الخمر)). انتهى.

رجال هذا الإسناد من ثقات محدثي الشيعة وقد مر الكلام عليهم.

[3001 – 249] أمالي أحمد بن عيسى -عليها السلام- [21/1]: حدَّثنا محمد، قال: حدَّثني أحمد بن عيسى عن حسين، عن أبي خالد، عن زيد، عن آبائه، عن علي -عليهم السلام-، قال: (عذاب القبر من ثلاثة: من البول، والدَّين، والنميمة).

وهو في المجموع: بلفظ: (عذاب القبر من ثلاث: من البول والدين والنميمة)، وهو أيضاً في الجامع الكافي.

ورجال إسناد الأمالي قد مر الكلام عليهم، وهم من ثقات محدثي الشيعة.

[3002 – 250] أبو طالب -عليه السلام- في الأمالي [551]: حدَّثنا أبو الحسين يحيى بن الحسين بن محمد بن عبيدالله الحسني -رحمه الله-،، قال: حدَّثنا علي بن محمد بن مهرويه القزويني، قال: حدَّثنا أبو أحمد داوود بن سليمان

الغازي، قال: حدَّثنا علي بن موسى الرضا، عن أبيه موسى بن جعفر، عن أبيه جعفر، عن أبيه محمد بن علي، عن أبيه علي بن الحسين، عن أبيه الحسين، عن أبيه علي -عليهم السلام-،، قال: قال رسول الله -صلى الله عليه وآله وسلم-: ((من بهت مؤمناً أو مؤمنة، أو قال فيه ما ليس فيه أقامه الله يوم القيامة على تل من نار حتى يخرج مما قال)). انتهى.

رجال هذا الإسناد من ثقات محدثي الشيعة وقد مر الكلام عليهم.

[3003 - 251] صحيفة علي بن موسى الرضا -عليهما السلام- [473]: عن أبيه عن آبائه عن علي -عليهم السلام-، قال: قال رسول الله -صلى الله عليه وآله وسلم-: ((من بهت مؤمناً أو مؤمنة، أو قال فيه ما ليس فيه أقامه الله على تل من نار حتى يخرج مما قال فيه)). انتهى.

[3004 - 252] أبو طالب -عليه السلام- في الأمالي [548]: حدَّثنا أبو الحسين يحيى بن الحسين بن محمد بن عبيدالله الحسني -رحمه الله-، قال: حدَّثنا علي بن محمد بن مهرويه القزويني، قال: حدَّثنا أبو أحمد داوود بن سليمان الغازي، قال: حدَّثنا علي بن موسى الرضا، عن أبيه موسى بن جعفر، عن أبيه جعفر، عن أبيه محمد بن علي، عن أبيه علي بن الحسين، عن أبيه الحسين، عن أبيه علي -عليهم السلام-،، قال: قال رسول الله -صلى الله عليه وآله وسلم-: ((من استذل مؤمناً، أو حقره لفقره، وقلة ذات يده، شهره الله يوم القيامة ثم يفضحه)). انتهى.

رجال هذا الإسناد من ثقات محدثي الشيعة وقد مر الكلام عليهم.

قلت وبالله التوفيق: ولا سبب باعث لاستذلال المؤمن وتحقيره إلا الكبر، فمن تركه اهتدى إلى تعظيم المؤمنين، سواء كان المؤمن غنياً أو فقيراً، ومن جعله دأبه وعادته، شهره الله يوم القيامة، ثم يفضحه كما نطق بذلك الحديث النبوي، وقد تعوذ رسول الله -صلى الله عليه وآله وسلم- من الكبر، ونطقت بذمه

والوعيد عليه أحاديث كثيرة نسأل الله السلامة، وأن يرزقنا أن نحب لكل مؤمن ما نحب لأنفسنا، ونكره له ما نكره لأنفسنا، فهو السميع العليم.

[3005 - 253] **صحيفة علي بن موسى الرضا -عليهما السلام-** [474]: عن أبيه عن آبائه عن علي -عليهم السلام-: قال: قال رسول الله -صلى الله عليه وآله وسلم-: ((من استذل مؤمناً أو مؤمنة، أو حقره لفقره، وقلة ذات يده، شهره الله يوم القيامة ثم يفضحه)). انتهى.

الهادي -عليه السلام- في الأحكام [2/407]: قال يحيى بن الحسين -صلوات الله عليه-: الغيبة والكبر من أفعال الكافرين وليست من أخلاق المؤمنين وفي الغيبة ما يقول الله سبحانه: ﴿وَلَا يَغْتَب بَّعْضُكُم بَعْضًا ۚ أَيُحِبُّ أَحَدُكُمْ أَن يَأْكُلَ لَحْمَ أَخِيهِ مَيْتًا فَكَرِهْتُمُوهُ ۚ وَٱتَّقُوا ٱللَّهَ ۚ إِنَّ ٱللَّهَ تَوَّابٌ رَّحِيمٌ ۝﴾ [الحجرات:12].

[3006 - 254] وفي ذلك ما قال رسول الله -صلى الله عليه وآله وسلم- للزبير ولصاحبه -حين تناولا من ماعز بن مالك من بعد أن رجمه رسول الله -صلى الله عليه وآله وسلم-، فقالا: انظر إلى هذا الذي ستر الله عليه، فهتك نفسه حتى رجم كما يرجم الكلب، فسكت عنهما رسول الله -صلى الله عليه وآله وسلم- حتى أجاز بجيفة حمار شاغر برجله-، فقال لهما: ((انزلا فأصيبا من هذا الحمار))، فقالا: يا رسول الله أنأكل الميتة؟! فقال: ((لما أصبتما من صاحبكما آنفاً أعظم من أصابتكما من هذه الجيفة، إنه الآن ليتقمص في أنهار الجنة)).

وفي الكبر ما يقول الله سبحانه: ﴿كَذَلِكَ يَطْبَعُ ٱللَّهُ عَلَىٰ كُلِّ قَلْبِ مُتَكَبِّرٍ جَبَّارٍ﴾.

[3007 - 255] وفي ذلك: ما بلغنا عن أمير المؤمنين -عليه السلام- وأبي ذر رضي الله عنهما أنهما سألا رسول الله -صلى الله عليه وآله وسلم-، فقالا: ما أعظم ذنب بعد الشرك عند الله؟ فقال: ((الكبر، الكبر)). انتهى.

باب القول في فضل المؤمن وكرامته عند الله

[3008 - 256] **صحيفة علي بن موسى الرضا -عليهما السلام-** [474]: عن أبيه، عن آبائه، عن علي -عليهم السلام-، قال: قال رسول الله -صلى الله عليه وآله وسلم-: ((مثل المؤمن عند الله كمثل ملك مقرب، وإن المؤمن عند الله -عز وجل- أفضل من ملك مقرب، وليس شئ أحب إلى الله تعالى من مؤمن تائب، أو مؤمنة تائبة)).

[3009 - 257] **وفيها أيضاً** [475]: عن أبيه، عن آبائه، عن علي -عليهم السلام-، قال: قال رسول الله -صلى الله عليه وآله وسلم-: ((إن المؤمن يعرف في السماء كما يعرف الرجل في أهله وولده، وإنه أكرم عند الله من ملك مقرب)).

[3010 - 258] **وفيها أيضاً** [475] عن أبيه، عن آبائه، عن علي -عليهم السلام-، قال: قال رسول الله -صلى الله عليه وآله وسلم-: ((أتاني جبريل عن ربه وهو يقول: ربي -عز وجل- يقرؤك السلام، ويقول يا محمد: بشر المؤمنين الذين يعملون الصالحات ويؤمنون بك، ويحبون أهل بيتك بالجنة، فإن لهم عند الله جزاء الحسنى، وسيدخلون الجنَّة)).

[3011 - 259] **وفيها أيضاً** [475]: عن أبيه، عن آبائه، عن علي -عليهم السلام-، قال: قال رسول الله -صلى الله عليه وآله وسلم-: (([يا علي] من كرامة المؤمن على الله أن لا يجعل لأجله وقتاً معلوماً حتى يهم ببائقه، فإذا هَمَّ ببائقه قبضه الله رأفة به)).

قال الرضا -عليه السلام-: كان جعفر بن محمد يقول: (تجنبوا البوائق يمد الله لكم في الأعمار).

[3012 - 260] **وفيها أيضاً** [474]: عن أبيه، عن آبائه، عن علي -عليهم السلام-، قال: قال رسول الله -صلى الله عليه وآله وسلم-: ((إذا كان يوم القيامة تجلى الله تعالى لعبده المؤمن فيوقفه على ذنوبه ذنباً ذنباً، ثم يغفر الله له، ولا

يطلع الله على ذلك ملكاً مقرباً، و لا نبياً مرسلاً، وستر عليه ما يكره أن يقف عليه أحد، ثم يقول: لسيئاته كنَّ حسنات)). انتهى.

باب القول في الترهيب في عد م قبول العذر

[3013 - 261] أبو طالب -عليه السلام- في الأمالي [459]: حدَّثنا أبو العباس الحسني -رحمه الله-، قال: أخبرنا أبو زيد، أخبرنا محمد بن منصور، حدَّثني أبو الطاهر أحمد بن عيسى بن عبدالله بن محمد بن عمر بن علي بن أبي طالب، قال: حدَّثني أبي، عن أبيه، عن جده، عن علي صلوات الله عليه، قال: قال رسول الله -صلى الله عليه وآله وسلم-: ((من لم يقبل العذر من محق أو مبطل لم يرد علي الحوض)). انتهى.

رجال هذا الإسناد من ثقات محدثي الشيعة، وقد مر الكلام عليهم.

وأبو العباس: هو أحمد بن إبراهيم الحسني، وأبو زيد: هو عيسى بن محمد العلوي.

الهادي -عليه السلام- في الأحكام [2/409]: قال يحيى بن الحسين -صلوات الله عليه-: الواجب على من اعتذر إليه أن يقبل العذر، ويظهر القبول للمعتذر، كان المعتذر محقاً أو مبطلاً؛ لأن ذلك أشبه بفعال أهل الإيمان، وأقرب لمن فعله إلى الرحمن.

[3014 - 262] وفي ذلك: ما بلغنا عن أمير المؤمنين علي بن أبي طالب -عليه السلام- أنه قال: قال رسول الله -صلى الله عليه وآله وسلم-: ((من لم يقبل العذر من محق أو مبطل، لا ورد على الحوض)).

[3015 - 263] وفي ذلك: ما بلغنا عن الحسن بن علي -عليهما السلام- أنه قال: (لو شتمني رجل في أذني هذه، واعتذر إلي في أذني هذه لقبلت منه). انتهى.

باب القول في الترغيب في حسن الخلق

[3016 - 264] **مجموع زيد بن علي -عليهما السلام- [260]:** حدثني زيد بن علي، عن أبيه، عن جده، عن علي -عليهم السلام-، قال: قال رسول الله -صلى الله عليه وآله وسلم-: ((إن أفضلكم إيماناً أحسنكم أخلاقاً، الموطؤون أكتافاً، المواصلون لأرحامهم، الباذلون لمعروفهم، الكافون لأذاهم، العافون بعد قدرة)). انتهى.

[3017 - 265] **صحيفة علي بن موسى الرضا -عليهما السلام- [473]:** عن أبيه عن آبائه، عن علي -عليهم السلام-، قال: قال رسول الله -صلى الله عليه وآله وسلم-: ((لو يعلم العبد ما له من حسن الخلق، لعلم [أن] ما يحتاج إلاَّ أن يكون له حسن الخلق)).

[3018 - 266] **وفيها أيضاً [473]:** عن أبيه عن آبائه، عن علي -عليهم السلام-، قال: قال رسول الله -صلى الله عليه وآله وسلم-: ((عليكم بحسن الخلق، فإن حسن الخلق في الجنَّة [لا محالة])).

[3019 - 267] **وفيها أيضاً [474]:** عن أبيه عن آبائه، عن علي -عليهم السلام-، قال: قال رسول الله -صلى الله عليه وآله وسلم-: ((إن العبد ينال بحسن الخلق درجة الصائم القائم)).

[3020 - 268] **وفيها أيضاً [474]:** عن أبيه عن آبائه، عن علي -عليهم السلام-، قال: قال رسول الله -صلى الله عليه وآله وسلم-: ((ما من شيء أثقل في الميزان من حسن الخلق)).

[3021 - 269] **وفيها أيضاً [474]:** عن أبيه عن آبائه، عن علي -عليهم السلام-، قال: قال رسول الله -صلى الله عليه وآله وسلم-: ((الخلق السيء يفسد العمل، كما يفسد الخل العسل)).

[3022- 270] وفيها أيضاً [475]: عن أبيه عن آبائه، عن علي -عليهم السلام-: قال: قال رسول الله -صلى الله عليه وآله وسلم-: ((عنوان صحيفة المؤمن المسلم حسن الخلق)).

[3023- 271] **وفيها أيضاً** [475]: عن أبيه عن آبائه، عن علي بن أبي طالب -عليهم السلام-، قال: ((حسن الخلق خير قرين))، وقال: ((أكملكم إيماناً أحسنكم أخلاقاً)).

[3024- 272] **وفيها أيضاً** [475]: عن أبيه عن آبائه، عن علي -عليهم السلام-، قال: سئل رسول الله -صلى الله عليه وآله وسلم-: ((ما أكثر ما يدخل الجنَّة ؟ قال: تقوى الله وحسن الخلق، وسئل ما أكثر ما يدخل النار ؟ قال: الأجوفان البطن والفرج)).

[3025- 273] **وفيها أيضاً** [475]: عن أبيه عن آبائه، عن علي -عليهم السلام-، قال: قال رسول الله -صلى الله عليه وآله وسلم-: ((أقربكم مني مجلساً يوم القيامة أحسنكم خلقاً، وخيركم خيركم لأهله)).

[3026- 274] **وفيها أيضاً** [476]: عن أبيه عن آبائه، عن علي -عليهم السلام-، قال: قال رسول الله -صلى الله عليه وآله وسلم-: ((أحسن الناس إيماناً أحسنهم خلقاً، وألطفهم بأهله، وأنا ألطفكم بأهلي)). انتهى.

[3027- 275] **مجموع زيد بن علي -عليهما السلام-** [259]: حدثني زيد بن علي، عن أبيه، عن جده، عن علي -عليهم السلام-: (إن الله يحب الحيي الحليم، العفيف المتعفف، ويبغض البذيء الفاحش، الملح الملحف).

الحمد لله رب العالمين، حمداً كثيراً، بسم الله الرحمن الرحيم. انتهى.

الهادي -عليه السلام- في الأحكام [2/ 399]: قال يحيى بن الحسين -صلوات الله عليه-: الحسن الخلق قريب من الله، قريب من الناس، والحسن

الخلق يدرك بحسن خلقه، ولين جانبه من مودة الناس ما لا يدركه المعطي للمال، الذي لا خلق له من الرجال، فمن حَسُنَ خلقه فليشكر الله، وليعلم أنها أكبر نعم الله عليه.

[3028 - 276] وفي ذلك: ما بلغنا عن رسول الله -صلى الله عليه وآله وسلم- أنه قال: ((إن الرجل ليدرك بحسن خلقه درجة الصائم نهاره، القائم ليله، المجاهد في سبيل الله، وإن سيء الخلق ليكتب جباراً وإن لم يملك إلاَّ أهله)). انتهى.

باب القول في السخاء والبخل وكتمان الطاعة لله

الهادي -عليه السلام- في الأحكام [2/402]: قال يحيى بن الحسين - صلوات الله عليه-: السخي قريب من الناس، قريب من الله، حبيب إلى الله، حبيب إلى الناس إذا كان مؤمناً.

[3029 - 277] وفي ذلك: ما بلغنا عن رسول الله -صلى الله عليه وآله وسلم- أنه قال: ((إن الله يحب السخي فأحبوه، ويبغض البخيل فأبغضوه)).

[3030 - 278] وبلغنا عن رسول الله -صلى الله عليه وآله وسلم- أنه قال: ((إن السخاء شجرة أصلها في الجنة، وأغصانها في الدنيا، فمن أخذ بغصن منها قاده ذلك الغصن إلى الجنة، والبخل شجرة نابتة في النار وأغصانها في الدنيا، فمن أخذ بغصن منها قاده ذلك الغصن إلى النار)). انتهى.

[3031 - 279] صحيفة علي بن موسى الرضا -عليها السلام- [475]: عن أبيه عن آبائه، عن علي -عليهم السلام-، قال: (من كنوز البر إخفاء العمل، والصبر على الرزايا، وكتمان المصائب). انتهى.

[3032 - 280] الهادي -عليه السلام- في الأحكام [2/403]: قال يحيى بن الحسين -صلوات الله عليه-: بلغنا عن رسول الله -صلى الله عليه وآله وسلم-

أنه قال: ((صلاة السر تضعف صلاة العلانية بسبعين ضعفاً)). انتهى.

[3033 - 281] **محمد بن منصور المرادي في كتاب الذكر** [50]: حدَّثنا محمد بن منصور، عن أحمد بن صبيح، عن حسين بن علوان، عن عبدالله بن الحسن، قال: قال رسول الله -صلى الله عليه وآله وسلم-:((إنَّ صلاة السر تضعف على صلاة العلانية بسبعين ضعفاً)). انتهى.

باب القول في إفشاء السلام

[3034 - 282] **مجموع زيد بن علي -عليهما السلام-** [260]: حدثني زيد بن علي، عن أبيه، عن جده، عن علي -عليهم السلام-، قال: قال رسول الله -صلى الله عليه وآله وسلم-: ((لا تدخلوا الجَنَّة حتى تؤمنوا، ولا تؤمنوا حتى تحابّوا، ألا أدلّكم على شيء إذا فعلتموه تحاببتم؟))، قالوا: بلى يا رسول الله، قال: ((أفشوا السلام بينكم، وتواصلوا وتباذلوا)). انتهى.

[3035 - 283] **الهادي -عليه السلام- في الأحكام** [414/2]: قال يحيى بن الحسين -صلوات الله عليه-: بلغنا عن رسول الله -صلى الله عليه وآله وسلم- أنه قال: ((يسلم الراكب على الماشي، وإذا سلم واحد من القوم أجزأ عنهم)) .

قال يحيى بن الحسين رضي الله عنه: رد السلام فريضة، لأن الله -عز وجل- يقول: ﴿ وَإِذَا حُيِّيتُم بِتَحِيَّةٍ فَحَيُّوا بِأَحْسَنَ مِنْهَآ أَوْ رُدُّوهَآ ﴾.

[3036 - 284] **قال يحيى بن الحسين -صلوات الله عليه-**: بلغنا عن رسول الله -صلى الله عليه وآله وسلم- أنه قال: ((اليهود إذا سلموا عليكم، فإنَّما يقولون: السام عليكم، فقولوا: وعليكم)).

وفي الأحكام أيضاً [413]: قال يحيى بن الحسين -صلوات الله عليه-: ليس من أخلاق المؤمنين التهاجر، إنما التهاجر من أخلاق الفاسقين. المؤمنون كما قال الله -عز وجل-: ﴿ إِخْوَٰنًا عَلَىٰ سُرُرٍ مُّتَقَٰبِلِينَ ﴾.

[3037 - 285] **وفي ذلك**: ما بلغنا عن رسول الله -صلى الله عليه وآله وسلم- أنه قال: ((لا يحل لمسلم أن يهجر أخاه فوق ثلاثة أيام، فيلتقيان فيعرض هذا، ويعرض هذا، وخيرهما الذي يبدأ بالسلام)).

[3038 - 286] قال: وبلغنا عن رسول الله -صلى الله عليه وآله وسلم- أنه قال: ((لا تباغضوا، ولا تحاسدوا، ولا تدابروا، وكونوا عباد الله إخواناً، ولا يحل لمسلم أن يهجر أخاه فوق ثلاثة أيام)). انتهى.

باب القول في الترغيب في الزهد والورع

[3039 - 287] أبو طالب -عليه السلام- في الأمالي [496]: أخبرنا أبي - رحمه الله-، قال: أخبرنا عبدالله بن أحمد بن سلام، قال: أخبرنا أبي، قال: حدَّثنا محمد بن منصور، قال: حدَّثنا عبدالله بن داهر، عن عمرو بن جميع، عن جعفر بن محمد، عن أبيه، عن جده، عن علي -صلوات الله عليهم-، قال: قال رسول الله -صلى الله عليه وآله وسلم-: ((هل منكم من يريد أن يعطيه الله علماً بغير تعلم؟، هل منكم من يريد أن يعطيه الله هدى بغير هداية؟، هل منكم من يريد أن يذهب الله عنه العمى، ويجعله بصيراً؟.

ألا إنه من زهد في الدنيا، وقصر فيها أمله، أعطاه الله علماً بغير تعلم، وهدى بغير هداية.

ألا وإنه من رغب في الدنيا، وأطال فيها أمله، أعمى الله قلبه على قدر رغبته فيها.

ألا وإنه سيكون أقوام لا يستقيم لهم الملك إلَّا بالقتل والتجبر، ولا يستقيم لهم الغناء إلَّا بالبخل والفخر، ولا تستقيم لهم المحبة في الناس إلَّا باتباع الهوى.

ألا فمن أدرك منكم ذلك، فصبر على الذل، وهو يقدر على العز، وصبر على الفقر وهو يقدر على الغنى، وصبر على البغضة في الناس، وهو يقدر على المحبة،

لا يريد بذلك إلاَّ وجه الله، والدار الآخرة أثابه الله ثواب خمسين صدِّيقاً)).

قال السيد الإمام أبو طالب -عليه السلام-: معنى قوله -صلى الله عليه وآله وسلم-: ((إنَّ من زهد في الدنيا أعطاه الله علماً بغير تعلم))، أن عند زهده فيها تقوى دواعيه إلى النظر الذي يكسبه العلوم التي ينتفع بها في الدين، ويكثر ثوابه عليها من غير استدعاء من المخلوقين وتعلُّم منهم، وهو مطابق لقوله تعالى: ﴿وَٱلَّذِينَ جَٰهَدُواْ فِينَا لَنَهۡدِيَنَّهُمۡ سُبُلَنَاۚ﴾ [العنكبوت:69].

ومعنى أنه إذا رغب فيها أعمى قلبه، أن يكون مصروفاً عن هذا اللطف. انتهى.

رجال هذا الإسناد من ثقات محدثي الشيعة وقد مر الكلام عليهم في أول كتابنا هذا.

[3040- 288] **وفي أمالي أبي طالب -عليه السلام- أيضا** [511]: حدَّثنا أبو أحمد علي بن الحسين بن علي الديباجي ببغداد، قال: حدَّثنا أبو الحسين علي بن عبدالرحمن بن عيسى بن ماتي، قال: حدَّثنا محمد بن منصور، قال: حدَّثنا عبدالله بن داهر، عن عمر بن جميع، عن جعفر بن محمد، عن أبيه، عن جده -عليهم السلام-، قال: قال رسول الله -صلى الله عليه وآله وسلم-: ((لا صلاة لمن لا زكاة له، ولا زكاة لمن لا ورع له)). انتهى.

باب القول في التحذير عن معاصي الله

[3041- 289] **أبو طالب -عليه السلام- في الأمالي** [514]: حدَّثنا أبو الحسين يحيى بن الحسين بن محمد بن عبيدالله الحسني -رحمه الله-، قال: حدَّثنا علي بن محمد بن مهرويه القزويني، قال: حدَّثنا داوود بن سليمان الغازي، قال: حدَّثني علي بن موسى الرضا، عن أبيه موسى، عن أبيه جعفر بن محمد، عن أبيه محمد بن علي، عن أبيه علي بن الحسين، عن أبيه الحسين بن علي، عن أبيه علي -صلوات الله عليهم-، قال: قال رسول الله -صلى الله عليه وآله وسلم-: ((يقول

الله -عز وجل-: يا ابن آدم ما تنصفني أتحبب إليك بالنعم، وتتمقتُ إليَّ بالمعاصي، خيري إليك منزل، وشرك إليَّ صاعد، ولا يزال ملك كريم يأتيني عنك في كل يوم وليلة بعمل قبيح، يا ابن آدم لو سمعت وصفك من غيرك وأنت لا تدري من الموصوف لسارعت إلى مقته)). انتهى.

5   رجال هذا الإسناد من ثقات محدثي الشيعة وقد مر الكلام عليهم.

[3042 - 290] **صحيفة علي بن موسى الرضا -عليهما السلام-** [494]: عن أبيه عن آبائه -عليهم السلام-، عن علي -عليه السلام-، قال: قال رسول الله -صلى الله عليه وآله وسلم-: ((يقول الله -عز وجل-: يا ابن آدم لا يغرنَّك ذنب النَّاس عن ذنب نفسك، ولا نعمة الناس عن نعمة الله عليك، ولا تقنط
10   الناس من رحمة الله عليهم وأنت ترجوها لنفسك)).

[3043 - 291] **وفيها أيضاً** [494]: عن أبيه، عن آبائه -عليهم السلام-، عن علي -عليه السلام-، قال: قال رسول الله -صلى الله عليه وآله وسلم-: ((ثلاث أخافهنَّ على أمتي بعدي: الضلالة بعد المعرفة، ومضلات الفتن، وشهوة البطن والفرج)).

[3044 - 292] **وفيها أيضاً** [495]: عن أبيه، عن آبائه -عليهم السلام-،
15   عن علي -عليه السلام- قال: قال رسول الله -صلى الله عليه وآله وسلم-: ((إن الله يحاسب كل خلق إلاَّ من أشرك بالله، فإنه لا يُحاسب، ويأمر به في النار)).

[3045 - 293] **وفيها أيضاً** [501]: عن أبيه، عن آبائه -عليهم السلام-، عن علي -عليه السلام- قال: (لا دين لمن دان لمخلوق في معصية الخالق).

[3046 - 294] **وفيها أيضاً** [494]: عن أبيه، عن آبائه -عليهم السلام-،
20   عن علي -عليه السلام- قال: قال رسول الله -صلى الله عليه وآله وسلم-: ((يقول الله تعالى: يا ابن آدم ما تنصفني أتحبب إليك بالنعم، وتتمقت لي بالمعاصي، خيري إليك منزل، وشرك إليَّ صاعد، ولا يزال ملك كريم يأتيني

عنك في كل يوم وليلة بعملٍ قبيح، يا ابن آدم لو سمعت وصفك من غيرك وأنت لا تدري من الموصوف لسارعت إلى مقته)).

[3047 – 295] **وفيها أيضاً** [498]: عن أبيه، عن آبائه –عليهم السلام–، عن علي –عليه السلام– قال: قال رسول الله –صلى الله عليه وآله وسلم–:

5 ((اختاروا الجنَّة على النار، ولا تبطلوا أعمالكم فتقذفوا في النار مُنَكَّسين خالدين فيها أبداً)).

[3048 – 296] **وفيها أيضاً** [498]: عن أبيه، عن آبائه –عليهم السلام–، عن علي –عليه السلام– قال: قال رسول الله –صلى الله عليه وآله وسلم–: ((إنَّ الله غافرٌ كل ذنب إلاَّ من أخذ مهراً، أو اغتصب أجيراً، أو باع رجلاً حراً)). انتهى.

[3049 – 297] **أبو طالب** –عليه السلام– **في الأمالي** [525]: حدَّثنا أبو

10 الحسين يحيى بن الحسين بن محمد بن عبيدالله الحسني –رحمه الله–، قال: حدَّثنا علي بن محمد بن مهرويه القزويني، قال: حدَّثنا داوود بن سليمان الغازي، قال: حدَّثني علي بن موسى الرضا، عن أبيه موسى، عن أبيه جعفر بن محمد، عن أبيه محمد بن علي، عن أبيه علي بن الحسين، عن أبيه الحسين بن علي، عن أبيه علي –

15 صلوات الله عليهم–، قال: قال رسول الله –صلى الله عليه وآله وسلم–: ((ثلاث أخافهنَّ على أمتي بعدي: الضلالة بعد المعرفة، ومضلات الفتن، وشهوة البطن والفرج)). انتهى.

رجال هذا الإسناد من ثقات محدثي الشيعة، وقد مر الكلام عليهم.

باب القول في ذم الدنيا والاقتصار عليها

20 [3050 – 298] **الموفق بالله** –عليه السلام– **في الاعتبار وسلوة العارفين** [70]: أخبرنا أبو الحسين الحسن بن علي بن محمد بن جعفر، أخبرنا القاضي أبو بكر محمد بن عمر الجعابي الحافظ، حدَّثنا القاسم بن محمد، حدَّثني أبي، عن أبيه، عن جعفر بن محمد، عن أبيه، عن علي بن الحسين، عن الحسين –عليهم السلام–

، قال: رأيت رسول الله -صلى الله عليه وآله وسلم- قام خطيباً على أصحابه، فقال: ((يا أيها الناس: كأن الموت فيها على غيرنا كُتب، وكأن الحق فيها على غيرنا وجب، وكأنّ الذي نُشيع من الأموات قوم سفرٍ عمَّا قليل إلينا راجعون، نبوئهم أجداثهم، ونأكل تراثهم، كأنَّا مخلدون بعدهم، نسينا كل واعظة، وأمنَّا كل جائحة، طوبى لمن شغله عيبه عن عيوب الناس، طوبى لمن طاب كسبه، وصلحت سريرته، وحسنت علانيته، واستقامت خليقته، طوبى لمن تواضع في غير منقصة، وأنفق مما جمعه من غير معصية، وخالط أهل الفقه والحكمة، ورحم أهل الذل والمسكنة، طوبى لمن أنفق الفضل من ماله، وأمسك الفضل عن قوله، ووسعته السنة، ولم يشذ عنها إلى بدعة)) قال: ثم نزل. انتهى.

رجال هذا الإسناد من ثقات محدثي الشيعة، وقد مر الكلام عليهم في كتاب الجنائز من كتابنا هذا.

وأبو الحسين: الحسن بن علي بن محمد بن جعفر هو الوبري، كذلك قد مر الكلام عليه.

[3051 - 299] **المرشد بالله -عليه السلام- في الأمالي** [2/ 223]: أخبرنا أبو القاسم عبدالعزيز بن علي بن أحمد الأزجي بقرآءتي عليه، قال: أخبرنا أبو القاسم عمر بن محمد بن إبراهيم بن سَبَنْك البجلي، قال: أخبرنا أبو الحسين عمر بن الحسن بن علي بن مالك الأشناني، قال: حدَّثنا أبو بكر محمد بن زكريا المروروذي، قال: حدَّثنا موسى بن إبراهيم المروزي الأعور، قال: حدَّثني موسى بن جعفر بن محمد، عن أبيه جعفر بن محمد، عن أبيه محمد بن علي، عن أبيه علي بن الحسين، عن أبيه، عن علي -عليهم السلام-، قال: قال رسول الله -صلى الله عليه وآله وسلم-: ((الدنيا سجن المؤمن، وجنَّة الكافر)).

[3052 - 300] وبإسناده: عن علي -عليه السلام-، قال: قال رسول الله -صلى الله عليه وآله وسلم-:((لو كانت الدنيا عند الله تساوي جناح بعوضة ما

سقى الكافر منها شربة من ماءٍ)).

[3053 - 301] وبإسناده عن علي -عليه السلام-: قال: قال رسول الله - صلى الله عليه وآله وسلم-: ((الدنيا ملعونة ملعون ما فيها، إلاَّ ما كان لله -عز وجل-)). انتهى.

5   رجال هذا الإسناد من ثقات محدثي الشيعة وقد مر الكلام عليهم.

[3054 - 302] **الموفق بالله -عليه السلام- في الاعتبار وسلوة العارفين** [71]: أخبرنا أبو الحسين الحسن بن علي بن محمد بن جعفر الوبري، حدَّثنا القاضي أبو بكر محمد بن عمر بن محمد الجعابي، حدَّثني القاسم، حدَّثني أبي، عن أبيه، عن جعفر بن محمد، عن أبيه، عن علي بن الحسين، عن الحسن بن علي - عليهم السلام-، قال: (كأني أنظر إلى أمير المؤمنين -عليه السلام- وهو قائم

10   يخطب، فقال: (يا أيها الناس: إن الدنيا قد ارتحلت مدبرة، وإن الآخرة قد تحملت مقبلة، ألا وإن لكل واحدة منهما بنون، فكونوا من أبناء الآخرة، ولا تكونوا من أبناء الدنيا، وكونوا من الزاهدين في الدنيا، الراغبين في الآخرة، واتخذوا الأرض فراشاً، والتراب بساطاً، والماء طيباً، وانقرضوا من الدنيا

15   تقريضاً(63).

ألا ومن اشتاق إلى الجنَّة سلى عن الشهوات، ومن أشفق من النار لهى عن المحرمات، ألا ومن ترقب الموت سارع إلى الخيرات، ألا ومن زهد في الدنيا هانت عليه المصيبات، ألا وإن لله عباداً، فمن عَمِلَ منهم عَمَلَ أهل النار فهم في النار، معذبين(64)، ومن عمل منهم للجنَّة دخل الجنَّة، مخلدين(65)، قلوبهم

20   محزونة، وشرورهم مأمونة، وحوائجهم خفيفة، وأنفسهم عفيفة، صبروا أياماً،

_____

(63) في المطبوعة: وقوضوا الدنيا تقويضاً، وما في الأصل: نسخة.

(64) نصبت على الحال، والجار والمجرور (في النار)، خبر قوله (فهم)، والمعنى: فهم مستقرون في النار، حال كونهم معذبين.

(65) نصبت على الحال.

فصارت العقبى لهم راحة طويلة، أما الليل فصافون أقدامهم تجري دموعهم على خدودهم، يجأرون ويبكون إلى ربهم، يسألونه فكاك رقابهم من النار، وأمَّا النهار فحكماء علماء رحماء أتقياء، بررة خاشعين(66)، كأنهم الفراخ ينظر إليهم الناظر، فيقول: مرضى، وما بالقوم من مرض، أو يقال لهم: قد خولطوا، ولقد خالط القوم أمرٌ عظيم من ذكر النار وما فيها). انتهى.

رجال هذا الإسناد من ثقات محدثي الشيعة، وقد مر الكلام عليهم، وهذه الخطبة في نهج البلاغة.

[3055 - 303] **المرشد بالله -عليه السلام- في الأمالي** [2/ 224]: أخبرنا الشريف أبو محمد الحسن بن الشريف الجليل أبي الحسن محمد بن عمر بن يحيى الحسيني الزيدي الكوفي - بقرآءتي عليه -، قال: أخبرنا أبو الفضل محمد بن عبدالله بن محمد الشيباني، قال: حدَّثنا أبو عبدالله جعفر بن محمد بن جعفر بن حسن العلوي، قال: حدَّثني محمد بن علي بن الحسين بن زيد بن علي، قال: حدَّثني الرضا علي بن موسى، قال: حدَّثني أبي موسى بن جعفر، قال: حدَّثني أبي جعفر بن محمد، قال: تحدَّثني أبي محمد بن علي بن الحسين، عن أبيه علي بن الحسين، عن أبيه الحسين، عن أبيه علي بن أبي طالب -عليهم السلام-، قال: قال رسول الله -صلى الله عليه وآله وسلم-: ((إنما ابن آدم ليومه، فمن أصبح آمناً في سربه، معافىً في جسمه، عنده قوت يومه، فكأنما حيزت له الدنيا)). انتهى.

رجال هذا الإسناد من الذرية الطاهرة، إلا محمد بن عبدالله الشيباني فهو من ثقات محدثي الشيعة، وقد مر الكلام عليهم جميعاً.

[3056 - 304] **صحيفة علي بن موسى الرضا -عليهما السلام-** [448]: عن أبيه، عن آبائه، عن علي -عليهم السلام-، قال: قال رسول الله -صلى الله عليه وآله وسلم-: ((أتاني ملك، فقال: يا محمد إنَّ ربك يقرؤك السلام، ويقول

(66) نصبت على الحال أيضاً.

لك: إن شئت جعلت لك بطحاء مكة ذهباً، قال: فرفع رأسه إلى السماء، فقال: يا رب، أشبع يوماً فأحمدك، وأجوع يوماً فأسلك)).

باب القول في التحذير من الظلم

[3057 - 305] **أبو طالب -عليه السلام- في الأمالي** [537]: حدَّثنا أبو الحسين يحيى بن الحسين بن محمد بن عبيدالله الحسني رحمه الله تعالى، قال: حدَّثنا علي بن محمد بن مهرويه القزويني، قال: حدَّثنا داوود بن سليمان الغازي، قال: حدَّثني علي بن موسى الرضا، عن أبيه موسى، عن أبيه جعفر بن محمد، عن أبيه محمد بن علي، عن أبيه علي بن الحسين، عن أبيه الحسين بن علي، عن أبيه علي -عليهم السلام-، قال: قال رسول الله -صلى الله عليه وآله وسلم-: ((إياكم والظلم، فإنَّه يخرب قلوبكم كما تخرب الدور)). انتهى.

[3058 - 306] **صحيفة علي بن موسى الرضا -عليهما السلام-** [489]: عن أبيه عن آبائه عن علي -عليهم السلام-، قال: قال رسول الله -صلى الله عليه وآله وسلم-: ((إياكم والظلم، فإنَّه يخرب قلوبكم)). انتهى.

[3059 - 307] **المجموع** [259]، **وأمالي أبي طالب -عليه السلام-** [517]، واللفظ للأمالي: أخبرنا أبو عبدالله أحمد بن محمد البغدادي المعروف بالأبنوسي، قال: أخبرنا عبدالعزيز بن إسحاق بن جعفر الزيدي، قال: حدَّثني علي بن محمد النخعي الكوفي، قال: حدَّثني سليمان بن إبراهيم المحاربي، قال: حدَّثنا نصر بن مزاحم المنقري، قال: حدَّثني إبراهيم بن الزبرقان التيمي، قال: حدَّثنا أبو خالد الواسطي، قال: حدَّثني زيد بن علي، عن أبيه، عن جده، عن علي -عليهم السلام-، قال: خرجت أنا ورسول الله -صلى الله عليه وآله وسلم- من منزل رجلٍ من الأنصار عدناه، فإذا رجل يضرب غلامه، قال: والغلام يقول أعوذ بالله أعوذ بالله، كل ذلك لا يكف عنه، قال: فلما نظر إلى رسول الله -صلى الله عليه وآله وسلم- قال: أعوذ برسول الله، فكف الرجل، فقال: رسول الله -صلى الله عليه وآله وسلم-

: ((عائذ الله أحق أن يجار))، ثم قال رسول الله -صلى الله عليه وآله وسلم-: ((أرقاءكم أرقاءكم، لم ينجروا من شجر، ولم ينحتوا من جبل، أطعموهم ممّا تأكلون، واسقوهم ممّا تشربون، واكسوهم مما تلبسون)). انتهى.

رجال هذا الإسناد من ثقات محدثي الشيعة، وقد مر الكلام عليهم.

باب القول في التحذير من الغش والغيبة والنميمة

[3060 – 308] صحيفة علي بن موسى الرضا -عليهما السلام- [489]: عن أبيه عن آبائه، عن علي -عليهم السلام-، قال: قال رسول الله -صلى الله عليه وآله وسلم-: ((ليس منّا من غش مسلماً، أو ضره، أو ماكره)). انتهى.

[3061 – 309] وفيها أيضاً [489]: عن أبيه، عن آبائه، عن علي -عليهم السلام-،قال: قال رسول الله -صلى الله عليه وآله وسلم-: ((إنَّ موسى بن عمران سأل ربه، فرفع يديه، فقال: إلهي أين ما ذهبتُ أوذيتُ، فأوحى الله إليه: يا موسى إنَّ في عسكرك غمازاً، فقال: يا رب دُلَّني عليه، فأوحى الله إليه: إني أبغض الغماز، فكيف أغمز)).

[3062 – 310] وفيها أيضاً [490]: عن أبيه، عن جده، عن أبيه، قال: قال علي بن الحسين -عليه السلام-: (من كف عن أعراض النَّاس أقال الله عثرته يوم القيامة).

[3063 – 311] وفيها أيضاً [490]: عن أبيه، عن جده، عن أبيه، قال: قال علي بن الحسين -عليه السلام-: (إياكم والغيبة، فإنها إدام كلاب أهل النار). انتهى.

باب القول في الدعاء والرغبة إلى الله

القرآن الكريم: قال الله تعالى: ﴿وَقَالَ رَبُّكُمُ ٱدۡعُونِیۤ أَسۡتَجِبۡ لَكُمۡۚ إِنَّ ٱلَّذِینَ یَسۡتَكۡبِرُونَ عَنۡ عِبَادَتِی سَیَدۡخُلُونَ جَهَنَّمَ دَاخِرِینَ ۝٦٠﴾ [غافر:60]، وقال: ﴿وَإِذَا سَأَلَكَ عِبَادِی عَنِّی فَإِنِّی قَرِیبٌۖ أُجِیبُ دَعۡوَةَ

ٱلدَّاعِ إِذَا دَعَانِ فَلْيَسْتَجِيبُواْ لِي وَلْيُؤْمِنُواْ بِي لَعَلَّهُمْ يَرْشُدُونَ ﴿١٨٦﴾﴾ [البقرة:186]، وقال: ﴿ٱدْعُواْ رَبَّكُمْ تَضَرُّعًا وَخُفْيَةً إِنَّهُۥ لَا يُحِبُّ ٱلْمُعْتَدِينَ ﴿٥٥﴾﴾ [الأعراف:55].

[3064 - 312] **الجامع الكافي** [2/151]: قال محمد: [فيما أخبرنا زيد من كتابه، عن أبي جعفر بن هارون، عن سعدان عنه]: يكره رفع الصوت بالدعاء، وهو من الجفاء، سمع النبي -صلى الله عليه وآله وسلم- رجلاً يرفع صوته بالدعاء، فنهاه، ثم قال: ((يا عبدالله إنك لست تناجي أصمّ)).

وكان رسول الله -صلى الله عليه وآله وسلم- يغضب من رفع الأصوات بالدعاء، وقال: في قوله تعالى: ﴿ٱدْعُواْ رَبَّكُمْ تَضَرُّعًا وَخُفْيَةً إِنَّهُۥ لَا يُحِبُّ ٱلْمُعْتَدِينَ ﴿٥٥﴾﴾ [الأعراف]: أجمع أصحاب التفسير أنه رفع الصوت بالدعاء.

قال: في قوله تعالى: ﴿إِذْ نَادَىٰ رَبَّهُۥ نِدَآءً خَفِيًّا ﴿٣﴾﴾ [مريم]، قال: فحمد الله ذلك من فعله، وأنزل به قرآناً يتأدب به الناس، ويعبدون الله به. انتهى.

[3065 - 313] **مجموع زيد بن علي -عليهما السلام-** [114]: حدثني زيد بن علي، عن أبيه، عن جده، عن علي -عليهم السلام-، قال: قال رسول الله -صلى الله عليه وآله وسلم-: ((ما من مؤمن يدعو بدعوة إلاَّ استجيب له، فإن لم يعطها في الدنيا أعطيها في الآخرة)). انتهى.

[3066 - 314] **أبو طالب -عليه السلام- في الأمالي** [333]: أخبرنا أبو عبدالله أحمد بن محمد البغدادي، قال: أخبرنا عبدالعزيز بن إسحاق، قال: حدَّثني علي بن محمد النخعي، قال: حدَّثني سليمان بن إبراهيم المحاربي، قال: حدَّثنا نصر بن مزاحم المنقري، قال: حدَّثني إبراهيم بن الزبرقان التيمي، قال: حدَّثنا أبو خالد الواسطي، قال: حدَّثني زيد بن علي، عن أبيه، عن جده، عن علي -عليهم السلام-، قال: قال رسول الله -صلى الله عليه وآله وسلم-: ((ما من

مؤمن يدعو بدعوة إلاَّ استجيب له، فإن لم يعطها في الدنيا أعطيها في الآخرة)). انتهى.

رجال هذا الإسناد من ثقات محدثي الشيعة وقد مر الكلام عليهم.

[3067 - 315] **صحيفة علي بن موسى الرضا -عليهما السلام-** [445]: عن أبيه، عن آبائه، عن علي -عليهم السلام-، قال: قال رسول الله -صلى الله عليه وآله وسلم-: ((الدعاء سلاح المؤمن، وعمود الدين، ونور السموات والأرض، فعليكم بالدعاء، وأخلصوا النية)). انتهى.

[3068 - 316] **أبو طالب -عليه السلام- في الأمالي** [337]: حدَّثنا أبو أحمد عبدالله بن عدي الحافظ، قال: أخبرنا محمد بن محمد بن الأشعث الكوفي -بمصر-، قال: حدَّثني موسى بن إسماعيل بن موسى بن جعفر، قال: حدَّثني أبي، عن أبيه، عن جده جعفر بن محمد، عن أبيه، عن جده، عن علي -صلوات الله عليهم-، قال: قال رسول الله -صلى الله عليه وآله وسلم-: ((الدعاء سلاح المؤمن، وعمود الدين، وزين ما بين السماوات والأرض)). انتهى.

رجال هذا الإسناد من ثقات محدثي الشيعة وقد مر الكلام عليهم.

[3069 - 317] **محمد بن منصور المرادي -عليهم السلام- في الذكر** [19]: حدَّثنا حسين بن نصر، عن خالد بن عيسى، عن حصين، عن جعفر، عن أبيه، قال: قال رسول الله -صلى الله عليه وآله وسلم-: ((الدعاء سلاح المؤمن، وعمود الدين، ونور السماوات والأرض)). انتهى.

[3070 - 318] **مجموع زيد بن علي -عليهما السلام-** [114]: حدثني زيد بن علي، عن أبيه، عن جده، عن علي -عليهم السلام-، أنه قال: (الدعاء سلاح المؤمن). انتهى.

باب القول في أوقات الإجابة

[3071 – 319] أبو طالب -عليه السلام- في الأمالي [428]: حدَّثنا أبو العباس أحمد بن إبراهيم الحسني -عليهم السلام-، إملاءً، قال: حدَّثنا محمد بن بلال، قال: حدَّثنا محمد بن عبدالعزيز، قال: حدَّثنا محمد بن جبلة، قال: حدَّثنا محمد بن بكر، عن أبي الجارود -رضي الله عنه-، قال: حدَّثني يحيى بن زيد بن علي، قال: حدَّثني أبي، عن آبائه، عن علي -عليهم السلام-، قال: قال رسول الله -صلى الله عليه وآله وسلم-: ((إن الله في آخر ساعة تبقى من الليل يأمر بباب من أبواب سماء الدنيا فيفتح، ثم ينادي ملك، فيسمع ما بين الخافقين [إلا الإنس والجن]:

ألا هل من مستغفر فيغفر له؟، هل من تائب فيتاب عليه؟، هل من داع بخيرٍ فيستجاب له؟، هل من سائل فيعطى سؤله؟، هل من راغب فيعطى رغبته؟.

يا صاحب الخير هَلُمَّ، يا صاحب الشر أقصر، اللهم أعطِ منفق مالٍ خلفاً، اللهم أعطِ ممسك مالٍ تلفاً، فإذا كانت ليلة الجمعة فتح من أول الليل إلى آخره)). انتهى.

رجال هذا الإسناد من ثقات محدثي الشيعة وقد مر الكلام عليهم.

[3072 – 320] الهادي -عليه السلام- في الأحكام [2/399]: قال يحيى بن الحسين -صلوات الله عليه-: بلغنا عن رسول الله -صلى الله عليه وآله وسلم- أنه قال: ((إنَّ الله جل جلاله في آخر ساعة تبقى من ساعات الليل يأمر ملكاً ينادي، فيسمع ما بين الخافقين ما خلا الإنس والجن: ألا هل من مستغفر يغفر له؟، هل من تائب يتب عليه؟، هل من داع بخير يستجب له؟، هل من سائل يعط سؤله؟، هل من راغب يعطَ رغبته؟، يا صاحب الخير أقبل، ويا صاحب الشر أقصر، اللهم أعط كل منفق مالٍ خلفاً، وأعط كل ممسك مالٍ تلفاً)). انتهى.

[3073 – 321] **محمد بن منصور المرادي في الذكر [37]**: حدثنا حسين عن خالد عن حصين عن جعفر عن أبيه قال: قال رسول الله -صلى الله عليه وآله وسلم-: ((لكل من أدى فريضة دعوة مستجابة)). انتهى.

رجال هذا الإسناد قد مر الكلام عليهم، وهم من ثقات محدثي الشيعة.

5   وكذلك هذا الحديث قد مر بسنده في الجزء الأول من كتابنا في باب القول في أوقات الدعاء، وقد ذكرنا فيما مر طريقاً أخرى لهذا الحديث من أمالي أبي طالب -عليه السلام-.

[3074 – 322] **وفي كتاب الذكر أيضاً [93]**: حدثنا محمد، قال: حدثني أحمد بن عيسى بن زيد، عن حسين بن علوان، عن أبي خالد، عن محمد بن عمر بن علي أبي طالب، عن أبيه، عن علي بن أبي طالب، قال: قال رسول الله -صلى

10   الله عليه وآله وسلم-: «من قعد في مصلاه الذي صلى فيه الفجر يذكر الله حتى تطلع الشمس كان كحاج بيت الله تعالى».

[3075 – 323] حدثنا محمد، قال: حدثنا حسين بن نصر، عن خالد بن عيسى، عن حصين، عن جعفر، عن أبيه، عن آبائه، أن النبي -صلى الله عليه وآله

15   وسلم- قال: «ذكر الله ما بين صلاة الغداة إلى طلوع الشمس أنجح في طلب الرزق من الضارب في الأرض».

[3076 – 324] حدثنا محمد، حدثنا عبد الله بن داهر الرازي، عن عمرو بن جميع، عن جعفر، عن أبيه، عن جده، قال: قال جدنا رسول الله -صلى الله عليه وآله وسلم-: «والذي نفس محمد بيده لدعاء الرجل بعد صلاة الفجر أنجح في

20   طلب الحاجة من الضارب في الأرض بماله». انتهى.

رجال هذا الإسناد قد مر الكلام عليهم جميعاً، وهم من ثقات محدثي الشيعة.

وهذه الأحاديث قد تقدمت بأسانيد صحيحة من أمالي أبي طالب، وأمالي

أحمد بن عيسى، ومجموع زيد بن علي -عليهم السلام-، في باب القول في الجلوس بعد صلاة الفجر حتى تطلع الشمس في الجزء الأول من كتابنا هذا.

باب القول فيمن فتح له باب دعاء فتح له باب إجابة، وفي الدعاء بلا عمل

[3077 - 325] **محمد بن منصور المرادي في كتاب الذكر** [18]: حدثنا محمد، حدثنا عبدالله بن داهر، عن عمرو بن جميع، عن جعفر، عن أبيه، عن جده، قال: قال رسول الله -صلى الله عليه وآله وسلم-: ((من فتح الله له باب دعاء فتح الله له باب إجابة ورحمة، فلذلك قوله تعالى: ﴿ادعوني أستجب لكم﴾)). انتهى.

رجال هذا الإسناد من ثقات محدثي الشيعة وقد مر الكلام عليهم.

[3078 - 326] **الهادي -عليه السلام- في الأحكام** [2/399]: وبلغنا عن رسول الله -صلى الله عليه وآله وسلم- أنه قال: ((من فتح له باب دعاء فتح له باب إجابة ورحمة وذلك قوله الله سبحانه: ﴿ادعوني أستجب لكم﴾)).

قال يحيى بن الحسين -صلوات الله عليه-: من فتح له باب الدعاء فليكن أكثر ما يدعو الله به أن يسأله الرضا والرضوان، وأن يرزقه الجهاد في سبيله والشهادة، فإن ذلك أفضل ما أعطي العاملون. انتهى.

[3079 - 327] **محمد بن منصور -رضي الله عنه-، في كتاب الذكر** [35]: حدثنا حسين، عن خالد بن عيسى، عن حصين، عن جعفر، عن أبيه، عن آبائه، أن النبي -صلى الله عليه وآله وسلم- قال: ((الدعاء بلا عمل كالرمي بلا وتر)). انتهى.

رجال هذا الإسناد من ثقات محدثي الشيعة، وقد مر الكلام عليهم.

باب القول في الدعاء بباطن الكفين، والاستعاذة بظاهرهما

[3080 – 328] **محمد بن منصور** -رضي الله عنه- في كتاب الذكر [73]: حدَّثنا حسين بن نصر، عن خالد بن عيسى، عن حصين، عن جعفر، عن أبيه، قال: قال رسول الله -صلى الله عليه وآله وسلم-: ((إذا سألتم الله فاسألوه بباطن الكفين، وإذا استعذتموه فاستعيذوه بظاهرهما)). انتهى.

رجال هذا الإسناد من ثقات محدثي الشيعة، وقد مر الكلام عليهم.

باب القول في رفع الأيدي عند الدعاء وكراهية رفع الآباط عنده

[3081 – 329] **صحيفة علي بن موسى الرضا** -عليهما السلام- [444]: عن أبيه، عن آبائه، عن علي -عليهم السلام-، قال: قال رسول الله -صلى الله عليه وآله وسلم-: ((إنَّ موسى بن عمران سأل ربه، فرفع يديه، فقال: بعيد أنت يا رب فأناديك؟ أم قريب فأناجيك؟ فأوحى الله إليه: يا موسى أنا جليس من ذكرني)).

[3082 – 330] **وفيها** [471] عن أبيه، عن آبائه، عن علي -عليهم السلام-، قال: قال رسول الله -صلى الله عليه وآله وسلم-: ((إن موسى بن عمران رفع يديه، وقال: يا رب إن أخي هارون قد مات فاغفر له، فأوحى الله تعالى إليه: يا موسى لو سألتني في الأولين والآخرين لأجبتك، ما خلا قاتل الحسين، فإني لا أغفر له، وأنتقم من قاتله)).

[3083 – 331] **وفيها** [489] عن أبيه عن آبائه، عن علي -عليهم السلام- ،: قال: قال رسول الله -صلى الله عليه وآله وسلم-: ((إنَّ موسى بن عمران سأل ربه فرفع يديه، فقال: إلهي أين ما ذهبت أوذيت، فأوحى الله إليه: يا موسى إنَّ في عسكرك غمازاً، فقال: يا رب دلني عليه، فأوحى الله إليه إني أبغض الغماز، فكيف أغمز؟!)). انتهى.

[3084 – 332] **محمد بن منصور** -رضي الله عنه- ، في كتاب الذكر [73]: حدَّثنا حسين بن نصر، عن خالد بن عيسى، عن حصين، عن جعفر، عن أبيه، عن علي -عليهم السلام-: أن النبي -صلى الله عليه وآله وسلم- قال: ((إذا دعيتم فلا ترفعوا آباطكم، وإذ تجشأتم، فلا ترفعوا جشأكم إلى السماء)). انتهى.

5   رجال هذا الإسناد من ثقات محدثي الشيعة وقد مر الكلام عليهم.

باب القول فيمن لا ترد لهم دعوة

[3085 – 333] **مجموع زيد بن علي** -عليهما السلام- [114]: حدثني زيد بن علي، عن أبيه، عن جده، عن علي -عليهم السلام- قال: (أربعة لا ترد لهم دعوة: الإمام العادل، والوالد لولده، والمظلوم، والرجل يدعو لأخيه بظهر الغيب). انتهى.

[3086 – 334] **محمد بن منصور في الذكر** [37]: حدَّثنا حسين بن نصر، عن خالد، عن حصين، عن جعفر، عن أبيه، عن علي -عليه السلام-، قال: (ليس شيء أسرع إجابة يعني من دعاء غائب لغائب). انتهى.

رجال هذا الإسناد من ثقات محدثي الشيعة وقد مر الكلام عليهم.

15   [3087 – 335] **أبو طالب** -عليه السلام- في الأمالي [340]: أخبرنا عبدالله بن عدي الحافظ، قال: أخبرنا محمد بن محمد بن الأشعث الكوفي – بمصر سنة خمس وثلاثمائة –، قال: حدَّثنا موسى بن إسماعيل بن موسى بن جعفر بن محمد، عن أبيه، عن جده علي بن الحسين، عن أبيه، عن علي -عليهم السلام-، قال: قال رسول الله -صلى الله عليه وآله وسلم-: ((من أحبَّ أن تستجاب دعوته فليطب مكسبه)). انتهى.

رجال هذا الإسناد قد مر الكلام عليهم جميعاً.

[3088 – 336] **صحيفة علي بن موسى الرضا** -عليهما السلام- [445]:

عن أبيه عن آبائه عن علي -عليهم السلام-، قال: قال رسول الله -صلى الله عليه وآله وسلم-: (دعاء أطفال أمتي مستجاب ما لم يقارفوا الذنوب). انتهى.

باب جامع لفنون من الأدعية النبوية والعلوية

ما يقول إذا دخل سوقاً:

[3089 - 337] **مجموع زيد بن علي -عليهما السلام-** [262]: حدثني زيد بن علي، عن أبيه، عن جده، عن علي -عليهم السلام-، قال: (إذا دخلت السوق فقل: بسم الله، وتوكلت على الله، ولا حول ولا قوة إلاَّ بالله، اللهم إني أعوذ بك من يمين فاجرة، وصفقة خاسرة، ومن شر ما أحاطت به، أو جاءت به السوق). انتهى.

[3090 - 338] **صحيفة علي بن موسى الرضا -عليهما السلام-** [442]: عن أبيه، عن آبائه، عن علي -عليهم السلام-، قال: قال رسول الله -صلى الله عليه وآله وسلم-: ((من قال حين يدخل السوق: سبحان الله، والحمدلله، ولا إله إلاَّ الله، وحده لا شريك له، له الملك، وله الحمد، يحيي ويميت، وهو حيٌ لا يموت، بيده الخير، وهو على كل شيء قدير، أُعْطِي من الأجر بعدد ما خلق الله إلى يوم القيامة)). انتهى.

ما يقول إذا رأى كوكبا منقضاً:

[3091 - 339] **مجموع زيد بن علي -عليهما السلام-** [262]: حدثني زيد بن علي، عن أبيه، عن جده، عن علي -عليهم السلام-، أنه كان إذا رأى كوكباً منقضاً يقول: (اللهم صوِّبه، وأصب به، وقنا شر ما تريد به). انتهى.

ما يقول إذا نظر وجهه في المرأة:

[3092 - 340] **مجموع زيد بن علي -عليهما السلام-** [263]: حدثني زيد بن علي، عن أبيه، عن جده، عن علي -عليهم السلام-،أنه كان إذا نظر في المرآة

قال: (الحمدلله الذي أحسن خَلْقِي، وحَسَّن خُلقي، وصورني فأحسن صورتي، وعافاني في جسدي). انتهى.

ما يقول إذا دخل المقبرة:

[3093 - 341] **مجموع زيد بن علي -عليهما السلام-** [263]: حدثني زيد بن علي، عن أبيه، عن جده، عن علي -عليهم السلام-، أنه كان يقول إذا دخل المقبرة: (السلام على أهل الديار من المسلمين والمؤمنين، أنتم لنا فرط، وإنَّا بكم لاحقون، إنَّا إلى الله راغبون، وإنَّا إلى ربنا لمنقلبون). انتهى.

ما يقول إذا خاف تفلت القرآن من صدره:

[3094 - 342] **مجموع زيد بن علي -عليهما السلام-** [263]: حدثني زيد بن علي، عن أبيه، عن جده، عن علي -عليهم السلام-، قال: (شكوت إلى رسول الله -صلى الله عليه وآله وسلم- تفلت القرآن من صدري، فأدناني منه، ثم وضع يده على صدري، ثم قال: ((اللهم أذهب الشيطان من صدره -ثلاث مرات-)) قال: ثم قال: ((إذا خفت من ذلك، فقل: أعوذ بالله السميع العليم من الشيطان الرجيم، ومن همزات الشياطين، وأعوذ بك رب أن يحضرون، إنَّ الله هو السميع العليم، اللهم نَوِّر بكتابك بصري، وأطلق به لساني، واشرح به صدري، ويسر به أمري، وافرج به عن قلبي، واستعمل به جسدي، وقوني لذلك، فإنَّه لا حول ولا قوة إلاَّ بالله العلي العظيم، تعيد ذلك -ثلاث مرات-، فإنه يزجر عنك)). انتهى.

ما يقول إذا بلغه موت أخيه:

[3095 - 343] **مجموع زيد بن علي -عليهما السلام-** [264]: حدثني زيد بن علي، عن أبيه، عن جده، عن علي -عليهم السلام-، قال: قال رسول الله -صلى الله عليه وآله وسلم-:((الموت فزع، فإذا بلغ أحدكم موت أخيه، فليقل كما أمر الله -عز وجل-: ﴿إِنَّا لِلَّهِ وَإِنَّآ إِلَيْهِ رَٰجِعُونَ ١٥٦﴾[البقرة]، ﴿وَإِنَّآ إِلَىٰ رَبِّنَا

لَمُنقَلِبُونَ ﴿١٤﴾﴾ [الزخرف]، اللهم اكتبه عندك من المحسنين، واجعل كتابه في عليين، واخلف على عقبه في الآخرين، اللهم لا تحرمنا أجره، ولا تفتنا بعده)). انتهى.

ما يقول إذا آوى إلى فراشه:

[3096 – 344] **مجموع زيد بن علي -عليهما السلام-** [264]: حدثني زيد بن علي، عن أبيه، عن جده، عن علي -عليهم السلام-، قال: (كان رسول الله -صلى الله عليه وآله وسلم- إذا آوى إلى فراشه عند منامه، اتكأ على جانبه الأيمن، ثم وضع يمينه تحت خده مستقبل القبلة، ثم قال: ((باسمك اللهم وضعت جنبي، وبك أرفعه، اللهم إن أمسكتَ نفسي فارحمها، وإن أخرتها فاحفظها بما تحفظ به الصالحين)). انتهى.

[3097 – 345] **أبو طالب -عليه السلام- في الأمالي** [335]: أخبرنا أبو عبدالله أحمد بن محمد البغدادي، قال: أخبرنا أبو القاسم عبدالعزيز بن إسحاق، قال: حدَّثنا علي بن محمد بن كأس النخعي، قال: حدَّثنا سليمان بن إبراهيم المحاربي، قال: حدَّثنا نصر بن مزاحم المنقري، قال: حدَّثنا إبراهيم بن الزبرقان التيمي، قال: حدَّثنا أبو خالد الواسطي، قال: حدَّثنا زيد بن علي، عن أبيه، عن جده، عن علي -عليهم السلام-، قال: (كان رسول الله -صلى الله عليه وآله وسلم- إذا آوى إلى فراشه وضع يمينه تحت خده مستقبل القبلة، ثم قال: ((باسمك اللهم وضعت جنبي، وبك أرفعه، اللهم إن أمسكت نفسي فارحمها، وإن أخرتها فاحفظها بما تحفظ به الصالحين)). انتهى.

رجال هذا الإسناد من ثقات محدثي الشيعة وقد مر الكلام عليهم.

ما يقول إذا انتبه من فراشه:

[3098 – 346] **أبو طالب -عليه السلام- في الأمالي** [238]: أخبرنا أبو أحمد عبدالله بن عدي الحافظ، قال: أخبرنا محمد بن محمد بن الأشعث الكوفي،

بمصر في شهر رمضان سنة خمسين وثلاثمائة، قال: حدَّثني موسى بن إسماعيل بن موسى بن جعفر بن محمد، قال: حدَّثني أبي إسماعيل بن موسى، عن أبيه موسى الكاظم، عن أبيه جعفر بن محمد، عن أبيه محمد بن علي، عن أبيه علي بن الحسين، عن أبيه، عن الحسين بن علي، عن أبيه علي بن أبي طالب -عليهم السلام-،، قال: قال رسول الله -صلى الله عليه وآله وسلم-: ((من انتبه من فراشه، فقال: أشهد أن لا إله إلاَّ الله، آمنت بالله، وكفرت بالطاغوت، غفرت له ذنوبه)). انتهى.

رجال هذا الإسناد من ثقات محدثي الشيعة وقد مر الكلام عليهم.

ما يقول إذا أراد ذهاب النفاق:

[3099 - 347] **محمد بن منصور -رضي الله عنه- في الذكر** [107]: حدَّثنا محمد، قال: حدثني علي بن أحمد بن عيسى، عن أبيه، عن حسين، عن أبي خالد، عن عبدالله بن الحسن، قال: حدثتني أمي فاطمة بنت الحسين، عن أبيها الحسين بن علي، عن علي بن أبي طالب صلى الله عليهم وسلم أجمعين، قال: قال لي رسول الله -صلى الله عليه وآله وسلم-: ((يا علي، احفظ هؤلاء الكلمات، فإنهنَّ لا يَقرْنَ في قلب منافق، ولا يقولهنَّ عبدٌ ثلاث مرات إلاَّ خرج من النفاق: اللهم إني ضعيف فقوِّ في رضاك ضعفي، وخذ إلى الخير بناصيتي، واجعل الإسلام منتهى رضاي، وبارك لي فيما قسمت لي، وبلغني برحمتك الذي أرجو من رحمتك، واجعل لي وِداً في صدور المؤمنين، وعهداً عندك)). انتهى.

رجال هذا الإسناد من ثقات محدثي الشيعة وقد مر الكلام عليهم.

ما يقول في كل يومٍ من الذكر:

[3100 - 348] **مجموع زيد بن علي -عليهما السلام-** [115]: حدثني زيد بن علي، عن أبيه، عن جده، عن علي -عليهم السلام-، قال: (من سبَّح الله تعالى في كل يومٍ مائة مرة، وحمده مائة مرة، وكبَّره مائة مرة، وهلله مائة مرة، وقال لا

حول ولا قوة إلاَّ بالله العلي العظيم مائة مرة، رفع الله عنه من البلى سبعين نوعاً، أدناها القتل، وكتب له من الحسنات عدد ما سبَّح سبعين ضعفاً، ومحى عنه من السيئات سبعين ضعفاً). انتهى.

ما يقول إذا أراد ذهاب الهمّ:

[3101 – 349] **مجموع زيد بن علي -عليهما السلام-** [259]: حدثني زيد بن علي، عن أبيه، عن جده، عن علي -عليهم السلام-، قال: (من قرأ فاتحة الكتاب، فقال: الحمد لله رب العالمين، حمداً كثيراً طيباً مباركاً فيه، صرف الله عنه سبعين نوعاً من البلى أهونها الهمّ). انتهى.

ما يقول لتيسير الأمور وقضاء الحاجات:

[3102 – 350] **صحيفة علي بن موسى الرضا -عليهما السلام-** [445]: عن أبيه، عن آبائه، عن علي -عليهم السلام-، قال: قال رسول الله -صلى الله عليه وآله وسلم-: ((إذا أراد أحدكم حاجة فليباكر في طلبها يوم الخميس، وليقرأ إذا خرج من منزله: آخر آل عمران، وآية الكرسي، وإنا أنزلناه في ليلة القدر، وأم الكتاب، فإنَّ فيها قضاء حوائج الدنيا والآخرة)). انتهى.

ما يقول في الرقية لنفسه أو لغيره:

[3103 – 351] **الهادي -عليه السلام- في الأحكام** [2/413]: قال يحيى بن الحسين -صلوات الله عليه-: بلغنا عن رسول الله -صلى الله عليه وآله وسلم- أنه كان يرقي نفسه إذا مرض بالمعوذات، وينفث، وقال لبعض أصحابه وكان وجعاً: ((المسْ بيمينك على موضع وجعك سبع مرات، وقل: أعوذ بعزَّة الله وقدرته من شر ما أجد)) فذهب عنه ما كان يجده.

[3104 – 352] ويقال: إنه -صلى الله عليه وآله وسلم- كان يقول: ((أنزل الداء الذي أنزل الدواء، وكان يأمر المحموم أن يبرد حماه بالماء، وكان يقول:

((الحمى من فيح جهنم فأبردوها بالماء)).

[3105 - 353] وكان يقول -صلى الله عليه وآله وسلم-: ((من نزل منزلاً، فليقل: أعوذ بكلمات الله التامات من شر ما خلق، فإنه لن يضره شيء حتى يرتحل)). انتهى.

ما يقول إذا وضع رجله في الغرز وهو يريد السفر:

[3106 - 354] **محمد بن منصور المرادي في الذكر** [86]: حدَّثنا محمد، قال: حدَّثنا علي بن منذر، عن ابن فضيل، قال، حدَّثنا الأجلح، عن أبي إسحاق، عن الحارث، عن علي بن أبي طالب -عليه السلام-، دعاء الركوب: أنه خرج من باب القصر، فوضع رجله في الغرز، فقال: (بسم الله، فلما استوى على الدآبة، قال: الحمد لله الذي أكرمنا، وحملنا في البر والبحر، ورزقنا من الطيبات، وفضلنا على كثيرٍ ممن خلق تفضيلاً، سبحان الذي سخر لنا هذا وما كنَّا له مقرنين، وإنَّا إلى ربنا لمنقلبون، ثم قال: رب اغفر لي، إنَّه لا يغفر الذنوب إلاَّ أنت، ثم قال: سمعت رسول الله -صلى الله عليه وآله وسلم- يقول: ((إن الله سبحانه ليعجب من عبده إذا قال: رب اغفر لي ذنوبي إنه لا يغفر الذنوب إلاَّ أنت)). انتهى.

رجال هذا الإسناد قد مر الكلام عليهم وهم من ثقات محدثي الشيعة.

الهادي -عليه السلام- في الأحكام [2/ 417]: قال يحيى بن الحسين -صلوات الله عليه-:

[3107 - 355] بلغنا عن رسول الله -صلى الله عليه وآله وسلم- أنه كان إذا وضع رجله في الغرز وهو يريد السفر قال: ((بسم الله، اللهم أنت الصاحب في السفر، والخليفة في الأهل والمال، اللهم اطوِ لنا الأرض، وهَوِّن علينا السفر، اللهم إني أعوذ بك من وعثاء السفر، وكآبة المنقلب، وسوء المنظر في الأهل والمال)).

[3108 - 356] وبلغنا عن رسول الله –صلى الله عليه وآله وسلم– أنه كان يقول: ((إن الله رفيق يحب الرفق ويرضاه، ويعين عليه ما لا يعين على العنف، فإذا ركبتم هذه الدواب العجم فأنزلوها منازلها، وإن كانت الأرض جدية فانجوا عليها بنفسها، وعليكم بسير الليل، فإن الأرض تطوى بالليل ما لا تطوى بالنهار، وإياكم والتعريس على الطريق، فإنها طريق الدواب، ومأوى الحيات)). انتهى.

ما يقول إذا أراد سترا من النار:

[3109 - 357] مجموع زيد بن علي –عليهما السلام– [267]: حدثني زيد بن علي، عن أبيه، عن جده، عن علي –عليهم السلام–، قال: (من قال في موطن قبل وفاته: رضيت بالله رباً، وبالإسلام ديناً، وبمحمدٍ –صلى الله عليه وآله وسلم– نبياً، وبعلي وأهل بيته أولياء، كان له ستراً من النار، وكان مَعَنَا غداً، هكذا وجمع بين إصبعيه). انتهى.

ما يقرأ يوم عاشوراء:

[3120 - 358] محمد بن منصور –رضي الله عنه– في الذكر [216]: حدَّثنا محمد، قال: حدَّثني عبدالله بن داهر، عن أبيه، عن سعيد بن أبي عروبة، عن الأصبغ، عن علي بن أبي طالب –عليه أفضل السلام–، قال: (من قرأ يوم عاشوراء ألف مرة قل هو الله أحد، نظر الرحمن إليه، ومن نظر الرحمن إليه لم يعذبه أبداً)انتهى.

رجال هذا الإسناد من ثقات محدثي الشيعة، وقد مر الكلام عليهم.

وسعد: هو ابن طريف، والأصبغ: هو ابن نباتة، وكلاهما من ثقات محدثي الشيعة، وقد تقدما.

الإكثار من التسبيح والتهليل

[3121 – 359] **محمد بن منصور** –رضي الله عنه– **في كتاب الذكر** [180]:
حدَّثنا محمد بن منصور، قال: حدَّثنا علي بن أحمد بن عيسى، عن أبيه، عن حسين
بن علوان، عن أبي خالد، عن أبي هاشم، عن زاذان، عن سلمان، قال: سمعت

5 رسول الله –صلى الله عليه وآله وسلم– يقول: ((إنَّ في الجنَّة قيعاناً، فأكثروا من
غرسها))، قيل يا رسول الله، وما غرسها؟ قال: ((سبحان الله، والحمد لله، ولا
إله إلاَّ الله، والله وأكبر، ولا حول ولا قوة إلاَّ بالله، ألا إنَّ: لا إله إلاَّ الله، ولا
حول ولا قوة إلاَّ بالله شجرتان يطويان ما سواهما)). انتهى.

رجال هذا الإسناد من ثقات محدثي الشيعة وقد مر الكلام عليهم.

10 وأبو هاشم: هو الرُّمَّاني، واسمه يحيى بن دينار، أحد رجال الزيدية
وخيارهم، وممن بايع الإمام زيد بن علي –عليهما السلام–، وأحد تلامذته.

[3122 – 360] **مجموع زيد بن علي –عليهما السلام–** [115]: حدثني زيد
بن علي، عن أبيه، عن جده، عن علي –عليهم السلام–: (أن النبي –صلى الله
عليه وآله وسلم– دخل على بعض أزواجه وعندها نوى العجوة تسبح به، فقال

15 –صلى الله عليه وآله وسلم–: ما هذا؟ فقالت: أسبح عدد هذا كل يوم، فقال –
صلى الله عليه وآله وسلم–: ((لقد قلت في مقامي هذا أكثر من كل شيء سبحت
به في أيامك كلها))، قالت: وما هو يا رسول الله ؟ قال: قلت: ((سبحانك اللهم
عدد ما أحصى كتابك، وسبحانك زنة عرشك، ومنتهى رضا نفسك)). انتهى.

[3123 – 361] **محمد بن منصور** –رضي الله عنه– **في كتاب الذكر** [164]:
20 حدَّثنا محمد بن منصور، قال: حدَّثنا أبو الطاهر أحمد بن عيسى، قال: حدَّثني
أبي، عن أبيه، عن جده، عن علي كرم الله وجهه، قال: (كان ضفدع عمره أربعة
آلاف سنة لا يفتر من التسبيح، قال: يا رب ما أحد سبحك تسبيحي؟ قال: بلى،
عبدي يونس بن متى، قال: يا رب وكيف يقول ؟ قال: يقول: سبحانك ضعف

من قالها من خلقك، وسبحانك ضعف من لم يقلها من خلقك، وسبحانك ملء علمك، ونور وجهك، وزنة عرشك، وعدد كلماتك). انتهى.

رجال هذا الإسناد قد مر الكلام عليهم وهم من ثقات محدثي الشيعة.

دعاء رسول الله صلى الله عليه وآله وصفو الدعاء:

[3124 - 362] **أبو طالب -عليه السلام- في الأمالي** [343]: أخبرنا عبدالله بن عدي الحافظ، قال: حدَّثنا محمد بن محمد بن الأشعث، قال: حدَّثنا موسى بن إسماعيل بن موسى بن جعفر، قال: حدَّثني أبي إسماعيل بن موسى بن جعفر، عن أبيه، عن جده جعفر بن محمد، عن أبيه، عن جده، عن علي بن الحسين، عن أبيه، عن علي -صلوات الله عليهم-: أنَّ رسول الله -صلى الله عليه وآله وسلم-: ((دعا يوم الأحزاب: اللهم منزل الكتاب، ومنشئ السحاب، سريع الحساب، اللهم اهزم الأحزاب، وزلزل بهم)).

رجال هذا الإسناد من ثقات محدثي الشيعة وقد مر الكلام عليهم.

[3125 - 363] **وفي أمالي أحمد بن عيسى -عليهما السلام-** [4/ 268] **وكتاب الذكر** [105]: حدَّثنا محمد بن منصور، قال: حدَّثنا عبدالله بن داهر، عن عمرو بن جميع، عن جعفر عن أبيه، عن جده، قال: قال رسول الله -صلى الله عليه وآله وسلم-: ((اللهم لا تجعل لكافر ولا لفاجر عليَّ منة ترزقه بها مني مودة)).

[3126 - 364] حدَّثنا محمد بن منصور، قال: حدَّثنا عبدالله بن داهر، عن أبيه، عن عبدالله بن الحسن، عن جده مثله. انتهى.

رجال هذا الإسناد من ثقات محدثي الشيعة وقد مر الكلام عليهم.

[3127 - 365] **محمد بن منصور -رضي الله عنه- في كتاب الذكر** [98]: حدَّثنا محمد، قال: حدَّثنا حسين بن نصر، عن خالد، عن حصين، عن أبيه: أنَّ

علياً -رضي الله عنه- مرَّ على رجل وهو يقول: اللهم إنَّ قلبي وناصيتي بيدك، لم تملكني منهما شيئاً، فإذا فعلت ذلك بهما، فكن أنت وليهما، واهدهما إلى سواء السبيل، فقال علي -رضي الله عنه-: (هذا من صفوة الدعاء). انتهى.

رجال هذا الإسناد من ثقات محدثي الشيعة وقد مر الكلام عليهم.

[3128 – 366] **وفي كتاب الذكر أيضاً** [108]: حدَّثنا محمد، قال: حدَّثنا عباد بن يعقوب، عن أبان، عن سعيد بن جبير، عن ابن عباس، قال: لما أصاب آدم الخطيئة فزع إلى كلمة الإخلاص، فقال: (لا إله إلاَّ أنت، سبحانك وبحمدك، عملت سوءاً، وظلمت نفسي، فاغفر لي إنك خير الغافرين، لا إله إلاَّ أنت سبحانك وبحمدك عملت سوءاً، وظلمت نفسي، فارحمني إنك أنت أرحم الراحمين، لا إله إلاَّ أنت سبحانك وبحمدك، عملت سوءاً، وظلمت نفسي، فتب عليَّ، إنك أنت التَّواب الرحيم). انتهى.

رجال هذا الإسناد من ثقات محدثي الشيعة وقد مر الكلام عليهم.

باب القول في صفة الجنة والنار

[3129 – 367] **مجموع زيد بن علي -عليهما السلام-** [274]: حدثني زيد بن علي، عن أبيه، عن جده، عن علي -عليهم السلام-، قال: قال رسول الله -صلى الله عليه وآله وسلم-: ((الجنَّة لبنة من ذهب، ولبنة من فضة، حصباؤها الياقوت والزمرد، ملاطها المسك الأذفر، ترابها الزعفران، أنهارها جارية، ثمارها متدلية، وأطيارها مرنَّة، ليس فيها شمس ولا زمهرير، لكل رجل من أهلها ألف حوراء، يمكث مع الحوراء من حورها ألف عام لا تملّه ولا يملّها، وإنَّ أدنى أهل الجنَّة منزلة لمن يُغدى عليه ويراح بعشرة آلاف صحفة، في كل صحفة لون من الطعام، له رائحة وطعم ليس للآخر، وإنَّ الرجل من أهل الجنَّة ليمرّ به الطائر فيشتهيه فيخرّ بين يديه، إمَّا طبيخاً وإما مشوياً، ما خطر بباله من الشهوة، وإنَّ الرجل من أهل الجنَّة ليكون في جنَّة من جنانه بين أنواع الشجر إذ يشتهي

ثمرة من تلك الثمار فتدلى إليه، فيأكل منها ما أراد، ولو أن حوراء من حورهم برزت لأهل الأرض لأعشت ضوء الشمس، ولأفتتن بها أهل الأرض)).

[3130 - 368] **وفيه أيضاً** [274]: حدثني زيد بن علي، عن أبيه، عن جده، عن علي -عليهم السلام-، قال: (ناركم هذه جزء من سبعين جزء من نار جهنم، ولولا أنها غسلت بسبعين ماء، ما أطاق آدمي أن يسعرها، وإنَّ لها يوم القيامة لصرخة لا يبقى ملك مقربٌ، ولا نبي مرسل إلاَّ جثى على ركبتيه من صرختها، ولو أنَّ رجلاً من أهل النَّار علق بالمشرق لاحترق أهل المغرب من حره). انتهى.

باب القول في أول ما خلق الله وأن العقل حجة

[3131 - 369] **مجموع زيد بن علي -عليهما السلام-** [270]: حدثني زيد بن علي، عن أبيه، عن جده، عن علي -عليهم السلام-، قال: قال رسول الله -صلى الله عليه وآله وسلم-: ((أول ما خلق الله القلم، ثم خلق الدَّواة، وهو قوله تعالى: ﴿نٓ وَٱلۡقَلَمِ وَمَا يَسۡطُرُونَ ١﴾ [القلم]، ثم قال له: لِتَخُطَّ كل شيء هو كائن إلى يوم القيامة، من خلق، أو أجل، أو رزق، أو عمل، إلى ما هو صائر إليه من جنَّة أو نار، ثم خلق العقل فاستنطقه، فأجابه، فقال: وعزتي وجلالي ما خلقت خلقاً هو أحب إليَّ منك، بكَ آخذ، وبكَ أعطي، أمَّا وعزتي لأُكملنكَ فيمن أحببت، ولأنقصنك فيمن أبغضت، فأكمل النَّاس عقلاً أخوفهم لله -عز وجل-، وأطوعهم له، وأنقص النَّاس عقلاً أخوفهم للشيطان، وأطوعهم له)). انتهى.

الهادي -عليه السلام- في الأحكام(67): قال يحيى بن الحسين -صلوات الله عليه-:

[3132 - 370] وفيما نقلته الثقات من ذوي العقول ثقة عن ثقة عن

(67) غير موجود في الأحكام ووهو موجود في مجموع ورسائل الإمام الهادي صـ(637) في جواب مسألة الرجل من أهل قم.

الرسول -صلى الله عليه وآله وسلم- أنه قال: ((لما أن خلق الله العقل، قال له: أقبل، فأقبل، ثم قال له: أدبر، فأدبر، فقال: وعزتي وجلالي ما خلقت خلقاً هو أحب إليَّ منك، بكَ أعطي، وبكَ آخذ)). انتهى.

باب القول في التوكل وثواب من التقط من وجه أخيه

[3133 - 371] **صحيفة علي بن موسى الرضا -عليهما السلام-** [444]: عن آبائه، عن علي -عليهم السلام-، قال: قال رسول الله -صلى الله عليه وآله وسلم-: ((التوكل والتوحيد نصف الدين، واستنزلوا الرزق من عند الله بالصدقة)). انتهى.

الهادي -عليه السلام- في الأحكام [396/2]: قال يحيى بن الحسين - صلوات الله عليه-: إن الله تبارك وتعالى يرزق عبيده أرزاقه ويوسع عليهم أرفاقه ويخص بذلك المتوكلين عليه الواثقين بما لديه، فيكون ذلك منه سبحانه نعمة عليهم وأجرا لهم وحجة على الفاسقين وتفضلا عليهم فهو رازق الخلق من حيث يعلمون ومن حيث لا يعلمون قال: وأكثر رزق الله لمن توكل عليه واتقاه من حيث لم يحتسبوه قط، ولم يرجوه، وفي ذلك ما يقول الله سبحانه: ﴿وَمَن يَتَّقِ ٱللَّهَ يَجْعَل لَّهُۥ مَخْرَجًا ۝ وَيَرْزُقْهُ مِنْ حَيْثُ لَا يَحْتَسِبُ وَمَن يَتَوَكَّلْ عَلَى ٱللَّهِ فَهُوَ حَسْبُهُۥٓ إِنَّ ٱللَّهَ بَٰلِغُ أَمْرِهِۦ قَدْ جَعَلَ ٱللَّهُ لِكُلِّ شَيْءٍ قَدْرًا ۝﴾ [الطلاق:3]. انتهى.

[3134 - 372] **مجموع زيد بن علي -عليهما السلام-** [272]: حدثني زيد بن علي، عن أبيه، عن جده، عن علي -عليهم السلام-، قال: قال رسول الله - صلى الله عليه وآله وسلم-: ((من تناول من وجه أخ له أذى فأراه إياه كانت له حسنتان، وإن لم يُرِه إياه كانت له حسنة)). انتهى.

باب القول في تعليم الطب وتغيير الأسماء وقتل الحيات

[3135 – 373] **مجموع زيد بن علي –عليهما السلام– [272]**: حدثني زيد بن علي، عن أبيه، عن جده، عن علي –عليهم السلام–، قال: (أتى رسول الله – صلى الله عليه وآله وسلم– ثلاثة نفر، فسأل أكبرهم ما اسمك؟، فقال: اسمي وايل، أو قال: آفل، فقال: بل اسمك مقبل، فقال: يا رسول الله إنا أهل بيت نعالج بأرضنا هذا الطب، وقد جاء الله بالإسلام فنحن نكره أن نعالج شيئاً إلاَّ بإذنك، فقال –صلى الله عليه وآله وسلم–: ((إن الله تبارك وتعالى لم ينزل داءً إلاَّ وقد أنزل له دواء، إلاَّ السام والهرم، فلا بأس أن تسقوا دواءكم ما لم تسقوا معنتاً))، فقلت: يا رسول الله، وما المعنت ؟ فقال –صلى الله عليه وآله وسلم–: ((الشيء الذي إذا استمسك في البطن قتل، فليس ينبغي لأحد أن يشربه ولا أن يسقيه)). انتهى.

الهادي –عليه السلام– في الأحكام [2/ 416]: قال يحيى بن الحسين – صلوات الله عليه–: أصلحُ الأسماء خيرُها وأطيبُها وأعظمُها بركة.

[3136 – 374] **وفي ذلك**: ما بلغنا عن رسول الله –صلى الله عليه وآله وسلم– أنه قال: ((من يحلب لنا هذه اللقحة))، فقام رجل، فقال له النبي –صلى الله عليه وآله وسلم–: ((ما اسمك ؟))، فقال: مُرَّة، فقال: ((اجلس)).

ثم قال: من يحلب لنا هذه اللقحة؟، فقام رجل، فقال له النبي –صلى الله عليه وآله وسلم–: ((ما اسمك؟))، فقال الرجل: حرب، فقال له النبي –صلى الله عليه وآله وسلم–: ((اجلس)).

ثم قال –صلى الله عليه وآله وسلم–: ((من يحلب لنا هذه اللقحة؟))، فقام رجل، فقال له النبي –صلى الله عليه وآله وسلم–: ((ما اسمك؟)) فقال: يعيش، فقال: ((احلب، احلب، فحلب)). انتهى.

[3137 – 375] **مجموع زيد بن علي –عليهما السلام– [273]**: حدثني زيد

بن علي، عن أبيه، عن جده، عن علي -عليهم السلام-، قال: قال رسول الله -
صلى الله عليه وآله وسلم-: ((اقتلوا من الحيات ما ظهر، فإنَّه لا يظهر إلاَّ
شراراها، ونهانا عن قتل الحيات التي تكون في البيوت)). انتهى.

باب القول في الرؤيا والتصاوير وإقتناء الكلاب، وفيما يتقى فيه الشؤم

الهادي -عليه السلام- في الأحكام [2/414]: قال يحيى بن الحسين -
صلوات الله عليه-:

[3138 - 376] بلغنا عن رسول الله -صلى الله عليه وآله وسلم- أنَّه قال:
((الرؤيا الحسنة من الرجل الصالح جزء من ستة وأربعين جزءاً من النبوة)).

[3139 - 377] وكان يقول -صلى الله عليه وآله وسلم-: ((لم يبق بعدي
إلاَّ المبشرات))، قالوا: وما المبشرات يا رسول الله؟.

قال: ((الرؤيا الصالحة يراها العبد، أو ترى له جزء من ستة وأربعين جزءاً
من النبوة)).

[3140 - 378] وكان يقول -صلى الله عليه وآله وسلم-: ((الرؤيا من الله،
والحلم من الشيطان، فإذا رأى أحدكم شيئاً يكرهه، فلينفث عن يساره ثلاث
نفثات إذا استيقظ، ثم ليتعوذ بالله من شرها، فإنها لن تضره إن شاء الله تعالى)).
[انتهى].

[3141 - 379] محمد بن سليمان الكوفي -رضي الله عنه- في المناقب
[2/114]: حدثنا إبراهيم بن عبدالله قال: حدثنا عبيدالله بن موسى العبسي،
عن فطر بن خليفة، عن أنس بن مالك قال: رأت فاطمة في منامها أن أعرابياً
أقبل معه شاة حتى دخل على رسول الله -صلى الله عليه وآله وسلم- فقال: له
النبي: يا أعرابي اذبح. فذبح، ثم قال: اسلخ. ففعل، ثم قال: حز، فحز. ثم قال:

اطبخ. فطبخ. ثم قال للحسن والحسين: قوما فكلا. فقاما وأكلا، فلما أكلا ماتا! فانتبهت فاطمة رضي الله عنها من منامها فزعة مذعورة، فلما أصبحت غدت إلى أبيها لتعلمه برؤياها.

فلما صارت في بعض الطريق إذ بالأعرابي بعينه معه تلك الشاة بعينها، فدخلا على رسول الله -صلى الله عليه وآله وسلم-، فلما دخلا تبسم النبي -صلى الله عليه وآله وسلم-، وقال: ((كما رأت فاطمة في منامها)).

ثم قال النبي -صلى الله عليه وآله وسلم- للأعرابي: اذبح، ففعل، ثم قال: اسلخ، فسلخ، ثم قال: حز، فحز، ثم قال: اطبخ، ففعل، ثم قال: للحسن والحسين: قوما فكلا.

فقالت فاطمة: يا أبتاه أحب أن تعفيهما فما خرم رؤياي شيء، إلا أن يأكلا ثم يموتا!، ثم قال النبي -صلى الله عليه وآله وسلم-: ((لا بأس عليهما)) ثم قال لهما: ((قوما وكلا)). فقاما وأكلا. ثم التفت النبي -صلى الله عليه وآله وسلم- على يمينه فقال: (([يا] رؤيا، يا رؤيا)).

فأجابه الصوت ولم نر الشخص، وهو يقول: لبيك وسعديك يا رسول الله.

فقال له النبي -صلى الله عليه وآله وسلم-: ((ما الذي أريت فاطمة في منامها؟)).

فقص عليه القصة كلها ولم يذكر الموت.

فنادى النبي -صلى الله عليه وآله وسلم-: ((يا أحلام، يا أحلام)).

فأجابه: لبيك وسعديك يا رسول الله.

قال: ((ما الذي أريت بنت رسول الله -صلى الله عليه وآله وسلم-؟)).

فقال: والذي بعثك بالحق نبياً ما لقيتها البارحة.

فنادى: ((يا أضغاث، يا أضغاث)).

فأجابه: لبيك وسعديك يا رسول الله.

قال: ((ما الذي أريتَ فاطمة في منامها)).

قال: أريتها أن الحسن والحسين ماتا!.

5   قال: ((فما أردت بذلك؟)).

قال: أردت أن أحزِنها!.

فقال النبي –صلى الله عليه وآله وسلم–: ((اعزب، أحزنك الله تعالى، وأحزن بك)).

ثم التفت النبي –صلى الله عليه وآله وسلم– إلى فاطمة –رضي الله عنها–

10   فقال: ((أَجزِعتِ إذ رأيت موتهما؟، فكيف لو رأيت الأكبر مسقياً، والأصغر ملطخاً بدمه في قاع من الأرض تناوبه السباع؟)).

قال: فبكت فاطمة، وبكى علي، وبكى الحسن والحسين.

فقالت فاطمة –صلوات الله عليها–: يا أبتا أكفار يفعلون ذلك أم منافقون؟

قال: ((بل منافقوا هذه الأمة، يزعمون أنهم مؤمنون)).

15   قالت: يا أبتاه أفلا تدعو الله عليهم ؟.

فقال النبي –صلى الله عليه وآله وسلم–: بلى.

فقام في القبلة، وقام علي والحسن والحسين، وقامت فاطمة خلفهم، ثم قنت بهم، وقال في دعائه: ((اللهم اخذل الفراعنة والقاسطين والمارقين والناكثين، ثم اجمعهم جميعاً في عذابك الأليم))، ثم أنزل الله: ﴿وَلَسَوۡفَ يُعۡطِيكَ رَبُّكَ فَتَرۡضَىٰٓ﴾ [الضحى: 5].

20

ثم خرج النبي -صلى الله عليه وآله وسلم- إلى أصحابه ثم قال: ((أيها الناس: إن الرؤيا على ثلاثة: فالرؤيا الصادقة بشرى من الله تعالى، والأحلام من حديث النفس، والأضغاث من الشيطان)). انتهى.

[ترجمة شيخ محمد بن سليمان، وأنس بن مالك]

رجال هذا الإسناد قد مر الكلام عليهم جميعاً.

عبيد الله بن موسى العبسي، وفطر بن خليفة، ومحمد بن سليمان الكوفي المصنف، وهم من ثقات محدثي الشيعة.

أما إبراهيم بن عبدالله، شيخ محمد بن سليمان -رضي الله عنه-، فالصواب:

إبراهيم بن الحسن:

وهو إبراهيم بن الحسن بن الحسين بن علي بن الحسين بن علي بن أبي طالب، أبو القاسم، أحد فضلاء العترة.

روى عنه محمد بن سليمان -عليهم السلام-، وروى عن موسى بن عبدالله بن موسى بن عبدالله بن الحسن بن الحسن بن علي بن أبي طالب، والحسن بن طريف، وإسماعيل بن محمد العلوي، وأبو حمزة العلوي، وغيرهم.

وأما أنس بن مالك:

فهو خادم رسول الله -صلى الله عليه وآله وسلم-، والراوي لحديث الطير وغيره في فضل علي والعترة -عليهم السلام-، عابه الأصحاب لكتمه لحديث الغدير، فدعا عليه الوصي -عليه السلام- فأصيب ببياض في وجهه، وقد رويت توبته وإخلاصه من بعد، ولم نخرج له في كتابنا هذا سوى هذا الحديث، وليس على شرطنا.

وفي الأحكام [2/ 415]: قال يحيى بن الحسين -صلوات الله عليه-:

[3142 - 380] بلغنا عن رسول الله -صلى الله عليه وآله وسلم- أنه قال:

((لا تدخل الملائكة بيتاً فيه تماثيل أو صور، إلاَّ ما كان رقماً في ثوب)).

وقال يحيى بن الحسين -صلوات الله عليه-: أنا أكره قربها كائنة فيما كانت، إلا أن لا يجد صاحبها عنها مندفعاً، وإنما استثنى رسول الله -صلى الله عليه وآله وسلم- التصاوير المرقومة رحمة لأصحابها، وترخيصاً لهم، فمن وجد عنها مندفعاً فهو أفضل.

وفيها [2/ 415]: قال يحيى بن الحسين -صلوات الله عليه-: الكلب نجس، وأنجس منه من تنجس به، ولا يجوز اقتناء الكلب إلا لزرع أو ضرع أو صيد.

[3143 - 381] وفي ذلك: ما بلغنا عن رسول الله -صلى الله عليه وآله وسلم- أنه قال: ((من اقتنى كلباً لغير زرع أو ضرع أو صيد، أو كلباً ضارياً نقص كل يوم من عمله قيراطان)).

قال يحيى بن الحسين -صلوات الله عليه-: قوله: ((ضارياً)): يريد أن يتخذه صاحبه لينتفع به في الصيد.

وفيها أيضاً [2/ 415]: قال يحيى بن الحسين -صلوات الله عليه-:

[3144 - 382] بلغنا عن رسول الله -صلى الله عليه وآله وسلم- أنه قال: ((الشؤم في الدار والمرأة والفرس)).

قال يحيى بن الحسين -رضي الله عنه-: بلغنا عنه أنه ذكر بأن في المرأة والفرس يمناً وخيراً.

[3145 - 383] وبلغنا أن رجلاً شكا إليه الفقر، فأمره أن يتزوج، فتزوج، ففتح عليه.

[3146 - 384] وبلغنا عنه -صلى الله عليه وآله وسلم- أنه قال: ((الخيل معقود بنواصيها الخير إلى يوم القيامة وأربابها معانون عليها)) .

قال يحيى بن الحسين -عليه السلام-: قد يكون في ذلك الشؤم والبركة، والمشؤوم مشؤوم، والمبارك مبارك. انتهى.

باب القول في المكتوب على جناح الجرادة وسؤال اليهودي لعلي عليه السلام

[3147 - 385] **صحيفة علي بن موسى الرضا** -عليهما السلام- [503]: عن أبيه، عن آبائه، عن علي بن الحسين -عليهم السلام-، قال: حدَّثنا أبي الحسين بن علي -عليه السلام-، قال: كنَّا أنا وأخي الحسن، وأخي محمد بن الحنفية، وبنو عمي؛ عبدالله بن العباس، وقثم، والفضل، على مائدة، فوقعت جرادة على المائدة، فأخذها عبدالله بن العباس، فقال للحسن: تعلم يا سيدي ما المكتوب على جناح الجرادة؟.

قال -عليه السلام-: سألت أبي أمير المؤمنين علي بن أبي طالب -عليه السلام-، فقال سألت جدك رسول الله -صلى الله عليه وآله وسلم-، فقال لي: ((على جناح الجرادة مكتوب: أنا الله لا إله إلاَّ أنا، رب الجرادة ورازقها، إذا شئت بعثتها لقوم رزقاً، وإذا شئت بعثتها على قوم بلاءً))، فقام عبدالله بن العباس فقرب من الحسن بن علي، ثم قال هذا والله من مكنون العلم. انتهى.

[3148 - 386] **وفي الصحيفة أيضاً** [442]: عن أبيه، عن جده جعفر بن محمد، عن أبيه، قال: حدثني علي بن الحسين -عليهما السلام-: أن يهودياً سأل علي بن أبي طالب -عليه السلام-، قال: أخبرني عمّا ليس لله، وعمّا ليس عند الله، وعمّا لا يعلمه الله؟

فقال علي -كرم الله وجهه-: (أما ما لا يعلمه الله: فذلك قولكم يا معشر اليهود: عزير ابن الله، والله لا يعلم له ولداً.

وأمَّا ما ليس عند الله: فليس عند الله ظلم للعبيد.

وأمَّا ما ليس لله: فليس لله شريك).

فقال اليهودي: وأنا أشهد أن لا إله إلاَّ الله، وأن محمداً رسول الله. انتهى.

باب القول في الترغيب في الحياء

الهادي -عليه السلام- في الأحكام [2/411]: قال يحيى بن الحسين -صلوات الله عليه-: خير ما تَخَلَّق به المؤمنون الحياء، وخير الحياء حياء المستحين من الله، ولم يستح من الله مَن جاهره بالعصيان، ومن لم يستح من الله له ينتظمه

5   اسم الحياء، ومن استحى من الله لم يعصه متعمداً.

[3149 - 387] وفي ذلك: ما بلغنا عن رسول الله -صلى الله عليه وآله وسلم- أنه قال: ((الحياء من الإيمان، ولا إيمان لمن لا حياء له)).

[3150 - 388] وبلغنا عنه -صلى الله عليه وآله وسلم-: أنه قال: ((لكل شيء خُلُق، وخُلُق الإنسان الحياء)). انتهى.

[3151 - 389] سلسلة الإبريز: بالسند الثابت الصحيح إلى علي بن أبي

10 طالب -عليه السلام-: قال رسول الله -صلى الله عليه وآله وسلم-: ((الحياء خير كله)). انتهى.

[3152 - 390] مجموع زيد بن علي -عليهما السلام- [275]: حدثني زيد بن علي، عن أبيه، عن جده، عن علي -عليهم السلام-، قال: (ما من يوم يمر

15 على ابن آدم إلاَّ وينادي: يا ابن آدم، اعمل في اليوم، أشهد لك يوم القيامة، واصحب الناس بأي خلق شئت يصحبوك بمثله). انتهى.

قلتُ: فمن جعل خلقه الحياء صوحب بمثله.

باب القول في الغصب

الهادي -عليه السلام- في الأحكام [2/411]: قال يحيى بن الحسين -

20 صلوات الله عليه-: ضبط النفس عند الغضب يستدعي رضا الرب، والكظم للغيظ محمود عند الله، لأنه من الإحسان، وفي ذلك ما يقول الرحمن: ﴿وَٱلْكَـٰظِمِينَ ٱلْغَيْظَ وَٱلْعَافِينَ عَنِ ٱلنَّاسِ وَٱللَّهُ يُحِبُّ ٱلْمُحْسِنِينَ﴾ [آل عمران:134].

قال: ومن دواء الغضب إذا اشتد بصاحبه أن يصلي على محمد -صلى الله عليه وآله وسلم-، وإن كان الغضبان قائماً قعد، وإن كان قاعداً قام .

[3153 - 391] وفي ذلك: ما بلغنا عن رسول الله -صلى الله عليه وآله وسلم-: أن رجلاً أتاه، فقال: يا رسول الله، علمني كلمات أعيش بهنَّ، ولا تكثر عليَّ، فقال رسول الله -صلى الله عليه وآله وسلم-: ((لا تغضب)).

[3154 - 392] وبلغنا عنه -صلى الله عليه وآله وسلم- أنه قال: ((ليس الشديد بالشديد الصُّرْعَة، إنما الشديد الذي يملك نفسه عند الغضب)). انتهى .

[3155 - 393] صحيفة علي بن موسى الرضا -عليهما السلام- [503]: عن أبيه عن آبائه، عن الحسين -عليهم السلام-، قال: قال علي بن أبي طالب -عليه السلام-: (إنَّ لإبليس لعنه الله كحلاً، وسفوفاً، ولعوقاً، فأمَّا كحله فالنوم، وأمَّا سفوفه فالغضب، وأمَّا لعوقه فالكذب). انتهى.

باب القول في الترهيب في تصديق المنجم والساحر ونحوهما

الهادي -عليه السلام- في الأحكام [2/412]:

باب القول في العراف والقايف والمنجم والكاهن:

قال يحيى بن الحسين -صلوات الله عليه-: لا يُقبل قول أحد من هؤلاء، ولا يُعمل به، ولا يُتّكَّل عليه، فمن قَبِلَ من ذلك شيئاً فقد ظلم نفسه، وأساء في فعله.

[3156 - 394] قال: وكذلك بلغنا عن أمير المؤمنين علي بن أبي طالب -عليه السلام-. انتهى.

[3157 - 395] المرتضى محمد بن يحيى بن الحسين -عليهم السلام- في النهي

[مجموع المرتضى (2/770)]: عن أبيه، عن آبائه، عن علي -عليهم السلام-، قال: نهى رسول الله -صلى الله عليه وآله وسلم- عن الكهانة، ونهى أن يُصَدَّق الكاهن ويؤتى.

وقال: ((من تكهن أو تكهن له فليس من الله في شيء)). انتهى.

باب القول في فضل المدينة وتحريم قطع شجرها

الهادي -عليه السلام- في الأحكام [2/ 411]: قال يحيى بن الحسين -صلوات الله عليه-:

[3158 - 396] بلغنا أن رسول الله -صلى الله عليه وآله وسلم- قال حين خرج من مكة: ((اللهم إنَّ قريشاً أخرجتني من أحب البلاد إليَّ فأسكني أحبَّ البلاد إليك))، فأسكنه الله المدينة.

[3159 - 397] وبلغنا عن رسول الله -صلى الله عليه وآله وسلم- أنه قال: ((ما بين بيتي ومنبري روضة من رياض الجنة، ومنبري على حوضي)).

وفي الأحكام أيضاً [2/ 410]: قال يحيى بن الحسين -صلوات الله عليه-:

[3160 - 398] بلغنا عن رسول الله -صلى الله عليه وآله وسلم- أنه قال لما أن طلع له أحد: ((هذا جبل يحبنا ونحبه، اللهم إن إبراهيم حرم مكة، وأنا أحرم ما بين لابتيها)).

قال يحيى بن الحسين -رضي الله عنه-: لا يجوز أن يصاد الصيد، ولا أن يعضد الشجر في شيء من لابتي المدينة، وهما حرتاها المحتوشتان المحدقتان بها، وهي المحرم صيدهما. انتهى.

باب القول في اصطناع المعروف

الهادي -عليه السلام- في الأحكام [2/ 409]: قال يحيى بن الحسين -صلوات الله عليه-: [اصطناع] المعروف فائدة من أكبر فوائد المسلمين، وفيه الأجر العظيم من رب العالمين، ولا يعدم صاحبه نافلته في الدنيا ولا في الآخرة، وفي ذلك ما يقول حكيم من الشعراء:

مــن يصــنع العــرف لا يعــدم ... لا يذهب العرف بين الله والناس

[٣١٦١ - ٣٩٩] وفي ذلك: ما بلغنا عن رسول الله -صلى الله عليه وآله وسلم- أنه قال: ((اصطنع المعروف إلى من هو أهله، وإلى من ليس بأهله، فإن أصبت أهله فهو أهله، وإن لم تصب أهله فأنت أهله)).

[٣١٦٢ - ٤٠٠] وبلغنا عن رسول الله -صلى الله عليه وآله وسلم- أنه قال لعائشة: ((تروين شعر ابن عريض اليهودي)) قالت: لا، فقالت أم سلمة: ولكني أرويه، فقال لها، وكيف قال؟ فقالت: قال:

أجزيك إن أثنى عليك وإن من   أثنى عليك بما فعلتَ فقد جـزى

فقال رسول الله -صلى الله عليه وآله وسلم-: قال جبريل: ((يا محمد، من أولاك يداً فكافه، فإن لم تقدر فاثن عليه)). انتهى.

[٣١٦٣ - ٤٠١] سلسلة الإبريز: بالسند الثابت الصحيح إلى علي بن أبي طالب -عليه السلام-: قال رسول الله -صلى الله عليه وآله وسلم-: ((جبلت القلوب على حب من أحسن إليها، وبغض من أساء إليها)). انتهى.

باب القول في فنون من الأحاديث في العبادات

قد قدمنا في كتابنا هذا بعضاً من فضائل العبادات في أول كل كتاب من الصلاة والصيام والزكاة والحج وغيرهم، ونحن الآن ذاكرون هنا جملة شافية من الأحاديث الصحيحة، والآيات الدالة على الحث والترغيب على هذه العبادات، ولن نكرر شيئاً مما سبق إن شاء الله:

في فضل الصيام

[٣١٦٤ - ٤٠٢] المرشد بالله -عليه السلام- في الأمالي [١/ ٣٤٨]: أخبرنا أبو القاسم عبد العزيز بن علي بن أحمد الأزجي بقراءتي عليه، قال: أخبرنا أبو القاسم عمر بن محمد بن محمد بن إبراهيم بن سَبَنْك البجلي، قال: أخبرنا أبو الحسين عمر بن الحسن بن علي بن مالك الأشناني، قال: حدثنا أبو بكر محمد بن

زكريا المروروذي، قال: حدثنا موسى بن إبراهيم المروزي الأعور، قال: حدثني موسى بن جعفر بن محمد، عن أبيه جعفر بن محمد، عن أبيه محمد بن علي، عن أبيه علي بن الحسين، عن أبيه علي -عليهم السلام-، قال: قال رسول الله -صلى الله عليه وآله وسلم-: ((من صام يوماً في سبيل الله صرف الله به وجهه عن النار، وأدخله الجنة يأكل من ثمارها)).

[3165 – 403] **وبهذا الإسناد** [1/ 365]: عن علي -عليهم السلام-، قال: قال رسول الله -صلى الله عليه وآله وسلم-: ((فم الصائم أطيب عند الله من ريح المسك، وللصائم فرحتان فرحة عند إفطاره وفرحة عند لقاء ربه)).

[3166 – 404] **وبه** [2/ 132]: عن علي -عليهم السلام-، قال: قال رسول الله -صلى الله عليه وآله وسلم-: ((الصيام جنة وهو لله وهو المجازي عنه يوم القيامة)).

[3167 – 405] **وبه** [2/ 131]: عن علي -عليهم السلام-، قال: قال رسول الله -صلى الله عليه وآله وسلم-: ((أفضل ما يبدأ به الصائم من فطره الحلوى أوالماء)).

[3168 – 406] **وبه** [1/ 348]: عن علي -عليهم السلام-، قال: قال رسول الله -صلى الله عليه وآله وسلم-: ((من صام يوماً في سبيل الله صرف الله به وجهه عن النار، وأدخله الجنة يأكل من ثمارها)).

[3169 – 407] **وبه** [2/ 136]: عن علي -عليهم السلام-، قال: قال رسول الله -صلى الله عليه وآله وسلم-: ((الصائم جليس الرحمن حتى يفطر)).

[3170 – 408] **وبه** [2/ 136]: عن علي -عليهم السلام-، قال: قال رسول الله -صلى الله عليه وآله وسلم-: ((الصائم لا يَرفع عشاءَه حتى تغفر ذنوبه)). انتهى.

رجال هذا الأحاديث من ثقات محدثي الشيعة، وقد مر الكلام عليهم جميعاً.

فضيلة ليلة النصف من شعبان

[3171 – 409] **المرشد بالله –عليه السلام– في الأمالي** [2/ 141]: أخبرنا أبو القاسم عبد العزيز بن علي بن أحمد الأزجي بقراءتي عليه ببغداد في باب الأزج، قال: أخبرنا أبو القاسم عمر بن محمد بن سَبَنْك البجلي، قال: أخبرنا أبو الحسين عمر بن الحسن بن علي بن مالك الأشناني، قال: حدثنا أبو بكر محمد بن زكريا المروروذي، قال: حدثنا موسى بن إبراهيم المروزي الأعور، قال: حدثني موسى بن جعفر بن محمد عن أبيه جعفر بن محمد عن أبيه محمد بن علي عن أبيه علي بن الحسين، عن أبيه علي –عليهم السلام–، قال: قال رسول الله –صلى الله عليه وآله وسلم–: ((إنَّ الله تبارك ينزل ليلة النصف من شعبان إلى سماء الدنيا – سبحانه هو أجلّ وأعظم من أن يزول عن مكانه؛ ولكن نزوله على الشيء إقباله عليه لا بجسم–، فيقول: هل من سائل فأعطيَه سؤله؟، هل من مستغفر فأغفرَ له؟ هل من تائب فأقبلَ توبته؟ هل من مدين فأسهلَ عليه قضاء دَينه؟ فاغتنموا هذه الليلة وسرعة الإجابة فيها)). انتهى.

رجال هذا الإسناد من ثقات محدثي الشيعة، وقد مر الكلام عليهم.

تفسير آيات قرآنية

قوله تعالى: ﴿وَأَلْزَمَهُمْ كَلِمَةَ التَّقْوَى﴾:

[3172 – 410] **المرشد بالله –عليه السلام–، في الأمالي** [1/ 14]: أخبرنا أبو بكر محمد بن علي بن محمد بن علي بن أحمد بن الحسين الجوزداني المقري، بقراءتي عليه بأصفهان، قال: أخبرنا أبو مسلم عبد الرحمن بن محمد بن إبراهيم بن محمد بن شهدل المديني، قال: أخبرنا أبو العباس أحمد بن محمد بن سعيد بن عبد الرحمن بن عقدة، قال: أخبرنا أحمد بن الحسن بن سعيد أبو عبد الله، قال:

حدثنا أبي، قال: حدثنا حصين بن مخارق السلولي، عن أبي حمزة عن علي بن الحسين، وعن أبي جعفر، وزيد بن علي –عليهم السلام–، ﴿كَلِمَةَ ٱلتَّقْوَىٰ﴾ قال: (التوحيد). انتهى.

قوله تعالى: ﴿فَقَدِ ٱسْتَمْسَكَ بِٱلْعُرْوَةِ ٱلْوُثْقَىٰ﴾:

[3173 – 411] وفي أمالي المرشد بالله [18/1]: بالسند هذا إلى حصين بن المخارق السلولي، عن سعد، عن الأصبغ، عن علي –عليه السلام–، ﴿فَقَدِ ٱسْتَمْسَكَ بِٱلْعُرْوَةِ ٱلْوُثْقَىٰ﴾ [البقرة:256]، الوثقى، قال: (لا إله إلا الله). انتهى.

الأصبغ بن نباتة، وسعد بن طريف قد مر الكلام عليهما، وهما من ثقات محدثي الشيعة رضي الله عنهما.

[3174 – 412] وبه [22/1]: إلى حصين عن موسى بن جعفر، عن أبيه، عن آبائه –عليهم السلام–، ﴿فَقَدِ ٱسْتَمْسَكَ بِٱلْعُرْوَةِ ٱلْوُثْقَىٰ﴾ قال: (مودتُنا أهل البيت).

[3175 – 413] وبه [23/1]: إلى حصين، عن أبي الورد، عن أبي الجارود، عن أبي جعفر –عليهم السلام–: ﴿ٱلْعُرْوَةِ ٱلْوُثْقَىٰ﴾: المودة لآل محمد –صلى الله عليه وآله وسلم–.

أبو الورد: من ثقات محدثي الشيعة.

[3176 – 414] وبه [23/1]: إلى حصين –رضي الله عنه–، عن هارون بن سعد، عن زيد بن علي –عليهم السلام–: (ٱلْعُرْوَةِ ٱلْوُثْقَىٰ): المودة لآل محمد –صلى الله عليه وآله وسلم–.

قوله تعالى: ﴿إِلَّا مَنِ ٱتَّخَذَ عِندَ ٱلرَّحْمَٰنِ عَهْدًا﴾:

[3177 – 415] بسند المرشد بالله –عليه السلام– [22/1]: المتقدم آنفاً إلى حصين بن مخارق السلولي –رضي الله عنه–، عن سعد، عن أبي إسحاق، عن

الحارث، عن علي -عليه السلام-، ﴿إِلَّا مَنِ اتَّخَذَ عِندَ الرَّحْمَٰنِ عَهْدًا ﴿٨٧﴾﴾ [مريم:87] قال: (قول لا إله إلا الله في الدنيا). انتهى.

سعد: هو ابن طريف، وأبو إسحاق: هو السبيعي، والحارث: هو الأعور، وهم من ثقات محدثي الشيعة، وقد مر الكلام عليهم.

قوله تعالى: ﴿وَأَسْبَغَ عَلَيْكُمْ نِعَمَهُ﴾:

[3178 - 416] **بالسند المتقدم للمرشد بالله -عليه السلام-** [1/ 22]: إلى حصين، عن موسى بن جعفر، عن أبيه، عن آبائه، وأبي حمزة، عن علي بن الحسين -عليهم السلام-، ﴿وَأَسْبَغَ عَلَيْكُمْ نِعَمَهُ﴾[لقمان:20] [واحدة] قال: (لا إله إلا الله). انتهى.

أبو حمزة الثمالي: من ثقات محدثي الشيعة، وقد مر الكلام عليه.

قوله تعالى: ﴿كَلِمَةً طَيِّبَةً﴾:

[3179 - 417] **بالسند المتقدم للمرشد بالله -عليه السلام-** [1/ 30]: إلى حصين بن المخارق، قال: حدثنا فضيل بن الزبير، عن أبي حمزة، عن علي بن الحسين، ﴿كَلِمَةً طَيِّبَةً﴾ [إبراهيم:24]، قال: (لا إله إلا الله). انتهى.

فضيل بن الزبير(68): من أصحاب زيد بن علي -عليهما السلام-، ومن ثقات محدثي الشيعة -رضي الله عنهم-.

قوله تعالى: ﴿وَمَنْ لَمْ يَحْكُمْ بِمَا أَنْزَلَ اللَّهُ فَأُولَئِكَ هُمُ الْكَافِرُونَ﴾

[3180 - 418] **بالسند المتقدم للمرشد بالله -عليه السلام-** [1/ 47]: إلى حصين بن المخارق، عن جعفر بن محمد، عن أبيه، عن آبائه، عن علي -عليهم

---

(68) قال في الجداول: الفضيل بن الزبير بن الرسان الزبيري، عن أبي أحمد الزبيري، عن زيد بن علي، وعنه يحيى بن المساور، كان من أهل الفضل والتمسك بالعبادة، وممن سلم من سيوف أعداء الله، اشتهر بالرواية، عن زيد، وأحد المبايعين له.

السلام-، ﴿وَمَن لَّمْ يَحْكُم بِمَآ أَنزَلَ ٱللَّهُ فَأُوْلَـٰٓئِكَ هُمُ ٱلْكَـٰفِرُونَ ﴿٤٤﴾﴾ [المائدة:44] و﴿ٱلظَّـٰلِمُونَ﴾ [المائدة:45]، و﴿ٱلْفَـٰسِقُونَ﴾ [المائدة:47]: كلها في هذه الأمة. انتهى.

قوله تعالى: ﴿كَذَلِكَ إِنَّمَا يَخْشَى اللَّهَ مِنْ عِبَادِهِ الْعُلَمَاءُ﴾:

[3181 - 419] **بالسند المتقدم للمرشد بالله -عليه السلام-** [1/ 64]: إلى حصين بن المخارق، عن أبي حمزة، عن الأصبغ بن نباتة، عن علي -عليه السلام-، ﴿كَذَٰلِكَ إِنَّمَا يَخْشَى ٱللَّهَ مِنْ عِبَادِهِ ٱلْعُلَمَـٰٓؤُا۟﴾[فاطر:28]، قال: (أعلم الناس بالله أشدهم خشية).

[3182 - 420] **وبه**: إلى حصين بن مخارق، عن خليفة بن حسان، عن زيد بن علي -عليهما السلام-، ﴿كَذَٰلِكَ إِنَّمَا يَخْشَى ٱللَّهَ مِنْ عِبَادِهِ ٱلْعُلَمَـٰٓؤُا۟﴾، قال: (على قدر منازلهم في العلم بالله شدة خشيتهم). انتهى.

خليفة بن حسان(69): من ثقات محدثي الشيعة، ومن أصحاب زيد بن علي -عليهما السلام-.

قوله تعالى: ﴿رَبَّنَا إِنَّنَا سَمِعْنَا مُنَادِيًا يُنَادِي لِلْإِيمَانِ﴾:

[3183 - 421] **بالسند المتقدم للمرشد بالله -عليه السلام-** [1/ 96]: إلى حصين بن المخارق -رضي الله عنه-، عن محمد بن سالم، عن الإمام الشهيد أبي الحسين زيد بن علي -عليهم السلام-، ﴿رَّبَّنَآ إِنَّنَا سَمِعْنَا مُنَادِيًا يُنَادِى لِلْإِيمَـٰنِ﴾ [آل عمران: 193] قال: (هو القرآن). انتهى.

محمد بن سالم: هو الهمداني أبو سهل الكوفي الخياط، أحد ثقات محدثي

---

(69) خليفة بن حسان الخثعمي: أحد أصحاب الإمام زيد -عليه السلام- والرواة عنه، ذكره عبدالعزيز بن إسحاق البغدادي فيمن روى عن الإمام زيد وقال: له اختيارات، وعنه: حصين بن المخارق، وروى له المرشد بالله بإسناده إلى حسان بن خليفة عن الإمام زيد، وهو معدود من أصحاب الإمام زيد ورواة حديثه، ولم أقف له على تاريخ وفاة.

الشيعة، والباذل نفسه مع الإمام زيد بن علي -عليهما السلام-، توفي عشر الخمسين.

[3184 - 422] وبه [1/ 99]: إلى حصين، عن جعفر بن محمد، عن أبيه -عليهما السلام- أنه قيل له: إن الناس يقولون ذهب قرآن كثير، قال: ما ذهب من القرآن شيء، كله عندنا. انتهى.

[3185 - 423] وبه [1/ 121]: إلى حصين بن المخارق، عن أبي حمزة الثمالي، قال: كان علي بن الحسين -عليهما السلام-، إذا رفع صوته بالقرآن خرج المخدرات يسمعن صوته. انتهى.

قوله تعالى: ﴿مَا يُتْلَىٰ فِي بُيُوتِكُنَّ مِنْ آيَاتِ اللَّهِ وَالْحِكْمَةِ﴾:

[3186 - 424] بالإسناد المتقدم للمرشد بالله -عليه السلام- [1/ 136]: إلى حصين بن المخارق، عن هارون بن سعد، عن الإمام أبي الحسين زيد بن علي -عليهما السلام-، ﴿مَا يُتْلَىٰ فِي بُيُوتِكُنَّ مِنْ آيَاتِ اللَّهِ وَالْحِكْمَةِ﴾ [الأحزاب:34] قال: القرآن والسنة. انتهى.

هارون بن سعد(70): هو العجلي، أبو محمد أحد ثقات محدثي الشيعة، ومن أصحاب الإمام الشهيد زيد بن علي -عليهما السلام-.

_____

(70) هارون بن سعد العِجْلي، ويقال: الجعفي، أبو محمد الكوفي الأعور، الزيدي الثقة، كوفي تابعي، أحد مشاهير الشيعة، ورأس الزيدية في زمانه، ممن بايع الإمام زيد وناصره وروى عنه، وخرج مع الإمام إبراهيم بن عبدالله فاستعمله بواسط، وولاه القتال بها، فتبعه خلق كثير من أهلها، فقاتله جنود الدوانيقي، فثبت إلى أن بلغه مقتل الإمام إبراهيم بن عبد الله، فتوجه إلى البصرة، فمات قبل أن يدخلها، وقيل: بل توارى حتى مات، عده المزي فيمن روى عن الإمام زيد -عليه السلام-. وعده أبو الفرج الأصفهاني والإمام أبو طالب فيمن بايع الإمام زيد بن علي -عليه السلام-. توفي سنة (145هـ)، وقيل بعده، وغلط من جعل وفاته سنة (253)هـ.
وهو ممن روى عنه النواصب وحملتهم الضرورة إلى الأخذ عنه، فقد روى عنه مسلم، فلذا قالوا: صدوق: قال في تقريب التهذيب لابن حجر (2/ 630)، رقم (7507): صدوق، رُمي بالرفض. وقال الذهبي في الميزان(4/ 284): صدوقٌ في نفسه، لكنَّه رافضي بغيض.

قوله تعالى ﴿إِنَّا أَنْزَلْنَاهُ فِي لَيْلَةٍ مُبَارَكَةٍ﴾:

[3187 - 425] بالإسناد المتقدم للمرشد بالله -عليه السلام- [1/ 146]:

إلى حصين، عن سعد الخفاف، عن الحكم، عن سعيد بن جبير، عن ابن عباس، ﴿إِنَّا أَنزَلْنَٰهُ فِى لَيْلَةٍ مُّبَٰرَكَةٍ﴾ [الدخان:3] قال: نزل القرآن في ليلة القدر،

ثم نزل به جبريل على رسول الله -صلى الله عليه وآله وسلم- نجوماً، لجواب كلام الناس. انتهى.

سعد الخفاف: هو سعد بن طريف، والحكم: هو ابن عتيبة، قد مر الكلام عليهما، وعلى سعيد بن جبير، وهم من ثقات محدثي الشيعة -رضي الله عنهم-.

قوله تعالى: ﴿قُلْ هُوَ اللَّهُ أَحَدٌ﴾ [الإخلاص:1]:

[3188 - 426] بالإسناد المتقدم للمرشد بالله -عليه السلام- [1/ 152]:

إلى حصين بن المخارق، عن أبي حمزة الثمالي، عن الإمام الشهيد أبي الحسين زيد بن علي -عليهما السلام-، قال: قال رسول الله -صلى الله عليه وآله وسلم-: ((قل هو الله أحد تعدل ثلث القرآن)).

[3189 - 427] وبه إلى حصين، عن الحسن بن زيد، وعبيدالله بن الحسين، ومحمد بن زيد، ويحيى بن عبدالله، عن آبائهم عن علي -عليهم السلام-، قال: قال رسول الله -صلى الله عليه وآله وسلم-: ((قل هو الله أحد تعدل ثلث القرآن)). انتهى.

قوله تعالى: ﴿إِنَّمَا وَلِيُّكُمُ اللَّهُ وَرَسُولُهُ وَالَّذِينَ آمَنُوا﴾:

[3190 - 428] بالإسناد المتقدم للمرشد بالله -عليه السلام- [1/ 180]:

إلى حصين بن المخارق، عن عمرو بن خالد، عن الإمام الشهيد أبي الحسين زيد بن علي، عن آبائه، عن علي -عليهم السلام-، ﴿إِنَّمَا وَلِيُّكُمُ اللَّهُ وَرَسُولُهُ وَالَّذِينَ ءَامَنُوا﴾ [المائدة:55] نزلت في علي بن أبي طالب -عليه السلام-.

[3191 - 429] **وبه** [1/ 181]: إلى حصين بن مخارق، عن أبي الجارود، عن محمد وزيد ابني علي، عن آبائهما: أنها نزلت في علي -عليه السلام-.

[3192 - 430] **وبه** [1/ 181]: إلى حصين، عن هارون بن سعد، عن محمد بن عبيد الله الرافعي، عن أبيه، عن جده، عن أبي رافع: أنها نزلت في علي -عليه السلام-.

[3193 - 431] **وبه** [1/ 181]: إلى حصين بن مخارق، عن سعد بن طريف، عن الأصبغ، عن علي -عليه السلام- مثله.

[3194 - 432] **وبه** [1/ 181]: إلى حصين بن مخارق، عن أبي حمزة، عن علي بن الحسين، وأبي جعفر مثله.

[3195 - 433] **وبه** [1/ 180]: إلى حصين بن مخارق، عن الحسن بن زيد بن الحسن، عن أبيه، عن آبائه، عن علي -عليهم السلام-، أنه تصدق بخاتمه، وهو راكع فنزلت فيه هذه الآية: ﴿إِنَّمَا وَلِيُّكُمُ ٱللَّهُ وَرَسُولُهُۥ وَٱلَّذِينَ ءَامَنُوا۟﴾ [المائدة:55]. انتهى.

رجال هذه الأسانيد من ثقات محدثي الشيعة، وقد مر الكلام عليهم.

قوله تعالى: ﴿ادْخُلُوا فِي السِّلْمِ كَافَّةً﴾:

[3196 - 434] **بالإسناد المتقدم للمرشد بالله -عليه السلام-** [1/ 195]: إلى حصين بن المخارق، عن سعد، عن الأصبغ، عن علي -عليه السلام-، في قوله تعالى: ﴿ٱدْخُلُوا۟ فِى ٱلسِّلْمِ كَآفَّةً﴾ [البقرة:208] قال: (ولايتنا أهل البيت).

[3197 - 435] **وبه**: إلى حصين بن المخارق، عن عمرو بن شمر، عن جابر، عن أبي جعفر، وعن زياد بن المنذر، عن أبي جعفر: ﴿فِى ٱلسِّلْمِ كَآفَّةً﴾، قال: ولاية آل محمد -صلى الله عليه وآله وسلم-. انتهى.

سعد: هو ابن طريف، والأصبغ: هو ابن نباتة، وجابر: هو الجعفي، وزياد بن المنذر: هو أبو الجارود، وعمرو بن شمر: هو الكوفي، كلهم جميعاً من ثقات محدثي الشيعة، وقد مر الكلام عليهم.

قوله تعالى: ﴿إِنَّ إِبْرَاهِيمَ لَأَوَّاهٌ حَلِيمٌ﴾ [التوبة:114]:

[3198 - 436] بالإسناد المتقدم للمرشد بالله -عليه السلام- [257/1]: 5
إلى حصين بن المخارق، عن خليفة بن حسان، عن الإمام أبي الحسين زيد بن علي -عليهما السلام-: (الأواه: التواب). انتهى.

قوله تعالى: ﴿سِيمَاهُمْ فِي وُجُوهِهِم مِّنْ أَثَرِ السُّجُودِ﴾:

[3199 - 437] بالإسناد المتقدم للمرشد بالله -عليه السلام- [267/1]:
إلى حصين بن المخارق، عن سعد بن طريف، عن الأصبغ بن نباتة، عن علي - 10
عليه السلام-: ﴿سِيمَاهُمْ فِي وُجُوهِهِم مِّنْ أَثَرِ السُّجُودِ﴾ [الفتح:29] قال: (من أثر سهر الليل). انتهى.

[3200 - 438] وبه [272/1]: إلى حصين بن المخارق، عن حمزة التركي، عن الإمام أبي الحسين زيد بن علي -عليهما السلام-: عن قوله تعالى: ﴿سِيمَاهُمْ فِي وُجُوهِهِم مِّنْ أَثَرِ السُّجُودِ﴾ قال: صفرة الوجوه، وعمشة العيون. 15
انتهى.

حمزة التركي: من أصحاب إبراهيم بن عبدالله -عليهما السلام-، ومن الراويين عن زيد -عليه السلام-.

قوله تعالى: ﴿كَانُوا قَلِيلاً مِّنَ اللَّيْلِ مَا يَهْجَعُونَ﴾:

[3201 - 439] بالإسناد المتقدم للمرشد بالله -عليه السلام- [277/1]: 20
إلى حصين بن المخارق، عن مغيرة بن عروة، عن الإمام الشهيد أبي الحسين زيد بن علي -عليهما السلام-: ﴿كَانُوا قَلِيلًا مِّنَ ٱللَّيْلِ مَا يَهْجَعُونَ ۝١٧﴾ [الذاريات:17]

قال: هجعوا هجعة ثم مدوها إلى السحر.

[3202 - 440] **وبه** [1/ 277]: إلى حصين، عن أبي الورد، عن أبي جعفر قال: كان علي بن الحسين -عليهما السلام- ينتبه للسحر، ويقوم في الليلة مراراً.

[3203 - 441] **وبه** [1/ 277]: إلى حصين، عن عبد الله بن الحسين بن علي بن الحسين، عن أبيه، عن علي بن الحسين: أنه كان ينام وعنده الميضاة، فإذا هدأت العيون قام فيسمع له دوي كدوي النحل.

[3204 - 442] **وبه** [1/ 277]: إلى حصين، عن الحسن بن زيد، عن أبيه، عن آبائه، ويحيى بن عبد الله بن الحسن، عن أبيه، عن آبائه قال: سئل رسول الله -صلى الله عليه وآله وسلم-: لِمَ أخر يعقوب بنيه إلى السحر؟ قال: ((لأن دعاء السحر مستجاب)). انتهى.

مغيرة بن عروة: من أصحاب زيد بن علي -عليهما السلام-.

[3205 - 443] **وبه** [1/ 282]: إلى حصين بن المخارق، عن موسى بن جعفر، عن أبيه، عن آبائه، عن علي -عليهم السلام-، قال: (لم يح نبي قط إلا بصلاة آخر الليل).

[3206 - 444] **وبه** [1/ 285]: إلى حصين بن المخارق، عن يحيى بن عبدالله بن الحسن، عن أبيه، عن آبائه -عليهم السلام-، أنه سئل النبي -صلى الله عليه وآله وسلم-: أي الليل أجوب دعوة؟، قال: ((جوف الليل الغائر)).

قوله تعالى: ﴿أَشَدُّ وَطْئًا﴾:

[3207 - 445] **بالإسناد المتقدم للمرشد بالله -عليه السلام-** [1/ 289]: إلى حصين بن المخارق السلولي، عن أبي حمزة، عن أبي جعفر، وزيد بن علي -عليهم السلام-، ﴿أَشَدُّ وَطْئًا﴾ [المزمل:6] قال: مواطأة وفراغ لقلبك.

[3208 - 446] **وبه** [1/ 289]: إلى حصين بن المخارق، عن يحيى بن

عبدالله، عن أبيه، عن آبائه، عن علي -عليهم السلام-، قال كان رسول الله -صلى الله عليه وآله وسلم-، (إذا قام من الليل يخفض طوراً، ويرفع طوراً، ويقطع قرآءته آية آية).

قوله تعالى: ﴿لَأَوَّاهٌ حَلِيمٌ﴾ [التوبة:114]:

[3209 - 447] **بالإسناد المتقدم للمرشد بالله -عليه السلام-** [1/ 293]: إلى حصين بن المخارق، عن محمد بن عبدالله بن الحسن، عن أبيه، عن آبائه -عليهم السلام-، الأواه: الذي يتضرع في دعائه.

قوله تعالى: ﴿وَتَبَتَّلْ إِلَيْهِ تَبْتِيلًا﴾:

[3210 - 448] **بالإسناد المتقدم للمرشد بالله -عليه السلام-** [1/ 296]:

إلى حصين بن المخارق، عن حسين بن زيد، عن عمه عمر بن علي، عن أبيه، عن علي -عليهم السلام-، ﴿وَتَبَتَّلْ إِلَيْهِ تَبْتِيلًا ﴿٨﴾﴾ [المزمل:8] قال: (أخلص إليه).

قوله تعالى: ﴿وَلَا تَجْهَرْ بِصَلَاتِكَ وَلَا تُخَافِتْ بِهَا﴾:

[3211 - 449] **بالإسناد المتقدم للمرشد بالله -عليه السلام-** [1/ 300]: إلى حصين بن المخارق، عن حسان الجمال، عن الإمام الشهيد أبي الحسين زيد بن علي -عليهما السلام-: أنه في الجهر بالدعاء، يعني قوله -تعالى-: ﴿وَلَا تَجْهَرْ بِصَلَاتِكَ وَلَا تُخَافِتْ بِهَا﴾ [الإسراء:110]. انتهى.

حسان الجمال(71): هو من أصحاب الإمام زيد بن علي -عليهما السلام-.

[3212 - 450] **وبه** [1/ 300]: إلى حصين، عن جعفر بن محمد -عليهما السلام-، أنه كان ينهى عن الجهر بالدعاء، ﴿وَلَا تُخَافِتْ بِهَا﴾ قال: في الدعاء،

---

(71) حسان بن مهران الجمال، الغنوي الكوفي، مولى بني كاهل من بني أسد، وقيل: مولى لغني، وهو أخو صفوان بن مهران، أحد مصنفي الشيعة ورواتهم، روى عن الإمام زيد بن علي والباقر والصادق. أعلام الكوفة (2/ 220).

وبقراءته خفياً.

قوله تعالى: ﴿فِي أَيَّامٍ مَعْدُودَاتٍ﴾:

[3213 – 451] **بالإسناد المتقدم للمرشد بالله –عليه السلام–** [2/ 85]: إلى حصين بن المخارق، عن عبد الله بن الحسن، عن أبيه، عن آبائه، عن علي –عليهم السلام–، ﴿فِي أَيَّامٍ مَعْدُودَاتٍ﴾ [البقرة:203] قال: (أيام التشريق).

[3214 – 452] وبه: إلى حصين، عن بسام الصيرفي، عن أبي جعفر مثله.

بسام الصيرفي(72): من ثقات الشيعة.

[3215 – 453] وبه [2/ 85]: إلى حصين، عن خليفة بن حسان، عن الإمام أبي الحسين –عليه السلام– مثله.

قوله تعالى: ﴿وَوَاعَدْنَا مُوسَى ثَلَاثِينَ لَيْلَةً وَأَتْمَمْنَاهَا بِعَشْرٍ﴾، وقوله تعالى: ﴿وَالْفَجْرِ وَلَيَالٍ عَشْرٍ﴾:

[3216 – 454] **بالإسناد المتقدم للمرشد بالله –عليه السلام–** [2/ 85]: إلى حصين بن المخارق السلولي –رضي الله عنه–، عن محمد بن سالم، عن الإمام أبي الحسين زيد بن علي –عليهما السلام–، ﴿وَوَاعَدْنَا مُوسَى ثَلَاثِينَ لَيْلَةً﴾ قال: ذو القعدة، ﴿وَأَتْمَمْنَاهَا بِعَشْرٍ﴾ [الأعراف:142] قال: عشر ذي الحجة.

---

(72) بسام بن عبد الله الصيرفي، أبو الحسن، ويقال: أبو عبد الله، الكوفي، مولى بني أسد، وقيل: مولى بني هاشم، وقيل: مولى عبد رب، من شيوخ الشيعة ومصنفيهم في الكوفة، له كتاب الحديث، روى عن الإمام زيد بن علي، والباقر والصادق، وروى عنه وكيع وأبو نعيم ومحمد بن فضيل وغيرهم، قتله الدوانيقي صبراً بالحيرة، بعد سنة (150)هـ روى له المرشد بالله، والنسائي، وثقه ابن معين، وأبو حفص ابن شاهين والذهبي، وقال أبو حاتم: صالح الحديث لا بأس به، وقال الحاكم أبو عبد الله: بعد أن روى له حديثاً: هذا حديث صحيح عالٍ، وبَسَّام بن عبد الرحمن الصيرفي من ثقات الكوفيين، ممن يُجْمَع حديثُهُم، ولم يخرجاه. وقال الذهبي: بسَّام من ثقات الكوفيين، أعلام الكوفة (1/ 400)، وتهذيب الكمال للمزي (4/ 59).

[3217 - 455] **وبه** [2/ 85]: إلى حصين، عن محمد بن سالم، عن الإمام زيد بن علي، عن آبائه، عن علي -عليهم السلام-، ﴿وَالْفَجْرِ ۝١ وَلَيَالٍ عَشْرٍ ۝٢﴾ [الفجر: 1-2]، قال: (عشر الأضحى). انتهى.

محمد بن سالم(73): أحد تلامذة الإمام زيد بن علي -عليهما السلام-، المشهورين بالفضل والدين، وعداده في خلص الزيدية.

قوله تعالى: ﴿وَالشَّفْعِ وَالْوَتْرِ﴾:

[3218 - 456] **بالسند المتقدم للمرشد بالله -عليه السلام-** [2/ 78]: إلى حصين، عن أبي الجارود، عن أبي جعفر، عن آبائه، عن علي -عليهم السلام-، ﴿وَالشَّفْعِ﴾ يوم الأضحى ﴿وَالْوَتْرِ ۝٣﴾ [الفجر:3] يوم عرفة.

قوله تعالى: ﴿لَا تُقَدِّمُوا بَيْنَ يَدَيِ اللَّهِ وَرَسُولِهِ﴾ [الحجرات:1]:

[3219 - 457] **بالإسناد المتقدم للمرشد بالله -عليه السلام-** [2/ 104]: إلى حصين بن المخارق، عن عبدالله بن شبرمة، عن الشعبي، عن جابر بن عبدالله (لا تقدموا بين يدي الله ورسوله) قال: في الذبح يوم الأضحى. انتهى.

عبدالله بن شبرمة(74): من ثقات محدثي الشيعة، وأحد المبايعين للإمام زيد

---

(73) محمد بن سالم الهمداني، أبو سهل الكوفي، الخياط، أحد شيوخ الحديث من أهل الكوفة والعارفين في فنون العلم، من الثقات الأثبات له كتاب في الفرائض، كان ابن معين يمليه على أهله، قال الحاكم في العلوم: هو ممن اشتهر بالحديث ولم يخرج له في الصحاح. قال عنه الصادق: إنما الزيدي حقاً محمد بن سالم بياع القصب. بايع الإمام زيد وجاهد معه، وذكر أبو العباس الحسني أن رأس الإمام زيد بن علي كان في حجره بعدما أصيب، قال في الجداول: عن الشعبي وعطاء، وعنه الثوري وابن أبي زايدة وأبو خالد الأحمر، وهو ممن اشتهر بالأخذ عن الإمام زيد بن علي، قال القاسم بن عبدالعزيز البغدادي: وله فضائل جمة، وقد نال منه المنحرفون عن الآل، توفي في عشر الخمسين. انظر: الجداول -مخ-، أعلام الكوفة (6/ 357)، تهذيب الكمال (25/ 240)، موسوعة رجال الزيدية -مخ-.

(74) عبدالله بن شُبْرُمَة بن الطفيل بن حسان بن المنذر بن ضرار، الضبي البجلي، أبو شبرمة الكوفي القاضي، تابعي من فقهاء الكوفة، محدث ثقة مشهور، أحد الأعلام، كا شاعراً جواداً، سكن =

بن علي -عليهما السلام-، وممن قال بإمامته، توفي سنة أربع وأربعين ومائتين.

والشعبي: قد مر الكلام عليه، وهو من ثقات محدثي الشيعة.

[3220 - 458] **وبه** [2/ 106]: إلى حصين بن المخارق، عن موسى بن جعفر، ومحمد بن سليمان بن عبدالله، ومسلم، ويحيى بن عبدالله، والحسن بن زيد، وعبدالله بن محمد بن عمر، عن آبائهم، عن علي بن أبي طالب -عليه السلام-، أن رسول الله -صلى الله عليه وآله وسلم-: (بعث منادياً ينادي في أيام التشريق: إنها أيام أكل وشرب، فلا تصوموها). انتهى.

قوله تعالى: ﴿فَمَا بَكَتْ عَلَيْهِمُ السَّمَاءُ وَالأَرْضُ﴾:

[3221 - 459] **بالإسناد المتقدم للمرشد بالله -عليه السلام-** [2/ 113]: إلى حصين بن المخارق، عن هاشم بن البريد، عن الإمام الشهيد أبي الحسين زيد بن علي، عن آبائه، عن علي -عليهم السلام-: أنه كان قاعداً في الرحبة فأقبل الحسين بن علي -عليهما السلام-، فلما رآه علي -عليه السلام- مقبلاً قال: إن الله ذكر قوماً فقال: ﴿فَمَا بَكَتْ عَلَيْهِمُ السَّمَاءُ وَالْأَرْضُ﴾ [الدخان:29] والله ليقتلنه، ثم لتبكين عليه السماء والأرض.

[3222 - 460] **وبه**: إلى حصين، عن يحيى بن عبد الله عن أبيه عن آبائه، عن علي -عليهم السلام-، قال: (بكاء السماء حمرة أطلعها الله تعالى). انتهى.

البصرة، ورحل إلى واسط واليمن وخراسان. وكان عند الأعمش حين دخل عليه عثمان بن عمير برسالة الإمام زيد -عليه السلام-، ذكره في المقاتل، فكان من مبايعي الإمام زيد وأنصاره، كما ذكر ذلك أبو العباس الحسني في المصابيح، قال في الجداول: عن الشعبي، وابن سيرين، وأبي زرعة، وطائفة، وعنه السفيانان وشعبة وخلق، وثقه أحمد والعجلي وأبو حاتم، وكان ممن بايع الإمام زيد بن علي، وقال بإمامته، توفي سنة أربع وأربعين ومائتين، احتج به مسلم والأربعة إلاّ الترمذي. : الجداول -مخ-، أعلام الكوفة (4/ 382)، تهذيب الكمال (15/ 76)، موسوعة رجال الزيدية -مخ-.

هاشم بن البريد: من أصحاب الإمام الأعظم زيد بن علي -عليهما السلام-، وأحد ثقات محدثي الشيعة الزيدية.

[3223 - 461] وبه [2/ 121]: إلى حصين، عن مسكين السمان، عن محمد بن عبدالله بن الحسن، عن أبيه، عن جده -عليهم السلام-، قال: (لم تر هذه الحمرة في السماء حتى قتل الحسين). انتهى.

مسكين السمان: من تلامذة محمد بن عبدالله النفس الزكية، وهو من رجال الزيدية.

قوله تعالى: ﴿بِمَا أَسْلَفْتُمْ فِي الْأَيَّامِ الْخَالِيَةِ﴾:

[3224 - 462] بالإسناد المتقدم للمرشد بالله -عليه السلام- [2/ 127]: إلى حصين بن المخارق، عن أبي الورد، عن أبي جعفر -عليه السلام-، ﴿بِمَآ أَسْلَفْتُمْ فِي ٱلْأَيَّامِ ٱلْخَالِيَةِ ٢٤﴾ [الحاقة:24] قال: الصيام. انتهى.

أبو الورد: من أصحاب الباقر -عليه السلام- والراوين عنه.

قوله تعالى: ﴿السَّائِحُونَ الرَّاكِعُونَ﴾ [التوبة:112]:

[3225 - 463] بالإسناد المتقدم للمرشد بالله -عليه السلام- [2/ 131]: إلى حصين بن المخارق -رحمه الله-، عن يحيى بن عبدالله بن الحسن، عن آبائه -عليهم السلام-، أنه سئل النبي -صلى الله عليه وآله وسلم-: عن السائحين قال: ((هم الصائمون)).

[3226 - 464] وبه [2/ 131]: إلى حصين، عن محمد بن جعفر، عن أبيه -عليهما السلام-: السائحون: الصائمون.

[3227 - 465] وبه [2/ 131]: إلى حصين، عن أبي جعفر، والإمام زيد بن علي -عليهم السلام-: السائحون: الصائمون. انتهى.

قوله تعالى: ﴿فِيهَا يُفْرَقُ كُلُّ أَمْرٍ حَكِيمٍ﴾:

[3228 - 466] بالإسناد المتقدم للمرشد بالله -عليه السلام- [143/2]:

إلى حصين بن المخارق، عن محمد، وعنبسة بن الأزهر، عن الإمام الشهيد أبي الحسين زيد بن علي -عليهما السلام-، ﴿فِيهَا يُفْرَقُ كُلُّ أَمْرٍ حَكِيمٍ ۝﴾

[الدخان:4] قال: أمر السنة إلى السنة وينسخ فيها أسماء الموتى في تلك السنة. انتهى.

محمد بن سالم: قد مر الكلام عليه، قال القاسم بن عبدالعزيز الزيدي -رحمه الله-: له فضائل جمة.

[وأما عنبسة بن الأزهر](75).

قوله تعالى: ﴿وَاخْفِضْ لَهُمَا جَنَاحَ الذُّلِّ﴾:

[3229 - 467] بالإسناد المتقدم للمرشد بالله -عليه السلام- [162/2]:

إلى حصين بن المخارق، عن خليفة بن حسان، عن الإمام أبي الحسين زيد بن علي -عليهما السلام-: ﴿وَاخْفِضْ لَهُمَا جَنَاحَ الذُّلِّ﴾ [الإسراء:24] قال: يذل لهما في منطقه وفي كل أمر أَحَبَّاه. انتهى.

خليفة بن حسان: من ثقات محدثي الشيعة.

قوله تعالى: ﴿الَّذِي تَسَاءَلُونَ بِهِ وَالْأَرْحَامَ﴾:

[3230 - 468] بالإسناد المتقدم للمرشد بالله -عليه السلام- [171/2]:

إلى حصين بن المخارق، عن أبي حمزة، عن أبي جعفر، قال: ﴿الَّذِي تَسَاءَلُونَ بِهِ

_____

(75) قال في الجداول: عنبسة بن الأزهر الشيباني، أبو يحيى الكوفي، قاضي جرجان، عن سماك بن حرب وسلمة بن كهيل ويحيى بن عقيل، وعنه سفيان ووكيع وعفان وغيرهم، قال أبو داود: لا بأس به. حمل إلى الدوانيقي فضربه خمسين سوطاً فمات بين يديه في العشر بعد المائة، احتج به النسائي.

وَٱلْأَرْحَامَ﴾ [النساء:1] قال: واتقوا الأرحام أن تقطعوها. انتهى.

أبو حمزة: هو الثمالي، من ثقات محدثي الشيعة.

قوله تعالى: ﴿أَلَا إِنَّ أَوْلِيَاءَ اللَّهِ لَا خَوْفٌ عَلَيْهِمْ وَلَا هُمْ يَحْزَنُونَ﴾:

[3231 - 469] بالإسناد المتقدم للمرشد بالله -عليه السلام- [184/2]:

إلى حصين بن المخارق السلولي -رحمه الله-، عن أبي حمزة عن علي بن الحسين -عليهما السلام-، عن جابر بن عبدالله -رضي الله عنهما-، عن النبي -صلى الله عليه وآله وسلم-: ﴿أَلَا إِنَّ أَوْلِيَاءَ اللَّهِ﴾ [يونس:62] قال: ((هم المتحابون في الله -عز وجل-)). انتهى.

أبو حمزة: هو الثمالي -رحمه الله- [من ثقات محدثي الشيعة].

قوله تعالى: ﴿الْأَخِلَّاءُ يَوْمَئِذٍ بَعْضُهُمْ لِبَعْضٍ عَدُوٌّ إِلَّا الْمُتَّقِينَ﴾

[الزخرف:67]:

[3232 - 470] بالإسناد المتقدم للمرشد بالله -عليه السلام- [190/2]:

إلى حصين بن المخارق السلولي -رحمه الله-، عن هاشم بن البريد، وحمزة التركي (76)، عن الإمام الشهيد أبي الحسين بن علي -عليهما السلام- (الإخلاء يومئذ بعضهم لبعض عدو إلا المتقين) قال: كل خليل معاد خليله إلا الخلة في الله. انتهى.

_____

(76) حمزة التركي: من أصحاب الإمام زيد -عليه السلام- والمبايعين له، وخرج مع الإمام إبراهيم بن عبد الله بن الحسن، كما روى أبو الفرج الأصفهاني في مقاتل الطالبيين (362) بإسناده إلى نصر بن حازم قال: خرج هارون بن سعد من الكوفة في نفر من أصحاب زيد بن علي إلى إبراهيم بن عبدالله بن الحسن، وكان فيمن خرج معه عامر بن كثير السراج وهو يومئذ شاب جلد شجاع، وحمزة التركي، وسالم الحذاء، وخليفة بن حسان. انتهى، فهو من رجال الشيعة الزيدية.

قوله تعالى: ﴿وَالَّذِينَ يَكْنِزُونَ الذَّهَبَ وَالْفِضَّةَ﴾:

[3233 – 471] بالإسناد المتقدم للمرشد بالله –عليه السلام– [234/2]:

إلى حصين بن المخارق السلولي –رحمه الله–، عن يعقوب بن عربي، عن الإمام أبي الحسين زيد بن علي –عليهما السلام–، ﴿وَالَّذِينَ يَكْنِزُونَ الذَّهَبَ وَالْفِضَّةَ﴾ [التوبة:34] قال: هذا مانع الزكاة. انتهى.

يعقوب بن عربي[77]: من ثقات محدثي الشيعة، ومن أصحاب النفس الزكية –عليه السلام–.

قوله تعالى: ﴿سَلَامٌ عَلَيْكُمْ بِمَا صَبَرْتُمْ﴾:

[3234 – 472] بالإسناد المتقدم للمرشد بالله –عليه السلام– [251/2]:

إلى حصين بن المخارق، عن أبي حمزة، عن أبي جعفر –عليه السلام–، قال: ﴿سَلَامٌ عَلَيْكُمْ بِمَا صَبَرْتُمْ﴾ [الرعد:24] قال: على الفقر. انتهى.

أبو حمزة: هو الثمالي من ثقات الزيدية.

قوله تعالى: ﴿وَاصْبِرْ نَفْسَكَ مَعَ الَّذِينَ يَدْعُونَ رَبَّهُمْ بِالْغَدَاةِ وَالْعَشِيِّ﴾:

[3235 – 473] بالإسناد المتقدم للمرشد بالله –عليه السلام– [255/2]:

إلى حصين بن المخارق، عن عمران البارقي، عن الإمام الشهيد زيد بن علي، عن آبائه، عن علي –عليهم السلام–، قال: كان النبي –صلى الله عليه وآله وسلم–: (يخرج من بيته حتى يأتي ضعاف المسلمين، فيقعد معهم، ويقول: ((هؤلاء الذين أمرت أن أصبر نفسي معهم))). انتهى.

---

(77) قال في الجداول: يعقوب بن عربي، عن منهال بن عمر ويحيى بن زيد، وعنه حصين بن مخارق، كان أحد رجال الزيدية ومحدثيهم.

قال في أعلام الكوفة (109/8): حكى أنه سمع أبا جعفر المنصور أيام بني أمية يثني على محمد بن عبد الله بن الحسن، وبايع له، خرج مع محمد بن عبد الله [النفس الزكية]، ولما قتل محمد، حبسه المنصور الدوانيقي بضع عشرة سنة.

[3236-474] وروى هذا الحديث المرشد بالله -عليه السلام- [2/ 293]:
بطريق أخرى إلى ابن عقدة، غير هذه الطريق، فقال: أخبرنا الشريف أبو عبدالله
محمد بن علي بن الحسن الحسني، بقراءتي عليه قال: حدثنا جعفر بن محمد
الجعفري، قرآة، قال: حدثنا أحمد بن محمد بن سعيد، [قال: أخبرني أحمد بن
الحسن قراءة، قال: حدثني أبي، قال: حدثنا حصين بن مخارق عن عمران
البارقي إلخ...] واتفقا.

عمران البارقي(78): من أصحاب الإمام الأعظم زيد بن علي -عليهما
السلام-، والشريف أبو عبدالله محمد بن علي الحسني، مؤلف الجامع الكافي قد
مر الكلام عليه، وكذلك مر الكلام على جعفر بن محمد الجعفري وابن عقدة.

[3237 - 475] وبه [2/ 255]: أعني بالإسناد المتقدم إلى حصين، عن
الأعمش، عن مجاهد، عن ابن عباس: ﴿وَٱصۡبِرۡ نَفۡسَكَ مَعَ ٱلَّذِينَ يَدۡعُونَ رَبَّهُم
بِٱلۡغَدَوٰةِ وَٱلۡعَشِيِّ﴾ قال: الصلاة المكتوبة، ﴿وَلَا تَعۡدُ عَيۡنَاكَ عَنۡهُمۡ﴾ [الكهف:28]،
قال: لا تُرد بهم بدلاً. انتهى.

الأعمش، ومجاهد: من ثقات محدثي الشيعة، وقد مر الكلام عليهما.

قوله تعالى: ﴿وَلَا يَغۡتَب بَّعۡضُكُم بَعۡضًا﴾:

[3238 - 476] بالإسناد المتقدم للمرشد بالله -عليه السلام- [2/ 296]:
إلى حصين بن المخارق، عن خليفة بن حسان، عن الإمام الشهيد أبي الحسين زيد
بن علي -عليهما السلام-، ﴿وَلَا يَغۡتَب بَّعۡضُكُم بَعۡضًا﴾ [الحجرات:12] قال: لا تذكر
من أخيك قبيح فعله. انتهى.

---

(78) قال المزي في تهذيب الكمال (/ 367): عمران البارقي: روى ع الحسن البصري، وعطية
العوفي، روى عنه سفيان الثوري، ذكره ابن حبان في كتاب الثقات، وقال ابن حبان (7/ 243):
روى عنه الأعمش، وقد قال ذلك البخاري قبله في تاريخه، وقال الذهبي في الميزان (3/ رقم
6324): شيخ لسفيان الثوري لا يعرف، لكنه وثق، وقال ابن حجر في التقريب: مقبول.

خليفة بن حسان: من ثقات محدثي الشيعة، وقد مر.

قوله تعالى: ﴿وَلَا تُصَعِّرْ خَدَّكَ لِلنَّاسِ﴾:

[3239 - 477] **بالإسناد المتقدم للمرشد بالله -عليه السلام-** [2/ 300]: إلى حصين بن المخارق، عن محمد بن سالم، عن الإمام الشهيد أبي الحسين زيد بن علي -عليهما السلام-: ﴿وَلَا تُصَعِّرْ خَدَّكَ﴾ [لقمان: 18] قال: التشديق.

[3240 - 478] **وبه إلى حصين**، عن موسى بن جعفر، عن آبائه -عليهم السلام-، ﴿وَلَا تُصَعِّرْ خَدَّكَ﴾ قال: التكبر. انتهى.

محمد بن سالم: قد مر وهو من ثقات محدثي الزيدية.

قوله تعالى: ﴿فَمَنْ كَانَ يَرْجُوا لِقَاءَ رَبِّهِ فَلْيَعْمَلْ عَمَلًا صَالِحًا وَلَا يُشْرِكْ بِعِبَادَةِ رَبِّهِ أَحَدًا﴾:

[3241 - 479] **بالإسناد المتقدم للمرشد بالله -عليه السلام-** [2/ 304]: إلى حصين بن المخارق السلولي -رضي الله عنه-، عن محمد بن خالد، عن الإمام أبي الحسين زيد بن علي، عن آبائه، عن علي -عليهم السلام-، قال: جاء رجل إلى النبي -صلى الله عليه وآله وسلم- فقال: يا رسول، إني أعمل العمل أُسِرُّه، فَيُطَّلَعُ عليه فيعجبني، فنزلت ﴿فَمَن كَانَ يَرْجُواْ لِقَآءَ رَبِّهِۦ فَلْيَعْمَلْ عَمَلًا صَٰلِحًا وَلَا يُشْرِكْ بِعِبَادَةِ رَبِّهِۦٓ أَحَدًا ١١٠﴾ [الكهف:110]. انتهى.

محمد بن خالد الصواب: محمد بن سالم، وقد مر.

وذكر في الجداول محمد بن خالد هذا، وذكر أنه يروي عن الإمام زيد بن علي -عليهما السلام-، وعنه حصين بن المخارق، ولم يظهر لي إلا أنه محمد بن سالم، ولعله صحف(79)، والله أعلم.

---

(79) بل الصواب محمد بن خالد، فقد روى الإمام المرشد بالله (1/ 292)، قال: أخبرنا الشريف أبو عبد الله محمد بن علي بن الحسن الحسني بقراءتي عليه، قال: أخبرني أبي رضي الله عنه، قال: =

في الأمر بالمعروف والنهي عن المنكر:

[3242 – 480] بالإسناد المتقدم للمرشد بالله -عليه السلام- [2/ 318]: إلى حصين بن المخارق السلولي -رحمه الله-، عن محمد بن سالم، عن الإمام الشهيد أبي الحسين زيد بن علي -عليهما السلام-، قال قال: علي -عليه السلام-، (الأمر بالمعروف، والنهي عن المنكر، فريضة إذا أقيمت استقامت السنن). انتهى.

قوله تعالى: ﴿وَفَصْلَ الْخِطَابِ﴾:

[3243 – 481] بالإسناد المتقدم للمرشد بالله -عليه السلام- [2/ 321]: إلى حصين بن المخارق -رحمه الله-، عن موسى بن جعفر، عن أبيه، عن آبائه – عليهم السلام-، ﴿وَفَصْلَ الْخِطَابِ ٢٠﴾ [ص:20] قال: علم القضاء. انتهى.

قوله تعالى: ﴿إِنَّ الَّذِينَ يَضِلُّونَ عَن سَبِيلِ اللَّهِ﴾:

[3244 – 482] بالإسناد المتقدم للمرشد بالله -عليه السلام- [2/ 321]: إلى حصين بن المخارق -رحمه الله-، عن فضيل بن الزبير، عن الإمام أبي الحسين زيد بن علي -عليهما السلام-، ﴿إِنَّ الَّذِينَ يَضِلُّونَ عَن سَبِيلِ اللَّهِ﴾ [ص:26]قال: هم الحاكمون بغير ما أنزل الله -عز وجل-.

وقوله تعالى: ﴿لَهَا سَبْعَةُ أَبْوَابٍ﴾:

[3245 – 483] وبه [2/ 322]: إلى حصين -رحمه الله-، عن محمد بن عبدالله بن الحسن، عن أبيه، عن آبائه -عليهم السلام-، ﴿لَهَا سَبْعَةُ أَبْوَابٍ﴾

حدّثنا محمد بن محمد بن الحسن الطحان، قال: حدّثنا زيد بن أحمد بن محمد بن أحمد بن عيسى بن يحيى بن الحسين بن زيد بن علي بن الحسين بن علي بن الحسين، عن عيسى بن أحمد بن عيسى بن يحيى، قال: حدّثنا أحمد بن الحسين بن زيد بن علي بن الحسين، عن عيسى بن أحمد بن يحيى، قال: حدّثنا أحمد بن محمد بن سلام، قال: حدّثنا أحمد بن سَبَنْك، قال: حدّثنا أبو معمر، قال: قلت لمحمد بن خالد: كيف زيد بن علي في قلوب أهل العراق؟، قال: لا أحدثك عن أهل العراق، ولكن أحدثك عن البانكي، قال: صحبت زيد بن علي فكان يصلي الليل كله.

فلا وجه للتصحيف ولا للتصويب، بل هو محمد بن خالد، كما ذكره في الجداول. والله أعلم.

[الحجر:44]، قال: لجهنم باب لا يدفعه إلا من حكم بغير ما أنزل الله -عز وجل-. انتهى.

فضيل بن الزبير: من خواص الإمام زيد بن علي -عليهما السلام- وأحد تلامذته.

5   الرشوة على الحكم كفر:

[3246 - 484] بالإسناد المتقدم للمرشد بالله -عليه السلام- [2/ 325]: إلى حصين بن المخارق -رحمه الله-، عن يعقوب بن عربي، عن الإمام الشهيد أبي الحسين زيد بن علي، عن آبائه، عن علي -عليهم السلام-، قال: (الرشوة على الحكم كفر).

[3247 - 485] وبه إلى حصين، عن جعفر بن محمد، عن أبيه، عن آبائه -عليهما السلام-: ﴿وَمَن لَّمْ يَحْكُم بِمَآ أَنزَلَ ٱللَّهُ فَأُوْلَٰٓئِكَ هُمُ ٱلْكَٰفِرُونَ ۝﴾ [المائدة:44] و﴿ٱلظَّٰلِمُونَ﴾ [المائدة:45]، و﴿ٱلْفَٰسِقُونَ﴾ [المائدة:47]: كلها في هذه الأمة. انتهى.

قوله تعالى: ﴿أَكَّٰلُونَ لِلسُّحْتِ﴾:

[3248 - 486] بالإسناد المتقدم للمرشد بالله -عليه السلام- [2/ 325]: إلى حصين بن المخارق السلولي -رحمه الله-، عن جعفر بن محمد -عليهما السلام-: ﴿أَكَّٰلُونَ لِلسُّحْتِ﴾ [المائدة:42]، قال: الرشا. انتهى.

[3249 - 487] صحيفة علي بن موسى الرضا -عليهما السلام- [501]: عن أبيه، عن آبائه، عن علي -عليهم السلام-، في قوله تعالى: ﴿أَكَّٰلُونَ لِلسُّحْتِ﴾، قال: (هو الرجل يقضي لأخيه الحاجة ثم يقبل هديته). انتهى.

عدنا إلى سند المرشد بالله -عليه السلام- إلى حصين بن المخارق -رحمه الله-

.

قوله تعالى: ﴿وَجَاءَكُمُ النَّذِيرُ﴾:

[3250 – 488] بالإسناد المتقدم للمرشد بالله –عليه السلام– [2/ 332]:

إلى حصين بن المخارق –رحمه الله–، عن سدير الصيرفي، عن أبي جعفر –عليه السلام–، ﴿وَجَاءَكُمُ النَّذِيرُ﴾ [فاطر:37] قال: الشيب. انتهى.

5   سدير الصيرفي(80): من ثقات محدثي الشيعة.

بعث رسول الله صلى الله عليه وآله بين جاهليتين:

[3251 – 489] بالإسناد المتقدم للمرشد بالله –عليه السلام– [2/ 383]:

إلى حصين بن المخارق السلولي –رحمه الله–، عن موسى بن جعفر، عن أبيه، عن آبائه، عن علي –عليهم السلام–، قال: قال رسول الله –صلى الله عليه وآله وسلم–: ((بعثت بين جاهليتين أخراها شر من أولاهما)). انتهى.

قوله تعالى: ﴿حَتَّى يَأْتِيَكَ الْيَقِينُ﴾:

[3252 – 490] بالإسناد المتقدم للمرشد بالله –عليه السلام– [2/ 406]:

إلى حصين بن المخارق –رحمه الله–، عن أبي حمزة، عن الإمام الشهيد أبي الحسين زيد بن علي –عليهما السلام–، قال: ﴿حَتَّى يَأْتِيَكَ الْيَقِينُ ٩٩﴾ [الحجر:99] قال: الموت. انتهى.

قوله تعالى: ﴿يُثَبِّتُ اللَّهُ الَّذِينَ آمَنُوا بِالْقَوْلِ الثَّابِتِ﴾:

[3253 – 491] بالإسناد المتقدم للمرشد بالله –عليه السلام– [2/ 417]:

_____

(80) سدير بن حكيم بن صهب الصيرفي الكوفي، أبو الفضل، مولى، وهو والد حنان بن سدير، أحد رجال الشيعة المحدثين، روى عن: الباقر، والصادق، ورحل إلى المدينة وسمع عن زين العابدين، وعنه: ولده حنان، وموسى بن جعفر، والثوري. قال الذهبي: صالح الحديث. ووثقه جماعة، وضعفه آخرون. وخرج له الإمام أبو طالب.

إلى حصين بن المخارق –رحمه الله–، عن الأعمش، وعبدالله بن قطاف، ويعقوب بن عربي، عن المنهال بن عمرو، عن زاذان، عن البراء، عن النبي –صلى الله عليه وآله وسلم–: ﴿يُثَبِّتُ ٱللَّهُ ٱلَّذِينَ ءَامَنُوا۟ بِٱلْقَوْلِ ٱلثَّابِتِ﴾ [إبراهيم:27]، قال: ((عند مسألة منكر ونكير في القبر)). انتهى.

5   الأعمش، ويعقوب بن عربي، والمنهال بن عمرو، وزاذان، والبراء بن عازب: من ثقات محدثي الشيعة –رضي الله عنهم–، وقد مر الكلام عليهم.

[3254 - 492] وبه: إلى حصين –رضي الله عنه–، عن أبي حمزة، عن علي بن الحسين، وأبي جعفر، والإمام زيد بن علي: ﴿يُثَبِّتُ ٱللَّهُ ٱلَّذِينَ ءَامَنُوا۟ بِٱلْقَوْلِ ٱلثَّابِتِ﴾، قال: عند المسألة في القبر. انتهى.

قوله تعالى: ﴿ضِعْفَ ٱلْحَيَاةِ وَضِعْفَ ٱلْمَمَاتِ﴾:

[3255 - 493] بالإسناد المتقدم للمرشد بالله –عليه السلام– [417/2]: إلى حصين بن المخارق –رحمه الله–، عن محمد بن سالم، عن الإمام أبي الحسين زيد بن علي –عليهما السلام–: ﴿ضِعْفَ ٱلْحَيَوٰةِ﴾، قال: عذاب الحياة، ﴿وَضِعْفَ ٱلْمَمَاتِ﴾ [الإسراء:75]، قال: عذاب القبر. انتهى.

قوله تعالى: ﴿ٱلْعَذَابِ ٱلْأَدْنَىٰ دُونَ ٱلْعَذَابِ ٱلْأَكْبَرِ﴾:

[3256 - 494] بالإسناد المتقدم للمرشد بالله –عليه السلام– [420/2]: إلى حصين بن المخارق –رحمه الله–، عن أبي حمزة، وأبي الجارود، عن أبي جعفر، والإمام الشهيد زيد بن علي –عليهم السلام–: ﴿ٱلْأَدْنَىٰ دُونَ﴾: عذاب القبر، والدابة، والدجال، ﴿ٱلْعَذَابِ ٱلْأَكْبَرِ﴾ [السجدة:21] جهنم يوم القيامة. انتهى.

قوله تعالى: ﴿رَبَّنَا أَمَتَّنَا ٱثْنَتَيْنِ وَأَحْيَيْتَنَا ٱثْنَتَيْنِ﴾:

[3257 - 495] بالإسناد المتقدم للمرشد بالله –عليه السلام– [420/2]: إلى حصين بن المخارق السلولي –رحمه الله–، عن أبي حمزة، عن علي بن الحسين،

وأبي جعفر، والإمام أبي الحسين زيد بن علي –عليهم السلام-: ﴿قَالُواْ رَبَّنَآ أَمَتَّنَا اثْنَتَيْنِ وَأَحْيَيْتَنَا اثْنَتَيْنِ﴾ [غافر:11]: إحياؤهم في القبور وإماتتهم.

قال: الإمام زيد بن علي –عليهما السلام-: وهي قوله: ﴿وَكُنتُمْ أَمْوَٰتًا فَأَحْيَٰكُمْ ثُمَّ يُمِيتُكُمْ ثُمَّ يُحْيِيكُمْ﴾ [البقرة:28]. انتهى.

5   [3258 – 496] وبه [2/ 420]: إلى حصين بن المخارق، عن محمد بن عبدالله بن الحسن، عن أبيه، عن آبائه –عليهم السلام-، أن النبي –صلى الله عليه وآله وسلم-، قال: ((لولا أن لا تدفنوا لدعوت الله أن يسمعكم من عذاب القبر ما أسمعني)).

[3259 – 497] وبه [2/ 420]: إلى حصين بن المخارق –رحمه الله-، عن الحسن بن زيد بن الحسن، عن أبيه، عن جده، عن علي –عليهم السلام-، قال:
10   (دخل النبي –صلى الله عليه وآله وسلم-: بعض حوائط المدينة، فسمع أصوات يهود تعذب عند مغربان الشمس فقال: ((هذه أصوات يهود تعذب في قبورها)). انتهى.

وإلى هنا انتهى ما ظفرت به مما رواه الإمام المرشد بالله –عليه السلام- في
15   أماليه بسند واحد إلى حصين بن المخارق السلولي –رحمه الله-، ورواه حصين عن الأئمة –عليهم السلام- بواسطة وبغير واسطة، وقد تكلمنا على ما رواه بواسطة عند كل إسناد، ونحن الآن تكلم على سند الإمام المرشد بالله –عليه السلام-، إلى حصين بن المخارق رحمه الله.

فنقول:

20   ## [تراجم سند الإمام المرشد بالله]

أما شيخ المرشد بالله عليه السلام:

فهو أبو بكر: محمد بن علي بن أحمد بن الحسين، الجوزذاني المقري، عن أبي مسلم عبدالرحمن بن بهدل المديني، وأبي بكر المقري، وعنه المرشد بالله –عليه السلام-.

قال علامة الآل مجدالدين بن محمد بن منصور المؤيدي فسح الله في أجله: الذي يظهر أنه من رجال الشيعة. انتهى.

ولم أقف له على تاريخ وفاة.

وأما أبو مسلم:

5   فهو عبدالرحمن بن محمد بن إبراهيم بن محمد بن بهدل المديني، أبو مسلم، عن شيخ الشيعة، وحافظهم ابن عقدة، وعنه أبو بكر الجوزذاني.

قال علامة آل محمد مجدالدين بن محمد بن منصور المؤيدي فسح الله في أجله: الذي يظهر أنه من رجال الشيعة.

ولم أقف له على تاريخ وفاة.

10   ## [ترجمة أبي العباس بن عقدة، وأبي عبد الله الخراز، وأبيه]

وأما شيخه: فهو أبو العباس أحمد بن محمد بن سعيد بن عبدالرحمن بن عقدة الحافظ، أحد المشاهير، عن خلائق من الشيعة، وغيرهم، ترجم له الموالف، والمخالف عداده في ثقات محدثي الشيعة الخلص، توفي سنة اثنتين وثلاثين وثلاثمائة.

15   وأما شيخه فهو:

أحمد بن الحسين بن سعيد، أبو عبدالله الخراز، أحد الشيعة الأعلام، والراوي لعلوم الأئمة، عن أبيه، عن الحصين بن المخارق، وثقه علامة العصر عبدالله بن أمير المؤمنين الهادي لدين الله الحسن بن يحيى القاسمي -رحمه الله-، قال الذهبي من كبار الشيعة. انتهى. ولم أقف له على تاريخ وفاة.

20   وأما والده:

فهو الحسن بن سعيد بن عثمان الخراز، أحد الشيعة، والراوين لعلوم أئمة آل

محمد، عن حصين بن المخارق السلولي -رحمه الله-، وعنه ولده أحمد.

لم أقف له على تاريخ وفاة.

وأما الحصين بن مخارق:

الشيعي العدل الثقة المؤتمن، فقد تقدم الكلام عليه في كتابنا هذا.

قوله تعالى: ﴿لَوْلَا أَن رَأَى بُرْهَانَ رَبِّهِ﴾:

[3260 - 498] **صحيفة علي بن موسى الرضا -عليهما السلام-** [502]: عن أبيه، عن آبائه، عن الحسين بن علي، قال: حدثني علي بن أبي طالب -عليهم السلام-، في قوله: ﴿لَوْلَآ أَن رَّءَا بُرْهَـٰنَ رَبِّهِۦ﴾ [يوسف:24]، قال: قامت امرأة العزيز على صنم فسترته، فقالت: إنه يرانا، فقال لها يوسف -عليه السلام-: ما هذا؟، فقالت: أستحيي من الصنم أن يراني.

فقال لها يوسف -عليه السلام-: أتستحيي ممن لا يسمع ولا يبصر، ولا ينفع ولا يضر، ولا تستحيي ممن خلق الأشياء، وعلم بها، فذلك قوله تعالى: ﴿لَوْلَآ أَن رَّءَا بُرْهَـٰنَ رَبِّهِۦ﴾. انتهى.

قوله تعالى: ﴿يَوْمَ نَدْعُواْ كُلَّ أُنَاسٍ بِإِمَامِهِمْ﴾:

[3261 - 499] **صحيفة علي بن موسى الرضا -عليهما السلام-** [495]: عن أبيه، عن آبائه، عن علي -عليهم السلام-، قال: قال رسول -صلى الله عليه وآله وسلم-: في قوله تعالى: ﴿يَوْمَ نَدْعُواْ كُلَّ أُنَاسِۭ بِإِمَـٰمِهِمْ﴾ [الإسراء:71]، قال: ((يدعى كل قوم بإمام زمانهم، وكتاب ربهم، وسنة نبيئهم)). انتهى.

باب القول في قول الرجل جزاك الله خيراً، والتودد إلى الناس

[3262 - 500] **المرشد بالله -عليه السلام- في الأمالي** [2/ 275]: قال: أخبرنا أبو الحسين أحمد بن علي بن الحسين بن التوزي القاضي، بقراءتي عليه،

قال: أخبرنا محمد بن عبد الله الحافظ، قال: حدثنا أبو عبد الله جعفر بن محمد بن الحسن العلوي الحسني، قال: حدثنا محمد بن تغلب، أبو عبد الله الكوفي الجعفي، قال: حدثنا عبيد الله بن علي بن عبيد الله العلوي، عن أبيه، عن جده، عن محمد بن علي، عن أبيه، عن جده عن علي –عليهم السلام–، قال: قال

٥ رسول الله –صلى الله عليه وآله وسلم–: ((إن في الجنة منزلاً يقال له خير، ما في الجنة منزلاً أفضل منه، ولا أكثر خيراً، ما يسكنه إلا أصحاب المعروف خاصة من الناس، فإذا قال الرجل –يُصنع إليه معروف–: جزاك الله خيراً، فإنما يعني ذلك المنزل)). انتهى.

الرجال:

١٠ أما أبو الحسين أحمد بن علي بن الحسين التوزي، ومحمد بن عبدالله الشيباني الحافظ، وجعفر بن محمد الحسني: فقد تقدم الكلام عليهم، وهم من ثقات محدثي الشيعة.

وأما محمد بن تغلب:

فهو أبو عبدالله، الكوفي الشيعي، روى عن عبيدالله بن علي بن عبيدالله العلوي، وعنه جعفر بن محمد بن الحسن العلوي، هو من رجال الشيعة.

١٥ لم أقف له على تاريخ وفاة.

وأما عبيد الله بن علي العلوي: فهو عبيدالله بن علي بن عبيد الله بن الحسين بن إبراهيم بن علي بن عبدالله بن الحسين بن علي بن أبي طالب، عن أبيه، عن جده، وعنه محمد بن تغلب الكوفي.

٢٠ لم أقف له على تاريخ وفاة.

وقد تكلمنا في غير موضع أن الذرية الطاهرة موثقون بتوثيق رسول الله –صلى الله عليه وآله وسلم–، لهم ما لم يظهر من أحد منهم ريبة توجب عدم

الاحتجاج بروايته، فهو غير مقبول.

وأما والده: فهو علي بن عبيد الله بن الحسين بن إبراهيم بن علي بن عبدالله بن الحسين بن علي بن أبي طالب، عن أبيه، وعنه ولده عبيدالله.

لم أقف له على تاريخ وفاة.

وأما والده: فهو عبيدالله بن الحسين بن إبراهيم بن علي بن عبدالله بن الحسين بن علي بن أبي طالب، أبو أحمد، عن أبيه، والباقر، وعنه ولده علي.

لم أقف له على تاريخ وفاة.

وأما محمد بن علي: فهو الباقر -عليه السلام-.

[3263 - 501] صحيفة علي بن موسى الرضا -عليهما السلام- [495]: عن أبيه عن آبائه عن علي -عليهم السلام-، قال: قال رسول -صلى الله عليه وآله وسلم-: ((رأس العقل بعد الدين التودد إلى الناس، واصطناع الخير إلى كل بر وفاجر)). انتهى.

باب القول في ذكر الولاية وخطرها

[3264 - 502] المرشد بالله -عليه السلام- في الأمالي [2/315]: أخبرنا أبو القاسم عبدالعزيز بن علي بن أحمد الأزجي بقراءتي عليه، قال: أخبرنا أبو القاسم عمر بن محمد بن إبراهيم بن سَبَنْك البجلي، قال: أخبرنا أبو الحسين عمر بن الحسن بن علي بن مالك الأشناني، قال: حدَّثنا أبو بكر محمد بن زكريا المروروذي، قال: حدَّثنا موسى بن إبراهيم المروزي الأعور، قال: حدَّثني موسى بن جعفر بن محمد، عن أبيه جعفر بن محمد، عن أبيه محمد بن علي، عن أبيه علي بن الحسين، عن أبيه، عن علي -عليهم السلام-، قال: قال رسول الله -صلى الله عليه وآله وسلم-: ((من ولي من أمتي شيئاً فلم يعدل بينهم فعليه لعنة الله والملائكة والنّاس أجمعين)).

[3265 - 503] وبهذا الإسناد: عن علي -عليهم السلام-، قال: قال رسول الله -صلى الله عليه وآله وسلم-: ((يكون ولاة جورة، وأمراء خونة، وقضاة فسقة، ووزراء ظلمة)).

[3266 - 504] وبه: عن علي -عليه السلام-، قال: قال رسول الله -صلى الله عليه وآله وسلم-: ((يؤتى بالوالي العادل يتمنى أنه سقط من السماء إلى الأرض، وأنه لم يتول من أمر المسلمين شيئاً)).

[3267 - 505] وبه: عن علي -عليه السلام-، قال: قال رسول الله -صلى الله عليه وآله وسلم-: ((يأتي على الناس زمان يكثر فيه الظلم من ولاتهم، حتى يكاد الموت أن يصدع مرارة -يعني المؤمن- مما يرى من الجور، ولا يكون مغيث على تغييره، فاصبروا حتى يستريح بَرٌّ، أو يستراح من فاجر)). انتهى.

رجال هذا الإسناد قد مر الكلام عليهم جميعاً، وهم من ثقات محدثي الشيعة رضي الله عنهم.

الهادي -عليه السلام- في الأحكام [2/376]: قال يحيى بن الحسين -صلوات الله عليه-:

[3268 - 506] بلغنا عن رسول الله -صلى الله عليه وآله وسلم- أنه قال: ((من ولي شيئاً من أمور المسلمين أتى يوم القيامة ويداه مغلولتان إلى عنقه، حتى يكون عدله الذي يفكه، أو جوره الذي يوبقه)). انتهى.

باب القول في لقاء أهل المعاصي بالوجوه المكفهرة

[3269 - 507] **المرشد بالله -عليه السلام- في الأمالي [2/319]:** أخبرنا أبو القاسم عبدالعزيز بن علي بن أحمد الأزجي بقراءتي عليه، قال: حدَّثنا أبو بكر محمد بن أحمد بن محمد المفيد بحرجرايا، قال: حدَّثني الحسن بن علي العلوي، قال: حدَّثني علي بن محمد بن إبراهيم العلوي، قال: حدَّثني أبو الحسن موسى

بن عبدالله بن موسى بن عبدالله بن الحسن بن الحسن بن علي بن أبي طالب –
عليهم السلام–، عن أبيه، عن جده، عن أبيه، عبدالله بن الحسن بن الحسن، عن
جده الحسن بن علي –عليهم السلام–، قال: قال رسول الله –صلى الله عليه وآله
وسلم–: ((الْقَوا أهل المعاصي بالوجوه المكفهرة)). انتهى.

5   أما أبو القاسم عبدالعزيز بن علي بن أحمد الأزجي وأبو بكر محمد بن أحمد
المفيد: فقد مر الكلام عليهما.

وأما الذرية الطاهرة: فلا حاجة إلى التكلم عليهم –صلوات الله عليهم–.

باب القول في الترهيب في القضاء

[3270 – 508] المرشد بالله –عليه السلام– في الأمالي [2/ 322]: أخبرنا
10 أبو القاسم عبد العزيز الأزجي، بقراءتي عليه، قال: حدَّثنا عمر بن محمد بن
سَبَنْك البجلي، قال: أخبرنا أبو الحسين عمر بن الحسن بن علي بن مالك
الأشناني، قال: حدَّثنا أبو بكر محمد بن زكريا المروروذي، قال: حدَّثنا موسى بن
إبراهيم المروزي الأعور، قال: حدَّثنا موسى بن جعفر بن محمد، عن أبيه، عن
علي –عليهم السلام–، قال: قال رسول اللَّه –صلى الله عليه وآله وسلم–:
15 ((القاضي إذا أخذ الرشوة بلغت به الكفر، وإذا جار في حكمه نزع منه الإيمان؛
فدخل النار)). انتهى.

[3271 – 509] وبه عن علي –عليه السلام–، قال: قال رسول اللَّه –صلى
الله عليه وآله وسلم–: ((يا علي لا تقض بين خصمين حتى تسمع منهما
جميعاً))انتهى.

20   رجال هذا الإسناد من ثقات محدثي الشيعة وقد مر الكلام عليهم.

وهذان الحديثان مرسلان، لأن جعفراً –عليه السلام– لم يدرك أمير المؤمنين
–عليه السلام–.

باب القول في الترغيب في معالي الأخلاق

[3272 - 510] **المرشد بالله -عليه السلام- في الأمالي** [2/ 333]: أخبرنا القاضي أبو القاسم علي بن المحسن بن علي التنوخي، قال: حدَّثنا أبو محمد سهل بن أحمد بن عبدالله بن سهل الديباجي، قال: حدَّثنا محمد بن محمد بن الأشعث، أبو علي الكوفي، قال: حدَّثنا موسى بن إسماعيل بن موسى بن جعفر بن محمد بن علي بن حسين بن علي بن أبي طالب، قال: حدَّثنا أبي، عن أبيه، عن جده جعفر بن محمد، عن أبيه، عن جده علي بن الحسين، عن أبيه، عن علي -عليهم السلام- ، قال: قال رسول الله -صلى الله عليه وآله وسلم-: ((إنَّ الله -عز وجل- جواد يحب الجواد، ومعالي الأمور، ويكره سفسافها، وإن من أعظم إجلال الله إكرام ثلاثة: ذا الشيبة في الإسلام، والإمام العادل، وحامل القرآن غير الغالي فيه ولا الجافي عنه)). انتهى.

رجال هذا الإسناد من ثقات محدثي الشيعة، وقد مر الكلام عليهم.

باب القول في فنون من غرائب العلم

ما يقال للمريض إذا شفي:

[3273 - 511] **صحيفة علي بن موسى الرضا -عليهما السلام-** [502]: عن أبيه، عن آبائه، عن الحسين، عن علي -عليهم السلام-، قال: كان علي بن أبي طالب -كرم الله وجهه-: إذا رأى المريض قد بري، قال: (يهنيك الطهور من الذنوب). انتهى.

في الأصلع والكوسج:

[3274 - 512] **صحيفة علي بن موسى الرضا -عليهما السلام-** [502]: عن أبيه، عن آبائه، عن الحسين، عن علي -عليهم السلام-، قال: قال أمير المؤمنين -عليه السلام-: (لا تجد في أربعين أصلعاً رجلاً سوءً، ولا تجد في

أربعين كوسجاً رجلاً صالحاً، وأصلع سوء أحب إليَّ من كوسج صالح). انتهى.

في الحناء بعد النورة:

[3275 - 513] وفي الصحيفة أيضاً [501]: عن أبيه، عن آبائه، عن الحسين بن علي -عليهم السلام-: (الحناء بعد النورة أمان من الجذام والبرص). انتهى.

في الطاعون نعوذ بالله منه:

[3276 - 514] وفي الصحيفة أيضاً [501]: عن أبيه، عن آبائه، عن الحسين بن علي -عليهم السلام-: قال: (الطاعون ميتة وحية). انتهى.

من عرض نفسه للتهمة:

[3277 - 515] وفي الصحيفة أيضاً [500]: عن أبيه، عن آبائه، عن الحسين بن علي -عليهم السلام-: قال: حدثني علي بن أبي طالب -عليه السلام-: (من عرض نفسه للتهمة فلا يلومنَّ من أساء به الظن). انتهى.

فضل الاثنين والخميس والسفر فيهما:

[3278 - 516] صحيفة علي بن موسى الرضا -عليها السلام- [499]: عن أبيه، عن آبائه، عن الحسين بن علي -عليهم السلام-، قال: قال علي: كان رسول الله -صلى الله عليه وآله وسلم- يسافر يوم الاثنين والخميس، ويقول: ((فيهما ترفع الأعمال إلى الله تعالى، ويعقد فيهما الألوية). انتهى.

في العلم بكل شيء:

[3279 - 517] وفي الصحيفة أيضاً [498]: عن أبيه، عن آبائه، عن علي -عليهم السلام-، قال: قال رسول الله -صلى الله عليه وآله وسلم-: ((ما ينقلب جناح طائر في الهوى إلاَّ وعندنا فيه علم)). انتهى.

ما في التوارة:

[3280 – 518] **وفي الصحيفة أيضاً**[500]: عن أبيه، عن آبائه، عن الحسين بن علي -عليهم السلام-، قال: قال علي بن أبي طالب -عليه السلام-: (ليس في التوراة كما في القرآن، ﴿يَا أَيُّهَا الَّذِينَ ءَامَنُوا﴾ بل في التوارة (يا أيها المساكين). انتهى.

في ملك الموت:

[3281 – 519] **وفي الصحيفة أيضاً** [497]: عن أبيه، عن آبائه، عن علي -عليهم السلام-، قال: قال رسول الله -صلى الله عليه وآله وسلم-: ((لما أسري بي إلى السماء رأيت في السماء الثالثة رجلاً قاعداً، له رجل في المشرق، وله رجل في المغرب، وبيده لوح ينظر فيه، ويحرك رأسه، فقلت يا جبريل من هذا؟، فقال: هذا ملك الموت)).

[3282 – 520] **وبه** [498]: عن أبيه، عن آبائه، عن علي -عليهم السلام-، قال: قال رسول الله -صلى الله عليه وآله وسلم-: ((إذا كان يوم القيامة، يقول الله -عز وجل- لملك الموت: وعزتي وجلالي وارتفاعي في علوّي لأذيقنك طعم الموت كما أذقته عبادي)). انتهى.

فضل أمة محمد صلى الله عليه وآله وسلم:

[3283 – 521] **صحيفة علي بن موسى الرضا -عليهما السلام-** [497]: عن أبيه، عن آبائه، عن علي -عليهم السلام-، قال: قال رسول الله -صلى الله عليه وآله وسلم-: ((إنَّ موسى سأل ربه -عز وجل-، فقال: يا رب اجعلني من أمة محمد، فأوحى الله إليه: أن يا موسى، إنك لن تصل إلى ذلك)). انتهى.

تقدير المقادير:

[3284 – 522] **وفي الصحيفة أيضاً**[496]: عن أبيه، عن آبائه، عن علي -

عليهم السلام-:قال: قال رسول الله -صلى الله عليه وآله وسلم-: ((إنَّ الله قدر المقادير، ودبَّر التدابير قبل أن يخلق آدم بألفي عام)). انتهى.

باب القول في صفة رسول الله صلى الله عليه وآله وسلم وبعض شمائله ومعجزاته

5   [3285 - 523] **مجموع زيد بن علي -عليهما السلام- [280]:** حدثني زيد بن علي، عن أبيه، عن جده، عن علي -عليهم السلام-، قال: (بينما علي -عليه السلام- بين أظهركم في الكوفة، وهو يحارب معاوية بن أبي سفيان، في صحن مسجدكم هذا، محتبياً بحمائل سيفه، وحوله الناس محدقون به، وأقرب الناس منه أصحاب رسول الله -صلى الله عليه وآله وسلم-، والتابعون يلونهم، إذ قال له

10 رجل من أصحابه: يا أمير المؤمنين، صف لنا رسول الله -صلى الله عليه وآله وسلم- كأنَّا ننظر إليه، فإنك أحفظ لذلك منّا، قال: فصوب رأسه، ورقَّ لذكر رسول الله -صلى الله عليه وآله وسلم-، وأغرورقت عيناه، ثم رفع رأسه، ثم قال: نعم.

كان رسول الله -صلى الله عليه وآله وسلم- أبيض اللون، مشرباً بحمرة،

15 أدعج العينين، سبط الشعر، دقيق العرنين، أسهل الخدين، دقيق المسربة، كثّ اللحية، كان شعره مع شحمة أذنيه إذا طال، كأنما عنقه إبريق فضة، له شعر من لبته إلى تحت سرته يجري كالقضيب، لم يكن في صدره ولا بطنه شعر غيره إلاَّ نبذات في صدره، شثن الكف والقدم، إذا مشى كأنما يتقلع من صخر أو ينحدر في صبب، إذا التفت التفت جميعاً، لم يكن بالطويل، ولا بالعاجز اللئيم، كأنما

20 عرقه اللؤلؤ، ريح عرقه أطيب من المسك، لم أرَ قبله ولا بعده مثله -صلى الله عليه وآله وسلم-). انتهى.

قوله: أدعج العينين: الدعج أن تكون العين شديدة السواد مع سعة المقلة، ذكره في فقه اللغة للثعالبي.

قوله: سبط الشعر: السِّبْط -ويحرك-، وكَكَتِف: نقيض الجعد، ذكره في القاموس.

قوله: دقيق العرنين: العرنين أول الأنف تحت مجتمع الحاجبين، ذكره في كفاية المتحفظ.

5   قوله: دقيق المسربة: المسرُبة -بضم الراء-: ما دقَّ من شعر الصدر سائلاً إلى الجوف، ذكره في النهاية.

قوله: كثَّ اللحية: الكث الكثيف، ذكره في القاموس .

قوله: شثن الكف والقدم: أي أنهما يميلان إلى الغلظ والقصر.

وقيل: هو الذي في أنامله غلظ بلا قصر؛ ويحمد ذلك في الرجال؛ لأنه أشد
10   لقبضهم، ويذم في النساء، ذكره في النهاية.

[3286 - 524] **أبو طالب -عليه السلام- في الأمالي** [70]: أخبرنا أبو العباس أحمد بن إبراهيم الحسني -رحمه الله-، قال: حدَّثنا أبو زيد عيسى بن محمد العلوي -رحمه الله-، قال: حدَّثنا محمد بن منصور، قال: حدَّثنا أحمد بن عيسى عن حسين بن علوان، عن أبي خالد، عن زيد بن علي، عن أبيه، عن جده،
15   عن علي -عليهم السلام-، قال: قال رسول الله -صلى الله عليه وآله وسلم-: ((أُعطيت ثلاثاً رحمةً من ربي، وتوسعةً لأمتي: في المكره حتى يرضى، -يقول: الرجل يكرهه السلطان حتى يرضى الذي هو عليه من الجور-، وفي الخطأ حتى يتعمد، وفي النسيان حتى يذكر)). انتهى.

رجال هذا الإسناد من ثقات محدثي الشيعة وقد مر الكلام عليهم.

20   **الهادي -عليه السلام- في الأحكام** [2/ 410]: قال يحيى بن الحسين -صلوات الله عليه-:

[3287 - 525] بلغنا عن زيد بن علي، عن آبائه -عليهم السلام-، قال:

قال رسول الله -صلى الله عليه وآله وسلم-: ((أُعطيت ثلاثاً رحمةً من ربي، وتوسعةً لأمتي: في المكره حتى يرضى، -يقول: الرجل يكرهه السلطان حتى يرضى الذي هو عليه من الجور-، وفي الخطأ حتى يتعمده، وفي النسيان حتى يذكر)). انتهى.

[3288 - 526] **أبو طالب -عليه السلام- في الأمالي** [51]: أخبرنا أبي -رحمه الله-، قال: أخبرنا عبدالله بن أحمد بن سلام -رحمه الله-، قال: أخبرنا أبي، قال: حدَّثنا أبو سعيد سهل بن صالح، عن إبراهيم بن عبدالله، عن موسى بن جعفر، عن أبيه، عن جده، عن علي بن الحسين بن علي -عليهم السلام-، قال: قال يهودي لأمير المؤمنين -عليه السلام-: إن موسى بن عمران قد أعطي العصا فكان ثعباناً.

فقال له علي -عليه السلام-: (لقد كان ذلك، ومحمد -صلى الله عليه وآله وسلم- أعطي ما هو أفضل من هذا، أن رجلاً كان يطالب أبا جهل بن هشام بدين كان له عنده، فلم يقدر عليه، واشتغل عنه، وجلس يشرب، فقال له بعض المستهزئين: من تطلب؟ فقال: عمرو بن هشام - يعني أبا جهل -، ولي عنده دين، قالوا: فندلك على من يستخرج حقك؟، قال: نعم، فدلوه على النبي -صلى الله عليه وآله وسلم-، -وكان أبو جهل يقول: ليت لمحمد إليَّ حاجة، فأسخر به وأرده-، فأتى الرجلُ النبيَّ -صلى الله عليه وآله وسلم-، فقال: يا محمد بلغني أن بينك وبين أبي الحكم حسباً، فأنا أستشفع بك إليه، فقام رسول الله -صلى الله عليه وآله وسلم- فأتاه، فقال له: قم فأدِ إلى الرجل حقه، فقام مسرعاً حتى أدى إليه حقه، فلما رجع إلى مجلسه، قال له بعض أصحابه: كل ذلك فَرَقَاً من محمد، قال: ويحكم، اعذروني، إنه لما أقبل إليَّ رأيت عن يمينه ثمانية بأيديهم حرابٌ تتلألى، وعن يساره ثعبانين تصطك أسنانهما، وتلمع النيران من أبصارهما، لو امتنعت لم آمن أن يبعجوا بطني بالحراب، ويبتلعني الثعبانان، فهذا أكبر مما أعطي موسى -عليه السلام-، ثعبان بثعبان موسى -عليه السلام-، وزاد الله محمداً -صلى الله عليه وآله وسلم- ثعباناً، وثمانية أملاك). انتهى.

أبو طالب -عليه السلام-، ووالده، وعبدالله بن أحمد بن سلام، ووالده: قد مر الكلام عليهم.

وأبو سعيد: هو سهل بن صالح الأنطاكي.

عن إبراهيم بن عبدالله بن الحسن بن الحسن.

5 وعنه أحمد بن محمد بن سلام، هو فيما يظهر من رجال الشيعة، والله أعلم.

ويحتمل أن يكون غير الأنطاكي، ولكن لم أظفر في الجداول إلا بهذا، وروايته عن هذا الإمام العظيم إبراهيم بن عبدالله -عليهما السلام-، أعظم برهان على تشيعه، وكذلك رواية شيخ الشيعة صاحب القاسم بن إبراهيم -عليهما السلام-، أحمد بن محمد بن سلام عنه.

10 الهادي صلوات الله عليه في مجموعه [٥٠٣]: ومثل ما جاء به محمد -صلى الله عليه وآله وسلم- من معجزاته الهائلات، وأموره الناطقات، وأسبابه الشاهدات له بالنبوة والرسالات: مثل مجيء الشجرة إليه، ورجوعها إلى موضعها، وإنباء الناس بما في صدورهم، وإعلامهم بما في ضميرهم، وذلك من إنباء الله له بذلك، وإعلامه إياه به.

15 ومثل ما كان من فعله في شاة أم معبد.

وما كان منه من الفعل في التمرات من غداء جابر بن عبدالله، وذلك: أنه أخذ كفاً من تمر فوضعه في وسط ثوب كبير، ثم حركه، ودعا فيه، فزاد وربا حتى امتلاء الثوب تمراً.

وما كان منه في عشاء جابر بن عبدالله، صاع من شعير وعناق صغيرة، أكل 20 منها ألف رجل.

وما كان منه في الوشل الذي ورده هو والمسلمون في غزوة تبوك، فوضع يده تحت الوشل، فوشل فيها من الماء ملأها ثم ضرب به، ودعا فيه فانفجر بمثل

عنق البعير ماء، فشرب العسكر كله معاً، وتزودوا ما شاوا من الماء. انتهى.

وقال الهادي -عليه السلام- في المجموع أيضاً [498]: في الدليل على نبوة محمد -صلى الله عليه وآله وسلم- في ذكر المعجزات ما لفظه:

منه: الماء القليل الذي سقى منه العالم الكثير.

ومنه: الخبز القليل الذي أطعم منه البشر الكثير.

ومنه: أن ذئباً تكلم على نبوته.

ومنه: أنه أمر شجرة فأقبلت تخدُّ الأرض، ثم أمرها، فرجعت.

ومنه: كلام الذراع المسمومة.

وقال -عليه السلام- في المجموع أيضاً [499]: في ذكر المعجز ما لفظه:

الدلائل على ذلك: الأخبار المتواترة، الذي لا يجوز على مثلها الشك، عن قوم مفترقي الديار، بعيدي الهمم، مختلفي التجارات والصناعات والألسن والألوان، يعلم أن مثلهم لا يجوز عليهم الاجتماع والتواطؤ، فلما أجمعوا ينقلون هذا الخبر علمنا عند خبرهم إذ جاء هذا المجيء أنه حق وصدق.

وقال -عليه السلام- في المجموع أيضاً [500]: ومن معجزاته: أن قوماً من آل ذريخ، -وهم حي من أحياء العرب، وهم بمكة- أرادوا أن يذبحوا عجلاً لهم، وذلك في أول مبعث النبي -صلى الله عليه وآله وسلم-، فلما أضجعوه ليذبحوه نَطَّق الله العجل، فقال: يا آل ذريخ، أمر بخيخ، صائح يصيح، بلسان فصيح، يؤذن بمكة: لا إله إلاَّ الله، وأن محمداً رسول الله -صلى الله عليه وآله وسلم-، وتركوا العجل، وأتوا إلى المسجد، فإذا رسول الله -صلى الله عليه وآله وسلم- قائم في المسجد وهو يقول: أشهد أن لا إله إلاَّ الله، وأني محمد رسول الله -صلى الله عليه وآله وسلم-. انتهى.

باب القول في خطب علوية

[3289 - 527] أبو طالب -عليه السلام- في الأمالي [269]: أخبرنا أبي –
رحمه الله-، قال: أخبرنا أبو عبد الله محمد بن أحمد الصفواني، قال: حدثنا
إسحاق بن العباس بن محمد بن موسى بن جعفر، قال: حدثني جدي، عن أبيه
5 موسى بن جعفر، عن أبيه، عن جده -عليهم السلام-، قال: لما ضُرِب أمير
المؤمنين علي -عليه السلام- الضربة التي توفي منها استند إلى اسطوانة المسجد،
والدماء تسيل على شيبته، وضجّ النَّاس في المسجد كهيئة يوم قبض فيه النبي –
صلى الله عليه وآله وسلم-، فابتدأ خطيباً، فقال ـ بعد الثناء على الله والصلاة
على نبيه ـ: (كل امرئ ملاق ما يَفِرّ منه، والأجل تُساق إليه النفس، والهرب منه
10 موافاته، كم اطّردتُ الأيام أبحثها عن مكنون هذا الأمر، فأبى الله إلا ستره،
وإخفاءه علماً مكنوناً.

أما وصيتي بالله -عز وجل-، فلا تشركوا به شيئاً، ومحمد رسول الله -صلى
الله عليه وآله وسلم-، فلا تضيعوا سنته، أقيموا هذين العمودين، حمل [كل]
امرئ منكم مجهوده، وخَفَّفَ عن العَجَزة ربٌّ كريم رحيم، ودين قويم، وإمام
15 عليم، كنتم في إعصار، وذرور رياح، تحت ظل غمامة اضمحل راكدها.

ليعظكم خُفُوتي، وسكون أطرافي، إنَّه لأوْعظ لكم مِنْ نُطقٍ بليغ.

ودَّعتكم وداع امرئ مرصد للتلاق، غداً ترون أيامي، ويكشف لكم عن
سرائري، فعليكم السلام إلى يوم اللزام، كنت بالأمس صاحبكم، وأنا اليوم
عظة لكم، وغداً أفارقكم، فإن أبق فأنا وليّ دمي، وإن أفنَ فالقيامة ميعادي، عفا
20 الله عني وعنكم. انتهى.

[ترجمة محمد بن أحمد الصفواني]:

في هذا الإسناد: أبو عبدالله محمد بن أحمد الصفواني، عن أبي عاصم النبيل،
وإسحاق بن العباس العلوي. وعنه الحسين بن هارون.

قال أبو طاهر: كان يتشيع.

وقال الذهبي: ما كان غالياً في التشيع.

قال علامة العصر السيد العلامة، عبدالله بن أمير المؤمنين الهادي لدين الله الحسن بن يحيى القاسمي -عليهم السلام-: عداده في ثقات محدثي الشيعة. انتهى.

[3290 – 528] أبو طالب -عليه السلام- في الأمالي [281]: أخبرنا أبو العباس أحمد بن إبراهيم الحسني -عليهم السلام-، قال: أخبرنا عبدالعزيز بن إسحاق، قال: حدَّثنا منصور بن نصر بن الفتح، قال: حدَّثنا أبو الحسين زيد بن علي العلوي، قال: حدَّثنا علي بن جعفر بن محمد، قال: حدَّثني الحسين بن زيد بن علي، عن أبيه، عن جده، عن أمير المؤمنين علي -عليهم السلام-: أنه خطب خطبة التوحيد فقال: (الحمد لله الذي لا من شيء كان، ولا من شيء خلق ما كون، يستشهد بحدوث الأشياء على قِدَمِه، وبما وسمها له من العجز على قدرته، وبما اضطرها إليه من الفناء على دوامه، لم يخل منه مكان فيدرك بأينية، ولا له شبح مثال فيوضح بكيفية، ولم يغب عن شيء فيعلم بحيثية، مباين لجميع ما جرى في الصفات، وممتنع عن الإدراك بما ابتدع من تصرف الأدوات، وخارج بالكبرياء والعظمة من جميع تصرم الحالات، لا تحويه الأماكن لعظمته، ولا تدركه الأبصار لجلالته، ممتنع من الأوهام أن تستغرقه، وعن الأذهان أن تمثله).

وفي رواية أخرى: (وليست له صفة تنال، ولا حد يضرب له فيه بالأمثال، كلَّ دون صفاته تحابير اللغات، وضل هنالك تصاريف الصفات، وجاز دون ملكوته عميقات مذاهب التفكير، وانقطع دون الرسوخ في علمه جوامع التفسير، وحال دون غيبه المكنون حُجُبٌ من الغيوب، تاهت في أدنى أدانيها طامحات العقول، واحد لا بعدد، دائم لا بأمد، قائم لا بعمد، ليس بجنس فتعادله الأجناس، ولا بشبح فتضارعه الأشباح، ليس لها محيص عن إدراكه لها،

ولا خروج عن إحاطته بها، ولا احتجاب عن إحصائه لها، ولا امتناع من قدرته عليها، كفى بإتقان صنعه لها آية، وبتركيب خلقها عليه دلالة، وبحدوث ما فطر على قدمه شهادة، فليس له حد منسوب، ولا مثل مضروب، ولا شيء هو عنه محجوب، تعالى عن ضرب الأمثال والصفات المخلوقة علواً كبيراً). انتهى.

5   أبو العباس الحسني -رحمه الله-، وعبدالعزيز بن إسحاق الزيدي رحمه الله: قد مر الكلام عليهما.

[ترجمة منصور بن نصر، وزيد بن علي العلوي]:

وأما أبو الحسين: منصور بن نصر بن الفتح، فلم يزد في الجداول على ما في السند، والذي أرى أنه من عيون الشيعة وثقاتهم. والله أعلم.

10   وأما أبو الحسين زيد بن علي العلوي:

فهو زيد بن علي بن الحسين بن علي بن زيد بن علي بن الحسين بن علي بن أبي طالب الحسيني الزيدي، عن علي بن جعفر الصادق وغيره.

وعنه منصور بن نصر بن الفتح وغيره.

قال ابن أبي الرجال -رحمه الله-: كان عالماً كبيراً، وفاضلاً شهيراً، وهو راوي خطبة فاطمة الزهراء عن مشايخه آل الرسول. انتهى.

15

وأما علي بن جعفر والحسين بن زيد بن علي: فقد مر الكلام عليهما.

[3291 - 529] أبو طالب -عليه السلام- في الأمالي [291]: أخبرنا أبو عبد الله أحمد بن محمد البغدادي الآبنوسي، قال: حدثنا أبو القاسم عبدالعزيز بن إسحاق بن جعفر، قال: حدثني أبو الحسن منصور بن نصر، قال: حدثني أبو عبد الله الحسين بن محمد بن جعفر بن محمد، قال: حدثني أبي محمد بن جعفر بن محمد، عن أبيه، عن آبائه -عليهم السلام-: أن أمير المؤمنين علياً -عليه السلام- خطب الناس، وهو متوجه إلى البصرة، يحرض الناس على الجهاد،

20

فحمد اللّه، وأثنى عليه، ثم قال: (أيتها الأمة، إن الجهاد سَنَام الدين، وإن اللّه فرض الجهاد وعظّمه، فجعله نصرته وناصره، وأيم اللّه ما صلحت الدنيا والدين إلا به، ألا وإن الشيطان قد استجلب خيله، ونصب خُدَعه، فمن أطاع شيطانه لم يعتدل له دينه، والذي فلق الحبة، وبرء النَّسَمة، لقد أنكروا منكراً

5 اكتسبوه، وطلبوا بدم سفكوه، وعِرْضٍ شتموه، وحرمة انتهكوها، وأن أول عدلهم على أنفسهم، يريدون أن يُرْضِعوا ما فُطِمَت، وأن يحيوا بدعة أميتت، فيا خيبة للداعي إلى من دعى، لو قيل له: إلى مَن دعوتَ؟ ومَن إمامك؟، وإلى مَن سببك؟ لانزاح الباطل عن مقامه، ولرأى الطريق واضحاً حيث نهج.

والذي نفسي بيده: إن هؤلاء القوم ليعلمون أني محق وهم مبطلون، وأني

10 معذر إليهم، فإن قبلوا فالتوبة مقبولة، والذنب مغفور، وإن أبو أعطيتهم حَدَّ السيف، وكفى به ناصراً لمؤمن، ومنتصراً لمظلوم. انتهى.

رجال هذا الإسناد قد مر الكلام عليهم جميعاً، وهم من ثقات محدثي الشيعة، إلا الحسين بن محمد بن جعفر بن محمد فلم يتقدم.

وهو الحسين بن محمد بن جعفر الصادق، أبو عبدالله، أحد فضلاء العترة

15 النبوية، لم أقف له على تاريخ وفاة.

باب القول في حسن الخاتمة

[3292 - 530] أبو طالب -عليه السلام- في الأمالي [329]: أخبرنا أبو عبدالله أحمد بن محمد البغدادي، قال: أخبرنا أبو القاسم عبدالعزيز بن إسحاق بن جعفر، قال: حدَّثني جعفر بن أحمد، قال: حدَّثنا عبدالله بن عبدالصمد، قال:

20 حدَّثني الحسين بن علوان، عن عمرو بن خالد، عن زيد بن علي، عن أبيه، عن جده، عن علي -عليهم السلام-، قال: قال رسول الله -صلى الله عليه وآله وسلم-: ((سلوا الله السداد، فإن الرجل قد يعمل الدهر الطويل على الجادة من جواد الجنة فبينا هو كذلك دؤوباً دؤوباً إذا انبرت له الجادة من جواد النار فيعمل

عليها ويتوجه إليها، فلا يزال دؤوباً دؤوباً حتى يُختم له بها، فيكون من أهلها، وإن الرجل قد يعمل الدهر الطويل على الجادة من جواد النار، فبينا هو كذلك دؤوباً دؤوباً إذ انبرت له الجادة من جواد الجنَّة، فيتوجه إليها ويعمل عليها، فلا يزال كذلك دؤوباً دؤوباً عليها حتى يُختم الله له بها)). انتهى.

5   أبو عبد الله البغدادي، وأبو القاسم عبدالعزيز: قد مر الكلام عليهما، وهما من ثقات محدثي الشيعة.

وأما جعفر بن أحمد: فالصواب جعفر بن محمد بن الحسن بن جعفر الحسني: قد مر الكلام عليه.

وأما عبد الله بن عبدالصمد: فهو من رجال الشيعة.

10   وأما بقية رجال الإسناد فقد مر الكلام عليهم جميعاً، والله الموفق.

※※※

وإلى هنا انتهى ما ظفرت به من الأسانيد الصحيحة من كتب أئمتنا -عليهم السلام-، وشيعتهم -رضي الله عنهم-، وليس إلا قطرة من مطرة، وإلا فكم لأئمة آل رسول الله -عليهم السلام-، وشيعتهم -رضي الله عنهم-، من المؤلفات الواسعة في هذا الشأن، غير موجودة بأيدينا، نسأل الله غفران الذنوب، وحسن الخاتمة. آمين.

وكان الفراغ من تأليفه: أعقاب السبت الموافق 22 شهر جماد آخر، سنة إحدى وثمانين وثلاثمائة وألف (1381)هـ، بهجرة ضحيان حرسها الله بالعلم وأهله. آمين.

وكان الفراغ من نقل هذا من المسودة سلخ شهر محرم سنة (1395)هـ بهجرة ضحيان، بقلم مؤلفه الفقير محمد بن الحسن بن يحيى بن أحمد بن الحسين العجري المؤيدي غفر الله له آمين[81].

---

(81) قال في أخر الصفحة الأخيرة: الحمد لله تم بحمد الله مقابلة هذا الجزء وقصاصته على الأم والحمد لله، ليلة 28 رمضان سنة 1395هـ نحن وبعض الإخوان أيدهم الله، فليعلم بتاريخ رمضان المبارك سنة 1395هـ، وكتبه الفقير إلى الله محمد بن الحسن العجري عفا الله عنه.
وكتب بعدها: الحمد لله قد تم لنا قرآءة هذا المجلد والثلاثة المجلدات قبله على مؤلفه، ونحن جماعة عدة من الإخوان كثرهم الله، والله يتقبل من الجميع، ويجعل أعمالنا خالصة لوجهه الكريم، ويرزقنا العمل بما علمنا، بتاريخ شهر جمادى الأولى سنة 1397هـ. وكتبه عبدالعظيم بن الحسن الحوثي وفقه الله.

Ingram Content Group UK Ltd.
Milton Keynes UK
UKHW050351200423
420437UK00004B/103

9 781739 825218